아버지의 바다

아버지의 바다

박영순 수필집

한국문화사

아버지의 바다

초판발행 2020년 6월 30일

지 은 이 박 영 순
펴 낸 이 김 진 수
펴 낸 곳 **한국문화사**
등 록 제1994-9호
주 소 서울특별시 성동구 광나루로 130 서울숲IT캐슬 1310호
전 화 02-464-7708
팩 스 02-499-0846
이 메 일 hkm7708@hanmail.net
홈페이지 http://hph.co.kr

책값은 뒤표지에 있습니다.

ISBN 978-89-6817-897-9 03810

이 도서의 국립중앙도서관 출판예정도서목록(CIP)은 서지정보유통지원시스템 홈페이지(http://seoji.nl.go.kr)와 국가자료공동목록시스템(http://www.nl.go.kr/kolisnet)에서 이용하실 수 있습니다.(CIP제어번호: CIP2020023940)

작가의 말

계절의 여왕 5월이 왔다. 따스한 햇볕, 싱그런 산과 들, 꽃 중의 꽃 장미의 자태가 눈부시다. 작년엔 장편소설집을 냈지만, 이번엔 그동안 여기저기 실렸던 수필들을 모아 책으로 엮는다. 국어학자 티를 냈는지 한글 관련 글이 많다. 너무나 자유롭게, 아무런 대가도 없이 마음껏 사용하는 한글이다 보니 그 소중함이나 가치를 절실하게 느끼지 못할 때가 많다. 그러나 한 번만 곰곰이 생각해 봐도 우리에게 한글이 있다는 게 얼마나 경이롭고 감사한지 알게 되며, 세종대왕께 절로 고개가 숙여진다.

수필은 온전히 자신을 드러내는 글이므로 이런 책을 낸다는 게 두렵고 부끄럽다. 그래도 이제 주변을 정리하는 차원에서 흩어진 글들을 모아 두 번째 수필집을 낸다. 첫 수필집을 낸 지 12년 만이다. 그동안은 주로 소설을 써왔다. 아마 이 책이 나오고 나면 결국 다시 소설로 돌아갈 것 같다. 딱딱하고 건조한 글이 많지만 독자들의 혜량을 바라며, 기탄없는 질정(叱正)을 기대한다. 몇 편은 2008년 정년 때 냈던 첫 수필집에 실렸던 글들이다. 물론 조금의 첨삭은 했다. 이후 여기저기 실렸던 글이 꽤 쌓여 있어 이번에 한곳에 모아 놓고 보니 흐뭇하기도 하나, 글의 길이가 일정하지 않아 아쉽다.

바다 같은 나의 아버지 마음을 백분의 일이라도 닮고 싶다.

인자하고 격조 높으셨던 아버지의 고매한 인격은 아무리 자랑해도 부족하다. 비록 재력과 권력은 없어도 그 넉넉하고 따뜻한 인품은 많은 사람들이 흠모하지 않았던가. 아버지는 누구에게나 인자하시고 사랑이 넘쳤다. 신구학문을 다 하셨던 나의 아버지는 참으로 박식하셨지만 언제나 겸손하셨다. 돌아가시기 몇 년 전, 그러니까 팔순이 넘어서까지도 한시를 쓰시고, 서원의 향사를 집례하시는 등 사회적 봉사를 하신 셈이니 지금 생각해도 경이롭다. 아버지 앞에서는 늘 철없는 9살짜리 어린애였던 내가 너무 부끄럽고 죄송하다. 좀 더 성숙하고, 효심이 깊었어야 했는데 그러질 못해서 회한만 가득하다. 그래도 아버지를 사모하는 마음만은 누구에게도 뒤지고 싶지 않다. 아버지 떠나신 지 22년. 그리움이 북받쳐 오른다. 못난 글들이나마 책으로 엮어 아버지 영전에 바친다.

많이 부족하지만 그래도 웃어주시리라.

내가 문학으로 항로를 바꾸는 데 결정적인 계기를 마련해준 내 친구 서정자교수와 한상윤 작가가 늘 고맙다. 이 책이 나오기까지 한결같이 믿어주고 응원해준 나의 가족과 친지, 그리고 제자들에게 감사한다. 끝으로 변변치 않은 글들을 예쁜 책으로 꾸며주신 한국문화사에 고마움을 표한다.

2020. 5. 3.

박영순

차례

제1부 나의 삶 나의 학문, 그리고 문학

제2부 사색의 창

제4부 내 사랑 한글

제1부
나의 삶 나의 학문, 그리고 문학

나의 삶 나의 학문, 그리고 문학

참으로 오랜만에 집안이 떠들썩하다. 미국에서 살고 있는 아들 둘이 가족들을 데리고 왔기 때문이다. 언제나 쓸쓸하고 고적했던 집안이 갑자기 활기가 넘친다. 이제야 사람 사는 집 같다. 여섯 명의 손주들이 깔깔거리고, 오랜만에 만난 나의 삼 남매도 얘기꽃을 피우는 걸 보니 모처럼 즐겁고 행복하다. 두 명에서 시작하여 열네 명의 식구가 되어 한자리에 모이니 감개가 무량하다.

내 집 거실에서는 북한산 형제봉이, 침실에서는 보현봉이 보인다. 이층 서재에서는 북악산의 정취를 한껏 느낄 수 있다. 돈이 없어 서울에서 가장 싼 지역을 찾아다닌 끝에 마련한 나의 산꼭대기 집. 결혼 13년 만에 빚을 잔뜩 지고 마련한 우리 가족의 보금자리니나. 밤이면 반짝반짝 별들이 쏟아지는 것도 볼 수 있고 달이 작아졌다 커졌다 하는 것도 볼 수 있으니 어릴 적 고향에 살던 때로 종종 착각할 때도 있다.

난 어릴 때부터 월요일 아침을 좋아했다. 월요일 아침이면 상기된 얼굴로 삶의 의욕이 충천하는 참 특이한 아이였다. 자질구레한 잔심부름 그리고 농사나 집안일에 작은 힘이라도 보태야 했던 나는 월요일 아침에 학교로 내빼는 것이 참으로 좋았다. 이제 정년퇴직을 했으니 요일을 따질 필요가 없는데도 아직도 월요일 아침이면 생기가 난다. 마음껏 놀고, 쉬고, 읽고, 쓸 수 있으니 이 또한, 즐겁지 않으랴?

나는 다섯 살 때 어머니를 하늘로 보내고 계모 밑에서 컸다. 계모는 성격이 강하고 매우 이기적인 분인데다, 10년 넘게 노력해도 회임이 안 되자 점점 더 엇나가기 시작하여 가족을 너무나 힘들게 했다. 내가 고등학교 때는 계모의 히스테리가 최고조에 이르러, 그 히스테리를 혼자서 온몸으로 받아야 했다. 참으로 괴롭고 힘든 시기였으나, 밤에 소설책을 읽으며 모든 스트레스를 풀었다.

대학에 들어가서 김남조, 정한모, 양명문 시인들의 강의를 들으며 시를 쓰고 싶다는 생각이 들기도 하였다. 학부 시절 정한모 선생님의 문학 강의가 매우 체계적이어서 문학 공부가 아주 재미있었기 때문이다. 특히 앙드레 말로의 『인간의 조건』에 대한 설명을 듣고는 이 책을 정독하여 나중에 논문을 써서 학과에서 발행하는 잡지에 실리기도 하였다. 이후 대학원에서 뜻하지 않게 어학 분야 책 한 권이 나에게 큰 영향을 끼쳤다. 나는 결국 어학을 전공하게 되었고 이것이 내 삶을 완전히 바꿔놓았다.

1960년대의 대학원은 어학, 문학 구별 없이 다 같이 강의를 듣고 여러 다른 대학 학생들과 함께 강의를 듣기도 하였다. 사실 강의랄 것도 없이 한 학기에 한두 번 만나고, 책 소개받고, 기말에 리포트만 내면 될 정도로 대학원이 부실했다. 중앙대 백철 선생님 강의를 7, 8개 대학원 학생들이 함께 강의를 들었는데, 유일하게 매주 제대로 강의를 해주셨다. 그때 함께 강의를 들었던 학생 중 기억나는 사람은 임헌영 평론가다. 이맘때 나는 내 인생에서 가장 바쁘게 역동적으로 살았다. 고3담임을 하면서, 일주일에 30시간도 넘게 수업을 하고, 대학원을 다니고, 연애도 하고, 야학도 하느라 하루가 어떻게 지나가는지도 몰랐다.

야학은 내가 고등학교를 졸업하고 1년간 집안일을 할 때 당시 활발했던 4H운동에 참여하여 글 모르는 동네 어르신들께 한글을 가르쳤던 보람이 바탕이 되어 3년간 YWCA가 운영하는 야간 공민학교(속성 3년제 초등학교 과정) 교사를 했다. 공민학교에는 20대에서 60대까지의 여성이 다 있었는데, 이들의 학구열과 나의 열정이 어우러져 밤 6시반부터 9시 반까지 신나게 수업을 했다. 이러는 중에도 나는 지금의 남편과 사랑에 빠져 연애를 하느라 1인 4역을 하면서도 마냥 즐겁기만 했다. 석사논문은 결국 어학으로 쓰게 되었는데 제출하고 곧바로 결혼도 했다.

내 친정집은 그래도 동네에서 유일하게 신문을 볼 정도로 잘 사는 집이어서 사실 가난이 어떤 것인지 잘 모르고 컸다. 6.25 전쟁 뒤 온 나라가 폐허가 되고 많은 국민이 식량부족에 시달렸지만, 우리 집은 이웃 노인들에게 쌀을 나누어 줄 정도로 농토를 제법 많이 가지고 있어서 실제로 굶어보거나 감자 하나로 끼니를 때워 본 적은 없다. 가난을 막연히 낭만적으로만 생각했던 나는 결혼 후 현실적인 가난 앞에서 인간에게 가장 무서운 고통 중 하나가 가난인 걸 알게 되었다.

이 가난을 벗어나기 위해 우리 부부는 미국 유학으로 돌파구를 찾았다. 남편은 매우 학구적이고 명석하여 미국 대학에서도 두각을 나타냈다. 나는 언어학으로 박사과정을 밟으며 세계적인 학자들을 만나고 새로운 이론을 공부하면서 행복감으로 충만하였다. 당시 세계적으로 언어학은 물론, 인문사회학 전체를 선도하다시피 한 노암 촘스키(Noam Chomsky)

교수를 만난 것은 언어학을 공부하는 큰 즐거움의 원천이 되었다.

몇 년 뒤 윌리엄 라보프(William Labov)라는 또 한 사람의 거인을 만나게 되었다. 라보프의 사회언어학 이론 역시 나를 흥분시켰다. 간단히 말하면 촘스키가 언어의 구조를 매우 간결한 몇 가지 원리로 논리적으로 설명했다면, 라보프는 동일한 언어가 다양하게 사용되는 양상들을 실증적으로 정밀하면서도 체계적으로 설명했다. 정말 이 두 거장의 양 이론을 모두 이해해야만 진정한 의미의 언어학 공부를 했다고 할 만했다.

학위를 받고 돌아와 곧바로 교수가 되었다. 집에서는 시부모님을 모시고 삼남매를 키우다 보니 내 주전공인 국어학과 국어교육학 외 다른 분야는 아예 생각할 겨를도 없었다. 특히 국어학과 한국어의 세계화를 위해 내 나름대로의 사명감을 가지고 남보다 조금 빨리, 조금 많이 움직이면서 큰 보람도 맛볼 수 있었고, 대학원 제자들을 많이 길러내면서 더욱 큰 보람과 희열을 느끼기도 하였다. 나의 주 전공은 문장과 문장보다 큰 언어 단위의 구조와 의미에 관한 연구로서 저서도 국어통사론, 의미론, 담화텍스트론, 화용론, 문법교육론, 문장의미론, 국어은유론, 외국어로서의 한국어교육론 등 거시적인 것이 많다.

한국어세계화재단 이사장으로 일한 3년 동안은 한국으로 오는 외국인 노동자들에 대한 한국어능력시험을 주관하고, 미국의 한국어 교사 연수 사업을 하고, 국내에서 일하는 외국인 근로자들에게 무료 한국어 교육 봉사를 한 것도 즐거운 추억이었다. 100대 한글문화유산 정비사업, 한국어교육총서 발간, 디지털한글박물관을 운영한 것들도 모두 힘들었지만, 보람된 일들이었다. 30년간 교수 생활을 하면서, 수많은 논문 쓰고 수십 권의 책 쓰고 제자들의 논문 지도하고, 다른 대학의 논문 심사하고, 교육부 회의 불려 다니고, 중고 교과서 집필하고, 심의하는 등 끝없이 밀려오는 일들로 문학에는 아예 가까이할 엄두도 못 냈다. 단지 경희대에서 학과 동료였던 황순원, 조병화 교수, 고려대에서 동료였던 정한숙, 오탁번, 송하춘, 최동호 교수들의 시집이나 소설책을 한 권씩 선물 받을 때는 잠자고 있던 문학에의 동경이 잠깐씩 살아났다가 현실의 벽 앞에서 힘없이 무너져 내리곤 하였다.

초등학교 5학년 때부터 문예반이었던 나는 읽기만큼이나 쓰기도 좋아했다. 학교에서 일선 장병들에게 위문편지를 보내기 위하여 학생들에게 엽서를 나누어 주는데, 이때 나는 반장에게 엽서의 절반은 나를 달라고 부탁했다(나는 어릴 때 워낙 체격이 왜소하고 병약하여 반장 같은 건 한 번도 못했다). 엽서 못 받은 친구들에게는 '내가 다 써 줄 터이니 걱정하지 마라.' 하면 모두 좋아했다. 삼사십 장의 엽서를 집에 가지고 와서 순식간에 다 써버렸으나 똑같은 내용을 쓴 것은 거의 없었다. 중고등학교 시절과 대학 1학년 때까지도 시나 수필, 콩트 비슷한 것을 혼자서 써보거나, 학교 신문 같은 데 발표하기도 했지만, 대학 2학년부터는 전혀 글을 쓰지 않았다. 갑자기 '내가 인생에 대해 무얼 안다고 글을 쓰랴? 사랑도 안 해 보고, 사회생활도 안 해 보고, 결혼도 안 해 보고 자식도 낳아 키워 보지 않은 내가 어쭙잖게 무슨 글을 쓰랴?' 하는 생각이 갑자기 나를 지배했던 것이다. 성공한 문인들은 오히려 20대에 왕성한 창작 활동을 했는데, 나는 쓰던 글도 멈췄으니 지금 생각해보면 어리석기 그지없었다.

정년퇴임 후에야 문단에 들어오고 보니 지금까지 느끼지 못했던 감성이 솟아오르기도 한다. 무심코 보아 넘겼던 서일(曙日)과 황혼의 장엄함에 가슴이 벅차오르기도 하고, 들꽃의 아름다움과 생명력도 새삼스럽게 감동으로 다가오고, 귀뚜라미 울음소리도 아름답게 느껴지기 시작했다. 하늘거리는 나비도, 창공을 훨훨 나는 기러기 떼도, 텃밭에 심은 고추나무에 주렁주렁 달린 빨간 고추도 새로운 감흥을 불러일으킨다. 나는 소설로도, 시로도 등단을 했지만, 주로 소설을 썼다. 시집 1권, 수필집 1권, 장편소설 4권에, 단편소설집 1권을 냈다.

우리 세대는 호롱불에서 디지털로 올 때까지의 변화과정을 모두 체험하며, 6.25 전쟁 뒤의 참혹한 현실도 몸소 극복하고, 세계적으로 가장 짧은 시간에 눈부신 경제발전과 민주화를 이룬 나라의 국민으로서 커다란 자부심과 긍지를 갖고 있다.

이제 이름 없는 들풀도 새로운 눈으로 보고 싶고, 이들이 없이는 잠시도 살 수 없는 공기와 물, 햇빛과 바람에 대해서도 진정으로 고마움을 표하고 싶다.

사랑의 힘

사람에게 가장 소중하고 필요한 것이 무엇이냐고 묻는다면 대부분 '사랑'이라고 대답할 것이다. '사랑'이란 단어는 남녀노소 누구나 좋아하고 이 말을 듣는 순간 가슴이 설렐 것이다. '사랑'이라고 하면 보통 남녀 간의 연정을 먼저 떠올리기 때문이다. 물론 이런 사랑이 '사랑'이란 범주 안에서 가장 핵심적일 것이다. 그러나 사랑을 좀 더 넓게 본다면 사랑의 대상은 자기 자신에서부터 가족, 연인, 친구, 이웃, 나라, 인류, 더 나아가 동물, 식물, 무생물까지도 모두 가능한데, 하여간 사람이 살아갈 의욕을 갖게 되고 올바르게 살기 위해서는 사랑하는 누군가가 있어야 하고, 뭔가 희망이 있어야 한다. 사랑하는 사람이 없고 희망이 없는 사람은 열심히 노력하고 성실하고 바르게 살 힘도 용기도 없을 것이기 때문이다. 우리에게 사랑하는 사람이 있고 목표와 희망이 있는 한 아무리 삶이 고달프고 힘들어도 참고 견딜 수 있는 에너지가 생기는 법이다. 반대로 사랑을 하지 않는 사람은 살 의욕을 가지기 어렵다.

나는 사랑과 희망 두 가지 외에 "책임감"이라는 것을 하나 더 들고 싶다. 한 사람의 아내로서, 세 자녀의 엄마로서, 한 명의 교수로서 책임진 일이 참으로 많았다. 이 책임을 다하기 전에는 죽을 수가 없었다. 내 가족은 물론, 사랑하는 제자들을 위해서도 내가 해야 할 일이 많았다. 그들이 학위를 받고 직장을 가지기까지는 내 책임이었다. 물론 이 제자들에게 그저 공식적인 책임만 가지고 있었다는 얘기는 아니다. 무엇보다도 이들에 대한 나의 사랑이 아직은 나를 살아있게 하는 동력이 되었다.

남편과 자식, 부모, 형제, 친척, 친구, 동료, 친지들 역시 나의 삶의 당위성을 일깨워 주는 사람들이다. 이들은 모두 나와 사랑을 주고받는 사람들이며, 서로의 존재를 필요로 하고, 소중히 여기는 사람들이다. 우리가 사랑할 대상은 여기서 끝나지 않는다. 무엇보다도 나라와 민족을 사랑해야 한다. 사랑이란 반드시 감정적인 문제만은 아닐 것이다. 감정으로 안 되면 이성으로라도 사랑해야 한다. 천주교에서는 '사랑은 노력'이라고 가르쳐준다. 나와 내 주위, 더 나아가 내 민족과 국가, 그리고 인류를 사랑하는 마음을 가지도록 노력해 보는 것도 나를 바르게 관리하는 한 방법이 되지 않을까?

어떻든 많은 사람과 사랑을 나누며 사는 것이 우리 인생이다. 천주교 신자로서 다시 생각하면 '나'는 하느님의 뜻에 따라 태어났고, 나의 삶, 나의 죽음이 모두 그분의 것이다. 내가 몇 살까지 살고 싶다고 해서 살 수 있는 것도 아니고 죽고 싶다고 죽을 수 있는 것도 아니다. 인간은 하느님의 피조물이지만 많은 자율권을 가졌고, 또한, 하느님의 자녀로서 권리와 의무도 있는 것이다. 우리가 진정으로 원하는 일이 있을 때 하느님께 간곡히 기도드리면 대체로 다 들어 주신다.

인간의 사랑이 아무리 크고 깊다고 해도 어찌 하느님의 사랑과 비교할 수 있겠는가? 말하자면 사랑의 무게가 다르다. 독생자를 이 땅에 보내셔서 온갖 고초를 다 겪고, 비참한 죽음을 택하여 인간들의 죄를 사하여 주셨고, 그러면서도 '구하는 것을 모두 주신다.'라고 하시니 이보다 더 큰 사랑이 어디 있으랴? 우리는 감사할 줄도 모르고 하느님 존재조차 자주 망각하면서 자신이 잘난 줄 착각하면서 살 때가 많다. 눈앞의 이익이나, 말초적 쾌감만을 추구하면서 살아가고 있는 모습을 보신다면 하느님은 어떻게 생각하실까?

너무나 빠르게 변화하는 현대사회에서는 자칫 인간과 인간 사이에 사랑이 있는 게 아니라 기계와 과학만 있는 삭막한 환경에서 살게 되기 쉽다. 지하철이나 버스를 타보면 사람들은 대부분 스마트폰을 들여다보고 있다. 옆자리에 앉아 있어도 말 한마디도 나누지 않고 각자의 스마트폰만 들여다본다. 이 얼마나 삭막하고 재미없는 세상인가? 휴대전화가 나오기 전에는 버스, 기차를 타면 보통 옆 사람과 인사도 나누고 말벗도 하였다. 스마트폰이 편리하기는 하지만 이처럼 사람 사이의 벽을 만들고 있다.

사랑이란 상대를 좋아하고 그 상대를 봄으로써 내가 즐거워지는 정서적인 사랑과 그 상대를 위해 나를 희생하고, 정을 주는 이성적(理性的)인 사랑이 있을 것이다. 물론 이 두 가지를 다 겸한 사랑이 완전하고 무게 있는 사랑일 것이다. 사람의 경우 상대방이 나로 하여 기뻐하고 즐거워하는 것을 보면 나 자신도 즐거울 수 있지만, 가령 자연에 대한 사랑은 내가 아무리 사랑하고 좋아해도 가시적인 반응은 볼 수 없다. 그러나 다시 생각해보면 자연은 우리에게 먼저 모든 것을 베푼다고 할 수 있다. 맑은 공기도 주고, 아름다운 경치도 주고 사람에게 필요한 물도 주고 먹을 것도 주고 자원도 준다. 어디 그뿐이랴? 우리가 자연 속에서 받는 위안이나 즐거움, 여유로움도 빼놓을 수 없을 것이다. 맑은 시냇가, 우거진 숲, 이름 모를 들꽃, 공중을 날아다니는 새들, 모두 다르게 생긴 돌 하나 하나가 우리에겐 즐거움 그 자체요, 위안이 아니겠는가? 자연은 말하자면 온몸으로 사람에게 사랑을 주고도 공치사를 하지 않는다. 그러므로 사람이 자연을 사랑하는 것은 너무도 당연한 일이고, 자연의 사랑에 대한 반응 혹은 보답이라고 보아야 한다. 자연을 오염시키고 훼손하는 것은 자연에 대해서도 도리가 아니요, 다른 사람들에게도 죄를 짓는 일이다.

사랑의 힘은 무한하다. 세상 문제의 대부분은 사랑으로 해결 가능하다. 이기심을 버리고, 내 나라와 내 민족 내 이웃과 가족을 사랑하기만 한다면 웬만한 문제는 다 해결되고, 이 세상을 살만한 공간으로 바꿀 것이다. 이기심을 버린다는 것은 얼핏 많은 것을 잃는다고 생각할지 모르지만 사실은 그렇지도 않다. 왜냐하면, 궁극적으로 사람은 다른 사람이 즐거워하는 것을 보는 것이 곧 나의 즐거움이 되기도 하고, 또한, 사람은 본질적으로 남에게 베풀 때 진정한 의미의 행복을 느낄 수 있기 때문이다. 정치가도 기업가도 노동자도 예외가 아닐 것이다. 교육을 많이 받은 사람이나 적게 받은 사람이나, 가진 자나 못 가진 자나 다 마찬가지다.

모름지기 사랑의 힘을 다시 한번 깨닫고, 사람이든 자연이든 일이든 후회 없이 사랑하며 사는 것이 곧 행복하고 보람된 삶이 아닐까.

아버지의 바다

나는 아직도 아버지가 안 계신다는 게 실감이 안 난다. 고향에 그대로 계시는 것만 같고, 전화를 드리면 '오냐, 그래 너희들 모두 잘 있나?'라는 음성을 들을 수 있을 것만 같다.

나는 3남매의 막내딸로 태어났는데, 어릴 때 몸이 허약해 어른들의 특별한 관심과 사랑을 받았다. 할아버지는 매우 엄격하신 분이어서 언니와 오빠는 할아버지가 계시는 사랑채에 잘 가지 않았으나, 나는 무슨 용기였는지 가끔 할아버지가 계시는 사랑방에 갔다. 할아버지는 나를 보시는 순간 궤짝을 열어 무언가 한 줌씩 꺼내 내 손에 건네주셨는데, 그걸 입에 넣어 씹어 보면 딱딱하지만 쫄깃하고 고소하고 달콤하고 씹을수록 맛있는 그런 음식이었다. 효자이신 아버지가 할아버지만 드시는 간식거리로 남몰래 드리는 모양이었다.

3대 독자인 오빠도 못 먹는 음식을 몸이 허약한 나에게 할아버지가 특별히 온정을 베푸셨던 것 같다. 하여튼 이 음식은 안채에서는 거의 먹어보지 못한 특별한 음식이었으나 누구한테 물어볼 수도 없었다. 나중에 커서야 그것이 육포임을 알았다.

우리 집은 전형적인 유교 집안으로, 마치 조선시대의 사대부 집안 같은 분위기였다. 일하는 아저씨가 두 명, 집안일을 하는 아주머니가 두 명씩 있었다. 아저씨들은 주로 농사와 관련된 일을 하였고, 아주머니들은 집안일을 했다. 우리 가족 중 남자들은 책을 가까이하고 여자들은 집안일에, 바느질에, 누에치기에, 1년에 열 번이나 되는 제사를 지냈다. 물론 제사 때는 남자들도 생률을 치고, 지방을 쓰고, 돗자리를 깔고 병풍을 치고, 향을 피우는 일을 했다. 우리 집은 효를 으뜸 가치로 여기고, 삼강오륜을 실천하는 집이었다.

아버지는 내가 아홉 살 때까지도 밥을 먹여주셨다. 당시는 자식이 아무리 예뻐도 부모 앞에서는 안아주지도 못하는 지극히 보수적인 분위기였는데, 나에게만은 늘 예외였다. 아버지가 생선의 가시를 발라 내 밥숟가락 위에 얹어 먹여주시면 난 잘도 받아먹었다. 혼자는 그렇게도 먹기 싫던 밥이 아버지가 먹여주시면 왜 그리도 맛있던지…. 밥을 다 먹이시고는 업어 주시며, '영순아, 제발 아프지 말고 건강하게 무럭무럭 자라야지.' 하시며 얼러주시던 그 아버지의 등이 어쩌면 그리도 따스하고 포근하던지… .

학교 다닐 때 자기가 가장 존경하는 사람을 쓰라는 일이 가끔 있었다. 나는 당연히 매번 '우리 아버지'라고 썼다. 그때 나에게 아버지는 세상이었고, 우주였다. 달리 존경하는 사람이 있을 리 없었다.

중학교 2학년 때였다. 내가 처음으로 우리 집 족보를 보게 된 것은. 모두 한자로 된 족보였지만 나는 우리 집 직계 할아버지들은 알아볼 수 있었다. 고조부님 양위분, 증조부님 양위분, 할아버지, 할머니, 아버지,

어머니, 오빠까지 다 찾았는데, 언니와 나는 없었다. 너무나 놀랐다. 내가 태어나기 전에 만들어서 그렇다 한다면, 적어도 오빠보다 손위인 언니 이름은 당연히 있어야 하는데 없었다. 더 자세히 봤더니 삼촌은 있는데, 고모는 없었다. 고모가 맏이니 마땅히 삼촌 앞에 와야 했으나, 고모가 와야 할 자리에 고모부 이름이 대신 올라와 있었다. 족보에 딸들 이름은 아예 없다는 걸 확실히 알게 되었다. 기가 막혔다. '어찌 이럴 수가 있는가? 남녀차별의 현장이 우리 집이었다니…' 충격 그 자체였다.

그날 밤은 거의 뜬눈으로 지새우고 이튿날 학교에 가도 내 머릿속에는 온통 '족보'뿐이었다. 학교에서 돌아와 도저히 참을 수가 없어 아버지한테 따졌다. '아버지, 어떻게 족보에 딸들 이름이 없을 수가 있어요?' 아버지는 한참 동안 대답을 못 하시다가 풀이 죽은 음성으로 '응, 그래, 그걸 보았구나. 네가 좀 더 크고 나면 딸들 이름도 족보에 올라가는 날이 올지도 모르지. 너무 상심 말고 기다려 보아라.' 나는 더는 아버지를 곤란하게 해드릴 수 없었다. 이후 그 일은 까마득하게 잊고 지냈다.

대학 3학년 겨울방학 때였다. 평소에 중고생 과외를 하던 나는 방학 때도 서울에 있어야 했다. 일주일간의 휴가를 얻어 예천 집에 가게 되었다. 당시에는 예천에 가려면 청량리에서 기차를 타고 영주에 내려서 다시 기차나 버스를 타고 예천엘 가야 했다. 그런데 영주에 내려서 보니 눈이 너무나 많이 와서 버스가 다니지 않았다. 무려 여덟 시간을 기다려 다시 기차를 타고 예천역에 내리고 보니 새벽 네 시였다. 예천 역시 눈이 많이 와 있었다. 역에서 집까지 1km쯤을 걸어야 하는데, 가방을 들고 무릎까지 온 눈을 헤치고 갈 일이 아득했다. 막 역사를 빠져나와 길을 나서려는데, 아버지가 앞에 서 계신 게 아닌가? 나는 너무도 놀라 '아버지! 어쩐

일이세요 이 꼭두새벽에?' '응, 네가 온다는 날이 어제였는데, 안 오는 걸 보니 눈 때문에 기차 타고 올 것 같아 마중 나왔지.' 하시는 것이었다. 나는 왈칵 눈물이 쏟아졌다. 아버지가 '가자' 하셔서 보니 한 손에는 눈 치우는 밀대를 들고 계셨고, 한쪽에는 내 가방을 드셨다. 집으로 가는 동안 눈에 빠지지 않고 편안하게 걸을 수 있었다. 아버지가 새벽 3시도 안 돼 집에서 나와 1km나 되는 길을 모두 눈을 치우고 딸 마중을 나오신 것이었다. 나는 감사함과 송구함과 민망함으로 가슴이 터질 것 같았다. 정말 아버지에게 안겨 엉엉 울고 싶었다.

결혼한 후에는 일 년에 서너 번 친정에 가곤 했는데, 한번은 아버지가 족보를 만드신다며 무척 고생하고 계셨다. 이런 일이 아니라도 아버지는 젊을 때부터 많은 일을 하며 바쁘게 사셨다. 경북 도의회 의원을 지내시기도 하고, 경북 도교육위원을 지내시기도 했다. 특히 도교육위원이실 때는 여고가 없는 예천에 여고를 세워야 한다며 예천여고 설립추진위원장을 맡아 동분서주하셔서 결국 여고를 설립하셨다. 덕분에 도회지로 나가 고등학교를 다니겠다는 내 꿈은 산산이 부서지고 결국 예천여고를 다녀야 했다.

아버지는 신라 박씨 왕릉 참봉을 하시며 한 달에 두 번씩 경주에 가서 시조이신 박혁거세 할아버지 능을 포함해 10기의 박씨 왕릉 제사를 주관하셔야 했다. 또한, 도산서원, 병산서원, 소수서원 등 영남 일대 유명 서원의 원장(향사 때는 초헌관)도 지내시며 바쁘신데도 4년간 족보 만드시는 일에 열중하셨다. 나는 속으로 '저 힘든 일을 왜 하시나?' 하며 안타까워만 할 뿐, 서울에 돌아오면 일상에 쫓겨 그 일은 잊어버리곤 했다. 그다음 몇 달 후 다시 친정에 가면 아버지는 여전히 족보 일로 바쁘셨다.

예천, 영주, 안동, 대구, 밀양, 경주 등을 다니시며 각 문중의 가계를 정리한 자료를 받아와서 다시 전체 체계에 맞춰 손으로 써넣어야 하는데, 이것은 이만저만한 일거리가 아니다. 어디 한 군데만 틀려도 책 전체를 다시 고쳐야 하므로 상상 이상으로 힘들고 까다로운 작업이다. 족보는 웬만한 사람은 아예 엄두도 못 내는 난제 중의 난제이다. 요즘처럼 컴퓨터로 하는 시대가 아니었으니 모두를 수작업으로 해야 했기 때문이다.

그렇게 4년쯤 지난 어느 날 친정에 갔더니 두툼한 책 3권을 주시며 '몇 권 몇 페이지를 보아라.' 하시면서 의미심장한 미소를 지으시는 아버지를 뵈면서도 그냥 '감사합니다.'란 말 한마디만 하고, 당연한 듯 받아서 왔다. 집에 돌아온 후 어느 주말에 작심하고 족보를 들여다봤다. 『밀성박씨 충간공파 세보』 1, 2, 3권 중 1권에서 나는 현조, 고조, 증조부를 찾고, 할아버지를 찾고, 아버지를 찾고 보니 슬하에 우리 삼 남매가 나란히 다 올라있었고, 형부, 올케, 나의 남편도 올라와 있었다. 그걸 보는 순간 몇 십 년 전에 '왜 딸들은 족보에 없냐'고 아버지에게 따지고, '네가 컸을 땐 딸들 이름도 족보에 오르는 날이 올지도 모른다.' 하시며 날 위로하고 격려하시던 아버지의 모습이 그때야 떠올랐다.

40여 년 전에 딸에게 하신 약속 아닌 약속을 지키시기 위해 무려 40년 가까이 잊지 않고 계셨다가 4년간 그 어마어마한 고생을 자청해서 하셨다는 것을 그때야 비로소 다 깨닫게 되었다. 얼굴을 들기가 어려울 정도로 죄스러움과 감사함이 북받쳐 올랐다. 출장을 그토록 다니시는 데도 여비 한번 안 드렸고, 족보를 받고서도 아무런 보답을 안 한 불효막심하고 염치없고 한심한 딸이 되었다는 사실 앞에 나는 나 자신에게 화가 났다. 나는 아버지만 뵈면 영원히 9살짜리 철없는 딸에 머물러 있었던 모양이다.

아버지께 또 다른 죄를 지은 것이 있다. 아버지 칠순 잔치를 하고 몇 달이 지난 어느 날 다시 친정에 갔더니 아버지가 '너희들 병풍 글씨를 써 놨으니 가져가서 표구집에 맡겨라.' 하시며 글 쓰신 걸 주셨는데, 펼쳐 보니 무려 열 폭짜리 대형사이즈였다.

워낙 명필이셨으므로 난 아버지 글씨 받는 걸 매우 좋아했는데, 이렇게 큰 10폭짜리 병풍 글씨를 받으니 감복할 수밖에 없었다. 그래도 그저 감사하다는 인사만 했을 뿐, 또 아무것도 드리지 않았다. 물론 평소에야 생신 때나 명절에 선물도 사드리고, 가끔 용돈을 드리긴 했으나, 이 어마어마한 선물을 받고도 그에 합당한 보답은 안 한 것이다. 나의 취약한 순발력이 또 이때도 여지없이 드러났다. 어쨌거나 본의 아니게 또 은혜도 모르고 염치도 없는 딸이 되어버렸다.

그 이후에야 외국 여행도 여러 번 보내드리고 양복도 해드렸지만, 그때그때 반드시 마음의 표현을 해야 할 때 못 한 나의 아둔함에 가슴을 친다. 살아계실 때 원 없이 효도했어야 했는데, 아버지로부터 받는 데만 너무 익숙했던 나의 미숙함이 아버지가 떠나신 20년이 지나서야 땅을 치며 후회한들 무슨 소용이 있으랴. 현재 우리 집의 가보가 된 이 병풍은 역사가 40년도 넘었다. 칠순이 지나신 연세에 몇 백, 몇 천 글자를 붓으로 쓰시는 그 엄청난 작업을 하시면서 얼마나 외롭고 힘드셨을까? 죄송하고 감사하고 그리운 마음이 파도처럼 밀려온다.

아버지는 서른넷에 삼 남매를 두고 상처하신 뒤 2년 후 16년 아래의 처녀와 재혼을 하셨다. 너무도 효자셨던 아버지는 할아버지가 정해주신 사람과 딱 한 번 보시고 결혼을 하신 것이다. 나의 계모는 서른여섯

번 선을 보았는데, 우리 아버지가 제일 맘에 들었다고 우리한테 자랑했었다. 어떻든 이 젊은 재취가 성격이 매우 억세고, 분별이 없어 마음고생을 많이 하셨으나 누구에게도 티를 내지 않으셨다. 마치 파도가 모든 걸 삼키듯 마음의 폭풍을 모두 가슴으로 안으셨다. 나는 아버지를 생각하면 늘 바다가 생각난다. 파랗고 잔잔한 바다, 해도 달도 별도 안고 있는 바다, 모든 걸 받아들이는 바다, 파도가 잠잠할 때도 있고, 높을 때도 있지만 좀처럼 넘치지 않는다. 사람들에게 많은 것을 내주는 바다처럼 나의 아버지도 모든 사람에게 한없는 사랑을 나누어 주셨다. 남녀노소, 가족, 친척, 동네 사람, 지인, 심지어 거지나 한센병 환자들에게조차 사랑을 나누셨다.

아버지가 한센병 환자들을 돕고 계시는 것을 가족들은 알지 못했으나, 설이 되면 대표들이 인사를 하러 집에 오는 바람에 알게 되었다. 엄마도 그들을 싫어하고 우리도 무서워했지만, 아버지는 아무렇지도 않게 그들과 악수를 하시고, 먹을 것을 내주고 여비를 주시고 등을 도닥여 주시곤 했다.

아버지는 나에게 참으로 많은 걸 주고 가셨지만, 이 불효 여식은 효도다운 효도 한번 제대로 못 해드렸으니 지금에 와서 무슨 변명이 통하겠는가. 그래도 아버지를 존경하고 사모하는 마음만은 누구에게도 뒤지고 싶지 않다. 이승에서 못다 한 효도 저승에 가서라도 하고 싶다. 이승에서 발휘하지 못한 순발력 저승에서라도 마음껏 발휘해 보고 싶다. 아버지! 사랑하는 나의 아버지! 부디 그곳에서 평안하소서. 아버지의 음덕으로 아버지 직계 자손 중 박사가 10명이 나왔다고 남들은 칭찬을 하는데, 듣고 계세요? 아버지가 저의 아버지라서 얼마나 감사한지 모릅니다. 멀지 않는 날에 이 어리석고 못난 딸이 가서 뵙겠습니다. 너무도 그립습니다.

스승의 날

스승의 날이 되면 나는 민망해진다. 날 찾아오는 제자들은 많은데, 내가 찾아갈 스승은 없기 때문이다. 내가 뵙고 싶고, 내가 존경하는 스승들은 이미 이 세상을 떠나셨다. 초등학교 때의 K선생님, 중학교 때의 L선생님, 고등학교 때의 K선생님, 그리고 대학교 때의 J선생님.

누가 나의 인생에 가장 영향을 미친 한 분의 스승을 이야기하라면 나는 주저 없이 초등학교 5, 6학년 때 2년간 담임이셨던 김지한 선생님을 꼽지 않을 수 없다. 현재 나의 머리에 가장 뚜렷이 기억되고, 내가 살아가는 데 있어서 자주 떠올리는 에피소드가 있기 때문이다.

나는 5학년 때 선생님의 지시로 처음으로 반 친구들의 시험답안지를 채점하게 되었다. 그런데 늘 서너 명의 다른 친구들과 함께였다. 나는 채점하는 일이 너무나 재미있었다. 채점 분량이 너무 적은 것이 아쉬웠다. 이렇게 재미있는 것을 나 혼자 다 했으면 얼마나 좋으랴 싶었다. 그때 나는 어렴풋하게나마 나도 나중에 교사가 되면 좋겠다는 생각을 했다. 나 혼자서 많은 시험지를 채점할 수 있을 테니까.

김 선생님은 키가 크고 풍채도 좋으셨으며, 특히 음악을 사랑하셨다. 늘 종례 때면 우리에게 노래를 가르쳐 주시거나, 노래를 불러야만 집에 보내주셨다. 매일 노래를 부르니까 우리는 별로 좋아하지도 않았지만, 옆 반 친구들은 우릴 너무나 부러워했다. 아마 5, 6학년 때의 이 특별 음악 학습 덕분에 나는 중학교에 가서 합창도 할 수 있었고, 중 1학년 크리스마스 때는 교회에서 하는 뮤지컬의 주인공으로 뽑혀 여섯 곡의 독창도 할 수 있었다. 이것이 나에겐 매우 좋은 음악의 자양분이 되어 그 후로 나는 음악을 매우 좋아하게 되었다. 지금은 기관지 환자여서 노래는 아예 부를 수도 없게 되었지만, 젊은 시절에는 노래부르기를 좋아했고, 나이 들어서는 세상사에 쫓기면서도 틈틈이 음악 콘서트나 뮤지컬, 오페라, 발레 공연 같은 것을 볼 기회를 만들곤 한다.

매년 찾아오는 스승의 날이 되면 이미 유명을 달리하신 65년 전의 그 선생님을 그리워한다. 내가 6학년이었을 때 김 선생님은 수학시간만 되면 특별히 엄격하셨다. 칠판에 수학문제를 죽 써 놓고는 학생들 이름을 불러 칠판에 나와서 문제를 풀게 하셨는데, 못 풀면 바로 복도에 나가 있게 하셨다. 수학 문제를 못 풀면 교실에서 쫓겨나가는 다소 이상한 벌을 주신 것이었다. 그렇게 한 명씩 쫓겨나가다 보면 어떤 날은 두세 명이 최종적으로 교실에 남기도 하고, 어떤 날은 나 혼자 남은 때도 있었다. 이런 일 때문에 나는 '수학박사' 별명을 얻었다. 선생님 덕에 난 '수학박사' 별명도 얻게 되었고, 비록 체격이 작고 나이가 어려도 마음속으로는 하나도 주눅 들지 않고 지낼 수 있었다. 물론, 나는 이 별명을 듣는 게 너무 민망해 수학시간만 되면 어서 시간이 지나가기를 바랐다.

아이들이 실제로 수학을 너무 못해서 그러셨는지는 모르겠으나, 하여

튼 수학시간은 우리 반 아이들에게는 공포의 시간이었다. 전국의 6학년이 다 같이 국가학력고사라는 걸 보았기 때문에 수학을 그토록 중시하셨는지도 모르겠다. 학력고사 점수로 중학교도 골라갈 수 있었다. 물론 내가 다닌 경북 예천초등학교는 중학교를 선택해서 간다는 것이 무슨 의미인지도 몰랐다. 예천에는 여중이 하나밖에 없고, 예천을 떠나서 도회지로 나가 공부하는 건 한 번도 생각해 본 적이 없기 때문이다. 하여간 우리는 학력고사 준비한다고 매일 방과 후에 두 번째 도시락을 먹고 촛불을 켜고 공부를 했다. 소위 보충수업을 한 셈이었다.

물론 선생님이 일일이 공부를 시키는 건 아니고 말하자면 방과 후에 강제 자율학습을 시켰다는 게 정확한 표현이다. 교과서 외에 다른 책이 있는 것도 아니었으므로, 그나마 재미있는 국어책과 사회책만 읽고 또 읽어서 아예 다 외웠다. 학력고사 날이 일주일여밖에 남지 않은 어느 날이었다. 선생님께서는 "박영순이는 잠시 나를 만나고 집에 가라." 하셨다. 무슨 일일까? 궁금해하면서 교무실에서 선생님을 만났다. 조심스럽게 쳐다보는 나에게 선생님께서는 뜻밖에도 다음과 같은 말씀을 하셨다. "영순아, 난 니만 믿는대이. 그렇지만 니가 꼭 기억할 게 있다. 시험 볼 때 '난 할망스럽다'라고 생각을 하면서 시험봐래이. 그러면 된다." 이것이 그분이 하신 말씀의 전부였다. 난 알았다고 대답했다. 이후 자주자주 그 말을 떠올렸다. '나는 할망스럽다, 나는 할망스럽다….' '할망스럽다'라는 말은 우리 지방에서 쓰던 사투리로, 무얼 자주 잊어버려서 실수하는 것을 묘사하는 말이다. 아마도 내가 진정으로 몰라서 시험을 잘 못 보는 것도 있었겠지만, 실수로 틀리는 일이 자주 있었던 모양이다.

마침내 고사 날이 되었다. 학교엘 가니 전혀 예기치 않았던 일이 일어났다. 평소에 우리 반은 75명이었는데, 국가학력고사가 되니 책상을 드문드문 놓게 되어 번호가 60번 뒤의 번호인 우리 15명은 다른 반에 가서 시험을 치라는 것이었다. 당시는 나이순으로 출석번호를 매겼는데, 나이 어린 나는 언제나 뒷번호였다. 난생처음 다른 교실에서 전혀 모르는 학생들 틈에 끼어 낯모르는 감독 앞에서 시험을 보게 되었던 것이다. 우린 그게 무슨 큰일이라도 난 것처럼 슬퍼하며 울었다. 어떤 친구는 아예 교실 바닥에 앉아 안 간다고 떼를 쓰기도 하였다. 우린 세상에서 버림이라도 받은 양 슬퍼하면서 떨어지지 않는 발걸음을 옮겨 지정된 교실에 가서 시험을 보았다. 난 시험을 잘 보았는지 못 보았는지 관심도 없고 오직 빨리 끝내고 우리 교실로 가기만을 기다리며 시험을 쳤지만 '나는 할망스럽다.'라는 말만은 잊지 않았다.

두 달쯤 지났을까, 4학년 담임 L선생님이 '박영순'을 찾는 것이었다. 키가 작아 맨 앞에 앉아 있던 나는 '전데요.'라고 했더니, 내 머리를 쓰다듬으시고는 '영순이 잘 했다. 우리 예천에서 니가 1등이다.'라고 하시는 게 아닌가? 당시 예천군의 인구는 30만 명 정도 되었고, 6학년은 아마 5, 6천 명 정도 되지 않았을까 싶다. 지금처럼 전국적으로 어느 정도의 성적인지는 아직도 모르지만, 조금 후에 들어오신 우리 담임 선생님이 당시 320점 이상(만점이 400점이었던 것 같다) 받은 학생 이름(4, 5명)을 불러주시고는 '박영순이는 예천 전체에서 1등을 했다. 이 점수로는 경기여중도 갈 수 있다.'라고 하셨으나, 난 그게 무슨 말인지도 모르는 촌뜨기였다. 요는 울고불고 하며 시험을 보았지만 '난 할망스럽다'를 뇌이면서 집중해서 시험 본 결과라고 굳게 믿고 있다. 이러한 좋은 결과는 이후에도 나를 공부 좋아하는 아이로 성장시켰다. 이렇듯 스승의 영향은 한 학생의 인생에 있어서 얼마나 중요한지를 생각하면서 교직에 있었던 나는 늘 숙연해지곤 했다.

어떤 분야에서든 우리에게 스승이 되어 준 사람들은 많다. 스승의 날에는 그런 세상의 스승들에게 감사하고, 그들의 인격과 안목과 애국심과 이웃사랑 등 좋은 점을 배우고 되새기는 날로 삼으면 좋겠다. 스승은 학교에서도 만나고, 길거리에서도 만나고, 책 속에서도 만날 수 있다. 비단 한국 안에서뿐만 아니라 한국 밖에서도 만날 수 있다. 우리가 일생을 사는 동안 어떤 스승을 만나느냐는 우리의 가치관과 인격 도야에 크게 영향을 미친다.

스승의 날이 되면 이미 유명을 달리하신 65년 전의 그 선생님을 떠올리곤 한다. 78세나 된 지금도 그때의 그 선생님처럼 참스승이 그립다.

제자들 이야기

제자에 관한 한 나만큼 복 많은 사람도 드물 것이다. 숫자도 결코 적은 건 아니지만, 무엇보다도 인격 면에서 너무나 훌륭한 제자들이 많기 때문이다. 아마 2, 30년 뒤쯤엔 모두 위대한 자서전을 써야 할 사람들이 아닌가 한다.

K는 원래 명문가의 여러 남매 중 막내로 태어났으나 부친이 정치에 입문하셨다가 가세가 기울어져 이 친구가 고등학교를 갈 즈음엔 최악이었다고 한다. 생각 끝에 생각해 낸 것이 철도고등학교였다. 워낙 수재였던 터라 합격은 걱정할 바가 못 되었고, 전액 국비 장학생으로 고등학교를 졸업할 수도 있고, 졸업하면 기관사로 취직도 보장되기 때문이었다. 철도고등학교를 졸업하고 3년간 기관사로 일을 하면서 어느 정도 저축도 하고 나니 대학을 가야겠다는 생각이 간절하였다. 그때부터 대학입학시험을 준비하였고, 그해에 자기가 평소에 하고 싶었던 국어국문학도 공부할 수 있고 나중에 교사도 할 수 있는 국어교육학과에 입학하여 나와 인연을 맺었다.

대학 입학 후 입대를 하여 3년간의 군복무를 마치고 학교에 돌아오니 동급생들은 자기보다 대여섯 살 아래 동생들이었다. 그러나 그런 건 전혀 문제가 되지 않았고, 대학을 다닌다는 것이 그저 즐겁기만 했다. 문학도 어학도 모두 재미있었다. 명석한 두뇌에 의욕적으로 공부를 하니 자연적으로 성적은 뛰어났고, 결국 4년간 장학생으로 공부를 마쳤다. 대학 다니는 동안 집안은 계속 어려워져, 생활비도 제대로 탈 수가 없어서 아르바이트를 하여 어렵게 공부를 하였다. 용모는 항상 단정했고, 청결했으며, 예절 바르고 의연했다. 그는 자신의 품위를 잃는 일이 결코 없었기 때문에 모르는 사람들은 그가 아주 부잣집 아들로 알았다. 그 뒤 대학원 재학 중 경기도의 한 여상에서 1년간 교편을 잡기도 했는데, 교사로서 그는 학생들에게 항상 희망을 지니고 살 것을 충고하였으며 능력이 되는 사람은 절대로 대학을 포기하지 말라고 가르쳤다 한다.

석사, 박사 과정을 거치는 동안 올 A를 함은 물론, 보통 두세 번씩 낙방한 뒤에야 합격하는 종합시험에서도 한 번도 떨어진 일이 없는 남다른 기록도 세워, 선후배 사이에서도 전설적인 인물이었다. 박사학위 받은 후 1년간 공백이 있었는데, 그때는 이미 처자식도 있어서 취직이 여간 절박한 상황이 아니었는데도 어느 대학에서 교수 채용 공고가 나면 선배들에게 먼저 양보하는 미덕을 보였다. 그 1년 동안도 여전히 후배들의 스터디그룹을 이끌었고, 자기 분야의 저서도 한 권 출간하여 학계의 호평을 받았다.

1년 뒤 모 국립대학 교수가 되어 학문적으로도 두각을 나타내고 있다. 어느새 중견교수로서, 두 아이와 아내를 둔 훌륭한 가장으로서 열심히 살고 있으면서도 나의 생일 때와 스승의 날이 되면 언제나 후배들을 독려하여 자리를 마련해 나를 즐겁게 해주니 고맙고 황송하다. 거기에 유머 감각과 가수를 뺨치는 노래 솜씨까지 갖추었으며, 어려운 등산도 곧잘 하니 후배들에겐 거의 우상이다. 제자라기보다 내가 배워야 할 학덕을 갖춘 인격자다. 이렇게 훌륭한 제자를 둔 나의 기쁨이나 보람을 어디에 비하리.

이번에는 J라는 여제자를 자랑해야겠다. 이 친구는 제자라기보다 오히려 딸 같은 관계이다. 학부 3학년 때 부모형제들이 모두 미국에 이민을 가고 홀로 남아 공부를 했으므로 나의 관심이 조금은 더 있었다. 학부 1학년 때부터 동기생 가운데서 두각을 나타내고 또 학업에도 너무나 열성적이었다. 성적은 물론 수석이고, 무슨 발표나 작문을 시키면 매번 나를 탄복시켰다. 거기에 넉넉한 인품으로 선후배 간의 우정을 유감없이 발휘하며, 어떤 교수님이 어떤 어려운 일을 부탁해도 기대 이상으로 척척 해낸다. 이 친구의 장점은 여기서 끝나지 않는다. 우선 순수한 마음과 맑은 영혼은 언제나 나를 감동하게 한다. 어느새 박사학위를 받고 남매를 낳고 지금은 서울 시내의 유수 대학에서 어엿한 중진 교수가 되었지만, 항상 예의 바르고 따뜻하며, 감수성이 풍부하여 남의 이야기를 듣고 티 없이 울고 웃는다. 아주 악착같은 면이 있는가 하면 인정에는 약하다.

우리 학과 출신 중 박사과정에 처음 들어온 여학생인 터라 나는 필요 이상의 조바심을 가지고 있었다. 그의 선배 여학생들이 여러 명 있었지만 다른 교수들 밑에서 하나같이 석사 논문도 못 내고 도중하차하는 것을 안타까워했던 터라, J에게는 처음부터 정신 무장을 단단히 해야 한다는 강박관념이 있었다. 그랬더니 이 친구는 내가 너무 무섭다며, 시험이 있을 때는 책 속에 내 사진을 넣고 다니면서 공부가 잘 안 될 때 내 사진을 보면 정신이 번쩍 들더라나? 그러면서도 내가 필요하다면 언제나 달려오고 내가 아프면 자기가 아픈 것보다도 더 마음을 써주는 친구다.

내가 어설프게 쓴 글을 좀 읽어보고 고쳐보라고 하면 예리한 지성과 탁월한 문장력, 풍부하고 적확한 어휘 구사로 나를 감동하게 하곤 했다. 나는 행여나 그가 다른 교수님 눈에 벗어날까 노심초사하고, 제때 논문을 내지 못할까 애태우고, 교수가 되지 못할까 안달하고 초조해했다. 고맙게도 기대 이상의 학문적 업적과 됨됨이를 인정한 선배 선생님들의 도움과 본인의 노력 및 하느님의 가호로 일류대학의 교수가 되고 나니 나의 기쁨과 행복은 형언할 수 없다. 따뜻하고 밝은 미소, 훤칠한 용모, 아름답고 정확한 발음과 문장 구성력으로 언제나 정제된 화법을 구사하는 이 제자 역시 세상의 무엇과도 바꿀 수 없는 나의 자식이다. 하여튼 이런저런 인연으로 이 친구는 제자지만 꼭 딸인 것만 같은 착각에 빠질 때가 많다.

P는 옛날 서울에서 전형적인 달동네 출신이다. 이 친구 말에 의하면 중고등학교까지 단칸방에 온 식구가 살았다 한다. 그런데도 항상 명랑하고 사상이 건전하고 사고가 긍정적이다. “저는 태어난 이래 계속 저희집이 발전하는 것만 보고 커서 아무런 불만이 없어요.”라고 말할 정도다. 대학원 다닐 때 아르바이트를 하여 조그만 자기의 지하방이 하나 생겼다고 너무나 행복해하던 P! 그러던 그가 자기 아버지가 암으로 입원하시자 아르바이트 시간을 훨씬 더 늘려 아버지 수술비를 대고, 아예 병원에서 자면서 공부를 하였다.

이 친구는 국어국문학 중에서도 땀을 가장 많이 필요로 하는 고전문학을 전공하느라 한문 실력도 대단하고, 선후배들의 궂은일은 도맡아 도와주면서도 어느새 돈 모아 결혼하고 박사학위를 따고 국립대학 교수가 되었으니, 이 친구 역시 후배들에게 전설적인 인물이다. 항상 웃는 얼굴, 서글서글한 눈, 당당한 체격, 언제 봐도 든든하고 자랑스러운 제자이다.

이밖에도 재능과 성품 면에서 모두 특출한 제자들이 수없이 많다. 유머가 넘치는 제자, 성실한 제자, 예쁘고 착한 제자, 다재다능한 제자, 문단에서 이름을 날리는 제자, 언론계에서 맹활약하는 제자, 의리가 남다른 제자, 남이 꺼리는 열악한 환경의 학교에 지원하여 불쌍한 학생들을 자식처럼 보살피는 참된 사표가 된 제자, 학원가에서 이름을 날리는 제자 등 다 열거할 수 없다.

하느님! 감사합니다. 너무나 과분한 제자 복을 주셔서 그저 황공할 따름입니다. 저의 제자들에게 풍성한 축복을 내려주소서.

고향 친구들

요즘 대도시 아이들은 어떤 면에서 측은하다. 같은 지역에서 초중고를 함께 다닌 친구를 갖기 어렵기 때문이다. 나는 다섯 살 때부터 고등학교 졸업할 때까지 경북 예천이라는 조그만 도시에서 함께 자라고 초등학교부터 고등학교까지 함께 다닌 친구들을 여러 명 갖게 되어 너무도 행복하다. 이 친구들은 서로의 가족 상황까지 모조리 알고 있는 터여서 형제와 다를 바 없다. 그중에서도 4총사로 불리는 우리 4명의 친구는 정말 친형제보다도 더한 우정을 쌓아 왔다. 서로 바빠서 자주 만나지도 못하고, 현실적으로 서로 큰 도움을 준 것도 아니지만 마음은 언제나 변함없다. 우리 사이에는 오해나 변명이나, 미안하다거나 고맙다거나 하는 단어가 거의 필요 없다. 언제든 밤중에라도 찾아가 함께 잠을 잘 수도 있을 것이다. 누구든 먼저 만나자고 제의하면 무조건 모인다. 어느 한 사람이 사정이 생기면 무조건 무기 연기다. 만나면 왜 그렇게도 웃을 일만 많은지! 이 친구들한테는 체면도 예의도 아무것도 필요 없다. 나같이 평생을 직장과 가정 사이에서만 쳇바퀴 돌아야 하는 사람에게 있어 이 친구들은 존재 자체가 위안이고, 만남 자체가 휴식이다.

나에게 이런 고향친구들이 있다는 건 여간 행운이 아니다. 이들 중에는 고등학교만 졸업한 친구, 대학 중퇴한 친구, 대학 졸업하고 교사를 지낸 친구도 있지만 우리는 만나기만 하면 언제나 초등학생으로 돌아간다. 원래는 그중에 한 친구만 고등학교 때부터 성당에 다녔는데, 우리보고 성당에 나오라는 말을 단 한 번도 하지 않았다. 그런데 내가 두 번째로 가톨릭 신자가 됐고, 10년 뒤쯤 또 다른 친구가 가톨릭 신자가 되었으며, 몇 년 전 마지막 한 친구마저 신자가 되었다. 정말 이런 인연이 또 있을까 싶다. 그래도 만나서는 종교에 관해서는 별로 얘기하지 않는다.

종교가 달랐을 때나 지금과 같이 똑같이 되었을 때나 달라진 것이 하나도 없다. 그냥 만나면 즐겁고, 좋은 소식 들으면 함께 기뻐하고, 슬픈 소식 들으면 함께 슬퍼하고 그러면 되는 것이다. 물론 싸워 본 적도, 의견을 달리해본 적도, 함께 여행을 다녀 본 적도, 같은 취미 활동을 한 적도 없다. 각자의 생업에 종사하면서 형편이 되는 대로 몇 달에 한 번씩 만나는데, 내가 유학 가 있을 때는 몇 년씩 못 만나고, 연구년을 1년씩 외국에 나가 있을 때도 못 만났다. 그래도 만나면 언제나 그대로다. 이런 고향친구들이란 내게 있어 산소 같다. 만나면 온 가족 한 명 한 명에 대한 안부를 주고받는 데만 한 시간이 걸린다.

평소에도 더 이상 없이 좋은 친구들이지만 몇 년 전 내가 교통사고로 오른팔이 골절되는 사고를 당했을 때 우정은 더욱 빛을 발했다. 그냥 깁스하면 되는 정도가 아니라 뼈가 조각이 나서 옆구리의 뼈를 떼다가 붙여야 하는 수술까지 받아야 했는데, 이 친구들의 우정 덕에 견딜 수 있었다.

우리가 너무도 쉽게 '뼈를 깎는 고통'이라는 말을 하지만 그냥 상투적으로 쓸 때가 많다. 그런데 내가 실제로 뼈를 깎는 경험을 하게 되어 그 말의 진정한 의미를 제대로 알게 되었다. 우리가 겪을 수 있는 신체적 고통 가운데 뼈를 깎는 고통보다 더 심한 고통은 없다는 것을 나는 확실히 알게 되었다. 3남매를 모두 자연 분만했기 때문에 산통이 얼마나 끔찍한 것인지 안다. 그러나 뼈를 깎는 고통에 비할 바가 아니다. 더구나 산통은 짧게는 서너 시간, 길어야 24시간 이내이며, 그나마도 잠깐씩 진통이 있다가 없다가를 반복해 숨 쉴 시간을 주기도 하고, 그것도 아기를 분만하고 나면 그 이후부터는 없어지지만, 뼈를 깎는 고통은 단 1분도 멈추지 않고 무지막지하게 아프다. 30년이 지난 지금까지도 뼈를 떼 낸 곳은 기분이 안 좋을 정도의 아픔이 남아있다.

처음에 마취에서 깨어났을 때의 그 몸서리치는 통증은 아직도 생생하다. 난 도저히 그 고통을 이겨낼 자신이 없었다. 손가락 하나도 움직이기 힘든 엄청난 진통은 눈을 뜬 것이 후회스러울 정도였다. 입원하고 3주일 동안은 거의 완전히 누구의 도움 없이는 아무것도 할 수 없는 상황이었다. 그때 이 친구들의 진가가 유감없이 발휘되었다. 하루도 빠짐없이 찾아와서 밥을 먹여주는 일부터 빨리 낫게 해달라고 기도를 바치는 일까지 완벽하게 다 해 주었다. 침대에 뉘어놓은 채 머리 감겨주고 손톱 발톱까지 다 깎아 주었다. 매일같이 새로운 반찬이랑 맛있는 걸 가지고 와서 먹여놓고는 온갖 재미있는 이야기, 우스운 이야기를 교대로 들려주는 바람에 "뼈를 깎은 아픔"도 몸을 움직일 수 없는 답답함도, 밀린 일들에 대한 초조함도 슬픔도 노여움도 모두 잊고 감사하고 행복한 마음으로 지내고 견딜 수가 있었다. 부모 자식이나 형제도 하기 어려울 특급 간병을 받고 나서 생각해 보니 고마움이 물밀 듯 밀려왔다. 이런 친구들을 3명씩이나 가졌으니 나는 이 세상에서 최고의 행운아고 가장 축복받은 사람이라는 걸 더욱 절실히 느끼게 된다. 내 사랑하는 친구들이여! 그대들에게 언제나 하느님의 축복이 가득할지어다.

추억

1965년에 대학을 졸업하고 운 좋게도 나는 곧바로 H 여고 교사로 부임하게 되었다. 동급 반 친구 중 서울에서 교사가 된 2명 중 한 명의 행운아였다.

여자가 가질 수 있는 반듯한 직장이라고는 학교밖에 없었고, 남자들도 직장을 가진다는 것이 여간 어렵지 않던 시절이었다. 학교 교단에 서는 것은 나의 적성에 매우 맞았기 때문에 그저 행복하기만 했다. 비록 한 반 학생이 70명씩이었지만 문제 되지 않았고, 아침 7시부터 수업을 하고 일주일에 30시간씩 수업을 해도 그저 신나기만 했다. 그러나 괴로운 일들도 있었다. 제일 힘든 것은 기말에 성적을 내는 것이었다. 내 담임 반은 물론이고, 내가 수업을 들어가는 여섯 개 반 420명의 시험지를 채점하고, 학생 이름과 번호를 직접 손으로 다 써넣고, 거기에 성적도 다 손으로 적어 넣어야 하는데, 쓰다 보면 꼭 한두 개씩 틀리게 되어 몇 번씩 새로 써야 했다. 그뿐만 아니라 나의 담임 반 학생들의 전 과목 성적을 선생님들로부터 받아서 적어 넣고 개개인의 성적 통계를 다 내어 적어 넣어야 했다. 지금처럼 컴퓨터로 하는 게 아니어서 이건 이만저만한 일이 아니었다. 그때 내 머리에 떠오르는 생각은 이런 것이었다. "수업하고 채점하는 것까지는 너무 재미있고 내 적성에 맞는데, 행정이 문제로다. 무슨 좋은 방법이 없을까?" 이때 생각해 낸 것이 대학원에 가서 공부하여 대학교수가 되어야겠다는 것이었다.

그런데 당시 내가 지원했던 대학원 시험에 제2외국어 시험이 있어서 독어와 불어 중 하나는 반드시 시험을 쳐야 했다. 아뿔싸! 난 독어도 불어도 배울 수 없는 고등학교를 다닌 게 아닌가? 우리 학교는 불어 독어는커녕 제대로 된 영어 선생님도 구할 수 없어 때로는 가정생활 선생님이 영어를 가르치기도 하고, 지리 선생님이 가르친 적도 있었다. 전교 학생이라야 모두 90명이었는데, 1학년 40명, 2학년 20명 3학년 30명이었고, 선생님이라고 해야 교장·교감 선생님까지 모두 7분이었다. 그나마도 때론 한두 분이 다른 학교로 전근 가시면 두세 달씩 후임이 안 오시곤 했다. 그러니 지금 같았으면 대학이란 아예 꿈도 꿀 수 없었을 것이다.

내가 예천 여중을 다닐 때만 해도 여고가 없었다. 그래서 난 가장 좋다고 소문난 경북여고(당시 우리는 경기여고, 이화여고 같은 서울의 명문 여고는 이름도 몰랐다)를 가겠다고 마음먹고 있었는데, 당시 경북도교육위원을 하시던 아버님께서 예천에 여고가 없는 것은 말이 안 된다며 "예천여고 설립추진위원장"을 맡으시고 예천에 여자고등학교를 세워야 한다고 백방으로 노력하셔서 성사를 시킨 것이었다. 우리가 1회가 되어야 했지만 2,3학년을 편입생으로 받아들여 우리는 3회가 되었다.

경북여고에 가려던 나의 꿈은 아버지의 "도의적 조치"에 의해 산산이 부서지고, 결국 예천여고에 입학했다. 막상 학교 인가는 났으나 아직 건물이 제대로 지어지지도 않았고, 널따란 운동장엔 풀만 무성하여 아침 조례 후에는 마당에 가득한 풀을 뽑아야 했고, 오전 수업이 끝나면 오후엔 학교 뒤편 개울에서 모래며, 자갈이며 돌을 날라야 했다. 선생님들은 그늘 밑에 의자를 놓고 앉아 계시다가 우리가 책보자기로 모래며 자갈이며 가지고 올 때마다 팔뚝에 빨간 도장을 찍어 주셨다. 몇 번이나 날랐을까? 팔뚝에 더는 도장 받을 데가 없게 되어야 우리의 노동은 끝나고 집에 갈 수 있었다. 여러 개의 책보자기가 찢어지고 닳아서 버려야 했다. 난 고등학교 졸업 때까지도 반에서 키는 세 번째로 작고 몸무게는 제일 가벼운 아이였기 때문에 이러한 노동이 너무나 힘겨웠다. 아침 조례 중에 쓰러지는 일도 일어났고, 청소하다가 쓰러진 일도 있었다.

계모는 툭 하면 날 학교를 못 가게 했다. 집에 있으나 학교에 가나 노동현장에 동원되기는 마찬가지였다. 아버지는 날 끔찍이 여기는 분이셨지만 자주 출타를 하셨고, 예천에 계실 때도 낮에 집에 계시는 일이 별로 없었기 때문에 나의 사정을 거의 모르셨다. 하여튼 이런 환경에서 난 아예 공부라곤 안 했고, 닥치는 대로 소설책만 읽었다. 소설이란 소설은 입수되기만 하면 읽어 치웠다.

난 자연스럽게 문학소녀가 되어가고 있었다. 고등학교를 졸업하자 그래도 여러 명이 대구나 서울로 대학을 갔다. 공부를 잘하지 못하던 친구들도 다 대학에 들어갔다. 그해 나의 아버지가 군수에 출마하시게 되어 난 아버지의 선거를 도와야 했다. 가장 돈이 없었던 아버지 선거진영은 오로지 발로 뛰어야 했다. 당시는 가가호호 방문하여 몇 번이고 기호를 돌리는 게 선거운동이었다. 따라서 운동원들 점심값 주는 것과 기호 인쇄하는 것, 현수막 만드는 정도가 선거비용의 전부였지만, 농사뿐이던 우리 집은 그것도 힘에 겨웠다. 아버지는 워낙 덕망이 높으셨고 다른 후보자들보다 월등하게 연설을 잘 하셨으므로, 누구든지 아버지의 당선을 장담했다.

선거가 끝나고 개표가 시작된 지 한 시간 정도가 지났을까? 갑자기 개표를 하는 군청의 전깃불이 꺼졌다. 소위 유명한 3.15부정선거, 부정개표의 현장이 예천 같은 소도시에도 어김없이 일어나는 순간이었다. 아버지 98표에 앞뒤로 한 장씩 상대후보의 표를 만들어 상대방 표 100장으로 되게 하고, 아버지 투표용지와 미리 만들어 놓았던 상대방의 가짜 투표용지를 바꿔치기 위한 술책이었다. 자유당으로 출마한 사람을 당선시키기 위해 상상할 수 없는 불법이 일어나고 있었던 것이다. 나중에 이런 부정 개표에 가담했던 사람들이 찾아와 고백하고 용서를 구했지만 이미 흘러간 물이었다. 그렇게 하여 가장 표가 많았던 아버지는 결국 가장 표가 적었던 자유당 후보에게 당선을 빼앗기고, 빚만 잔뜩 떠안은 채 낙선의 아픔을 맛보아야 했다. 당선하시면 날 서울의 대학에 보내주겠다던 약속도 물거품이 되었다.

난 일 년 동안 집에 있으면서, 낮엔 집안일을 돕고 밤엔 주로 소설을 읽었다. 그해가 끝나갈 무렵 난 결국 대학에 가기로 결심하게 된다. 대학 다니는 동안 부모님께 약속한 대로 딱 한 번만 등록금을 지원받고 이후로는 3년반 동안 장학생이 되고, 부지런히 아르바이트를 하여 용돈도 넉넉한 대학 생활을 즐겼고 부모님에게도 자주 선물을 사 보내드릴 수 있었다.

대학원 진학을 마음먹은 나에게 그만 제2외국어라는 벽이 기다리고 있었다. 그러나 포기할 수 없었다. 예나 지금이나 하려고 마음먹은 것은 꼭 해야 하는 성미 탓에 대학원 시험을 불과 두 달 남겨놓고 나는 독일어를 독학하게 된다.

두 달 동안 독어를 혼자서 열심히 공부하여 대학원 시험에 당당히 합격하였다. 그리고 2년간은 내 생애 가장 바쁘면서도 가장 신나는 시간이었다. 고등학교 3학년 담임을 하며, 대학원을 다니며 지금의 남편과 연애를 하고, 야학까지 했으니 말이다.

우리는 이듬해에 결혼해 53년을 함께한 부부가 되었다. 지금 돌이켜보면 그래도 꿈과 희망을 안고 그토록 지독하게 힘든 여건 속에서도 함께 미국 유학을 하던 시절 그는 10년도 넘은 고물 자동차 밑에 누워 손수 자동차를 고치고, 난 둘째를 낳고 3주 후부터 학교 기숙사에서 새벽 다섯 시부터 일했다. 그래도 불행하게 여겨진 적은 없었다. 아직 젊고 꿈이 있었기 때문이다. 쥐꼬리만 한 장학금으로 미국 갈 때 빌렸던 비행기 표값을 매달 갚느라 생활비가 턱없이 부족하여 하루 한 끼는 수제비를 먹어야 했다. 밀가루 값은 워낙 싸서 한 끼에 10센트면 수제비를 먹을 수 있었기 때문이다. 그저 하루하루 생존 자체가 기적이라고 할 만큼 참으로 힘겨운 시간도 많았지만 다 지나고 보니 그런 날이 소중한 추억이 되어 그리워지기까지 한다.

우리 부부는 '젊었을 적 고생은 사서도 한다.'라는 말을 진리로 실감하면서, 모든 난관을 극복할 수 있게 해주신 하느님께 감사드린다.

교양인

우리가 보통 '교양인'이라고 하면 지식과 예절이 바른 사람을 말한다. 지식은 자기가 속한 사회에서 생활하고 직무를 수행하는 데 필요한 내용이다. 예를 들어 농촌에서 농사를 짓는 사람이라면 모내기는 언제 하며, 어떻게 해야 하는지, 비가 안 올 때는 논에 물을 어떻게 대야 하는지, 비가 너무 많이 올 때는 논에 물을 어떻게 뺄 수 있는지, 또한, 벼를 가꾸려면 어떻게 해야 하고, 다 익었을 때는 어떻게 해야 하는지 아는 것이 바로 벼농사에 관한 지식이다. 도회지의 회사에 다니는 사람이라면 그 회사에서 자기가 맡은 일을 성공적으로 수행하는 데 알아야 하는 내용이 모두 지식이다. 물론 어느 특정한 분야에 국한되지 않는 지식도 수없이 많을 것이다. 말을 듣거나 글을 읽고 알게 되는 내용은 모두 지식이라 할 수 있다. 생활의 아주 기본적인 지식부터 우주자연을 논하는 고차원적 지식까지 지식의 깊이와 넓이는 무한하다 할 것이다.

예절이란, 자기 나이와 직업, 가족 안에서의 지위, 직장 내에서의 지위, 무슨 모임이라면 모임에서의 자기의 역할 등을 고려해 주어진 상황에 맞게 적절한 옷차림을 하고, 적절하게 말하고 행동할 줄 아는 능력이다. 특히 감사해야 할 때, 사과해야 할 때, 요청해야 할 때, 질문할 때, 남을 초대할 때, 초대받았을 때, 또한, 공적인 자리와 사적인 자리를 구별하여 적절한 말과 행동을 할 수 있어야 교양인이다.

이러한 지식과 교양도 시대에 따라 달라진다. 조선 시대 때까지도 왕이 있었으므로 궁궐에서의 지식과 예절이 필요했고, 반상제도가 있을 때는 자기의 신분에 맞는 지식과 예절이 필요했지만, 지금은 이런 것이 모두 필요 없다. 지금은 세계화 시대에 살고 있기에 이 시대가 요구하는 지식과 예절이 있다. 이젠 한국 사람이 외국 여행도 많이 하고, 많은 외국인이 한국을 찾기도 한다. 또한, 우리나라도 좋든 싫든 다문화사회에 진입했으므로 다른 나라의 문화에 대해 조금의 지식과 예절은 알 필요가 있다.

한국 사람은 대부분 모르는 사람을 만나면 무표정하고 불친절하다. 따라서 처음 한국에 온 외국인은 한국인이 너무 냉정하거나 예절이 없다고 오해한다. 또한, 함께 식사할 때 친절하게 젓가락으로 반찬을 집어 다른 사람의 접시에 놓아주는 경우가 있는데, 이는 외국인이 가장 싫어하는 일이다. 마치 술 마실 때 한국인의 잔 돌리기 같은 것을 외국인이 매우 싫어하는 것과 비슷하다.

여러 명이 식사하러 가서 한 사람이 돈을 다 내는 경우는 거의 한국에서만 볼 수 있는 광경이다. 한국인은 비친족에게 가족 호칭을 쓴다. 이것도 한국과 일본에만 있는 현상인데 한국이 훨씬 더 심하다. 외국인이 한국에 와서 가장 어려워하는 것 중 하나가 호칭이다. 50대의 남자가 식당에서 여자 종업원 보고 "언니", 혹은 "이모"라고 부르니 그들이 헷갈려

할 것은 짐작하고도 남는다. 요즈음은 나이 든 사람에게 '아버님', '어머님'이라는 호칭도 꽤 많이 사용되는데, 다른 나라에서는 상상도 할 수 없는 일이다. 자기의 부모가 아닌 사람에게 아버님, 어머님 같은 호칭은 절대 쓰지 않기 때문이다.

우리가 이웃 나라들의 모든 문화를 다 터득할 수도 없고, 남의 문화에 우리를 맞출 필요도 없다. 그러나 그 나라 문화의 가장 기본적인 것을 안다면 그들에게 더 가까이 갈 수 있고 더 신뢰받고 존중받을 수 있다. 예를 들어 입식 문화가 발달한 나라에서는 집안에 들어갈 때 신발을 신고 들어간다. 그러나 그가 한국 집에 초대받아 왔을 때 그들의 평소 방식대로 신발을 신고 마루나 방에 들어온다면, 한국 사람은 매우 불쾌해하고 그를 무식하고 예의 없다고 생각할 것이다. 역지사지(易地思之)로 우리가 외국인을 대할 때 이런 결례를 안 하려면 우리도 다른 나라 문화의 기본적인 것은 알고 있는 것이 좋으며, 현대에는 이런 사람이 진정한 교양인이 되는 것이다.

예를 들어 한국인이 중국 친구의 결혼식에 간다면 빨간 봉투에 축의금을 넣되 8자가 많이 들어가게, 예를 들어 88888원, 아니면 최소한 짝수로 돈을 넣어 신랑·신부에게 직접 주어야 한다. 홀수가 들어가는 액수를 넣는 것은 큰 실례다. 중국인은 부의금을 낼 때만 홀수로 돈을 넣기 때문이다. 결혼식은 호텔, 식당, 집에서 하는 데 손공일 설리며, 결혼일은 음력, 양력 모두 짝수일로 한다. 하객이 돌아갈 때는 사탕 두 봉지씩 나누어주는데, 이는 달콤한 신혼생활을 하겠다는 뜻이다. 이처럼 선물을 줄 때도 반드시 두 개나 네 개, 여섯 개, 여덟 개 식으로 짝수로 주어야 한다.

음식의 경우 중국에서는 '일물전체식'이라는 개념이 있어서 생선은 머리에서 꼬리까지, 채소도 잎에서 뿌리까지 모두 먹는 관습이 있으며, 맛도 한 음식이 오미를 모두 가져야 한다고 생각한다. 음식은 색, 향, 모양, 정교한 칼질, 불의 가감, 양념배합, 조리법 등을 모두 중시한다. 음식상의 요리 가지 수는 모두 짝수로 하고 식사예절은 자기 쪽 요리부터 먹어야 한다. 주로 식사만 하며 2, 3차를 가지 않는다. 채소든 생선이든 날것을 거의 먹지 않으므로 중국 친구를 횟집이나 쌈밥집에 초대하는 것은 바람직하지 않다. 그러므로 중국 사람과 교류할 때는 "짝수"와 "익힌 음식"을 기억하는 것이 좋다.

일본 친구하고 함께 식사할 때는 비벼 먹으라든가, 국에 말아 먹으라든가, 상추에 싸서 먹으라고 하는 것은 실례가 된다. 일본인은 개밥을 줄 때만 이것저것 섞어서 주지 사람은 절대 이것저것을 한데 넣어 비벼 먹거나 말아먹지 않으며 싸 먹지도 않는다. 밥도 숟가락으로 먹는 게 아니고 왼손으로 밥그릇을 들고 젓가락으로 먹는다. 만일 일본 친구의 결혼식에 축의금을 가지고 간다면 한국식으로 맨 봉투에 그냥 돈만 넣고 이름만 써서 주면 매우 성의 없고 교양 없는 사람으로 치부된다. 일본에서는 축의금을 낼 때 축하 글을 넣고, 최대로 예쁜 봉투에 예쁜 종이로 돈을 싸서 넣고, 그 봉투를 다시 리본 달린 다른 예쁜 봉투에 넣고, 가능하면 한 번 더 예쁜 봉투에 넣어서 주어야 한다. 액수의 고하는 문제되지 않는다. 베트남사람들을 3, 5 같은 홀수를 싫어해서 사진을 찍을 때도 3, 5명은 찍지 않는다. 설날 사흘 동안은 집안 쓰레기를 버리지 않는다. 복이 나간다고 생각하기 때문이다. 키르기스스탄에서는 소위 '보쌈'이라는 문화가 아직도 성행하고 있어서 신부납치가 공공연하게 이루어지고 있으며 납치된 신부는 무조건 그 집 신랑과 결혼을 해야 한다.

납치한 신랑 집에서는 신부집에 선물과 돈을 준다. 한번 납치되면 다시는 다른 남자와 결혼할 수 없으며, 25세가 넘으면 노처녀로 인식되어 결혼하기 어렵게 되고 이혼은 거의 안 된다. 따라서 키르기스스탄 친구한테는 되도록 결혼 이야긴 꺼내지 않는 게 좋다.

태국 친구를 만난다면 오늘 왜 그가 초록 옷을 입었는지, 그저께는 왜 노란 옷을 입었는지 알면 그 친구에게 더 친근감과 신뢰감을 줄 수 있다. 태국에서는 요일에 따라 입는 옷 색깔이 정해져 있기 때문이다. 월요일은 노란색, 화요일 분홍색, 수요일 초록색, 목요일 주황색, 금요일 파란색, 토요일 보라색, 일요일 빨간색이다. 만일 요일에 맞는 옷이 없으면 남자는 넥타이, 여자는 스카프라도 요일에 맞추는 것이 기본예절이고 불문율이다. 특히 왕의 생일인 월요일은 누구나 노란색을 입는데, 엉뚱한 색을 입으면 비애국자이고 교양 없는 사람으로 치부된다.

인도네시아와 태국에서는 성과 이름을 언제든 마음대로 바꿀 수 있다. 부모의 성뿐만 아니라 어떤 성과 이름으로도 자유롭게 바꿀 수 있다. 예를 들어 '김길동'은 '손흥민'으로 바꿀 수 있다. 자기의 이름이 바뀌었음을 동사무소에 가서 신고하고 자기의 이름이 바뀐 기록을 본인이 가지고 있으면 된다. 그러므로 내가 알게 된 태국 친구가 처음에 만났을 때와 두 번째 만났을 때 성과 이름이 달라져도 이상하다고 오해하면 안 된다.

말레이시아에서는 공중목욕탕에 가서 옷을 다 벗지 않으며 한국식 때밀이도 하지 않는다. 상대방의 나이를 묻거나 술잔 돌리기는 금물이다. 에티오피아에서는 커피를 들고 다니며 마시는 것은 절대 금물이다. 만일 이슬람 국가를 여행한다면 보수적인 나라는 외국인 여성도 히잡이나 차도르를 입어야 하며, 여자 혼자 식당에 갈 수 없고 반드시 남자를 대동해야 하는데, 이때도 가족 식당만 갈 수 있다. 금요일이 휴일이므로 우리식으로 생각해선 안 되며, 라마단 기간에는 해가 떠 있는 시간엔 완전 금식인 것도 기억하는 것이 좋다. 재미있는 것은 핀란드와 케냐에서는 닭다리를 안 먹으며, 우즈베키스탄과 사우디아라비아에서는 돼지고기를 안 먹는다. 한국 사람이 미국 식당에 갔을 때 제일 적응하기 어려운 것이 두 가지인데, 하나는 아무리 빈자리가 많아도 함부로 가서 앉지 않고 웨이터가 안내해서 앉혀줄 때까지 기다려야 하는 점과, 식사가 끝나고 나올 때 팁을 놓는 점이다. 음식값의 15~20%를 식탁에 놓고 나와야 한다. 물론 안 놓는다고 시비를 하거나 벌을 받진 않지만, 속으로 교양 없고 염치 없는 사람으로 치부할 것은 분명하다.

한국의 기차 칸이나 식당 같은 데서 아이들이 막 소리를 지르며 자기 집 마당인 양 뛰어다녀도 요즘 젊은 부모들은 제재하지 않는다. 일본에서는 절대 이런 광경을 볼 수 없다. 아주 어릴 때부터 공중도덕만은 확실하게 교육하기 때문이다. 우리가 외국인과 만날 때는 나 한 사람이 한국의 얼굴이고, 한국의 교양 정도를 보여준다는 사실을 생각하면서 말하고 행동할 줄 아는 사람이 이 시대의 진정한 교양인이다.

소나무

나는 동물보다는 식물을 더 좋아한다. 어릴 때 우리 집에서는 거의 모든 가축을 키웠다. 소, 돼지, 개, 닭, 심지어 고양이까지 기른 적도 있다. 따라서 동물과 친숙하게 지낸 셈인데도 지금 우리 집에는 애완동물이 없다. 동물을 기를 생각이 없기 때문이다. 식물은 어떤 것이나 다 좋다. 나무는 나무대로, 꽃은 꽃대로, 잔디는 잔디대로 다 좋다.

그런데 한 십여 년 전부터는 부쩍 소나무를 좋아하게 되었다. 특별한 이유가 있는 건 아니지만 언제나 푸른 모습이 좋고, 소나무만이 풍기는 기품이 있어서 좋다. 소나무의 '松' 자는 나무 '木' 옆의 '公' 자가 으뜸이란 의미로, 나무 중에서 으뜸이라는 뜻이다. 공자가 길을 가다가 비를 만났는데, 마침 큰 나무가 있어 비를 피하고 나서 이 나무를 '松'으로 붙였다는 전설도 있어서 나무 木에 공자의 公 자를 붙인 게 아닌가 여겨지기도 한다. 한국에서도 소나무는 매우 귀히 여겨 속리산에는 정2품 소나무가 있는가 하면, 경북 예천에는 토지를 소유한 소나무가 있어 해마다 재산세를 내기도 한다.

예천군 감천면 천향리 석평 마을에 있는 소나무 석송령과 용궁면 금남리 금원마을의 팽나무 황목근은 자신의 이름으로 토지를 각각 5087m^{2}와 1만2209m^{2}를 가진 천연기념물이다. 높이 10m, 둘레 4.2m의 석송령은 토지 외에도 현금 1600만원을 소유하고 있다. 석송령이 재산을 소유하게 된 배경은 일제 강점기로 거슬러 올라간다. 후손 없이 임종을 맞은 이 마을 이수목 노인이 수령 500년이 넘은 소나무를 석송령(영험한 소나무)으로 이름 짓고 번성을 위해 자신의 대지 소유권을 모두 나무 앞으로 이전하면서 전국에서 처음으로 토지를 가진 나무가 됐다. 석송령은 1927년 8월부터 장학재단도 운영하고 있다.

예천 용궁면 금남리의 황목근 역시 나이가 500년 정도 된 것으로 추정되는 팽나무로, 높이 12.7m, 둘레 5.65m이다. '황목근'이란 이름은 1939년 마을 공동재산의 토지를 팽나무 앞으로 등기 이전하면서 팽나무가 5월에 황색꽃을 피운다 하여 황(黃)이란 성과 목근(木根)이라는 이름을 붙였다고 전한다. 현금 600만원과 함께 예천군 토지관리대장에 등재되어 종합토지세와 교육세도 내고 있다. 황목근은 금원마을을 지켜주는 수호목으로 신성시되고 있으며 매년 정월 대보름에 제사를 지내고 있다. 황목근은 오랜 세월 동안 조상들의 관심과 보살핌 속에 자라왔으며 마을 주민들의 공동체 의식을 상징화하는 문화성과 함께 나무를 사람처럼 생각하는 특이한 점 때문에 천연기념물로 지정하여 보호하고 있다.

아무튼 세금을 내는 천연기념물인 두 그루의 나무가 모두 예천에 있다. 우리 조상들은 사람뿐만 아니라 동물이나 식물도 이토록 귀히 여겼다.

소나무 중에서도 역시 재래송이 그 중 으뜸이다. 우리 선조들은 소나무로 많은 가구를 만들었으나 지금은 재래송으로 만든 가구가 드물다. 대신 큰 건물이나 신축아파트 같은 데에 소나무로 조경하는 것을 많이 볼 수 있다. 우리 동네에도 80년대만 해도 향나무나 주목 같은 수종으로 조경을 많이 했었으나 최근에는 소나무로 하는 집이 두드러지게 많아졌다. 국산 재래송은 목재로는 별로 사용되지 않는다. 우선 소나무가 자라서 재목이 되는 데 20년 이상 걸리는 데다가 줄기가 별로 굵지도 않고 곧지도 않아 가구 같은 것을 만들기에 적절하지 않기 때문이다. 또한, 가격도 보통나무의 몇십 배나 비싸므로 목재회사는 주로 수입하여 사용한다. 더 싸고 좋은 목재를 동남아 등지에서 사 올 수 있기 때문이다. 따라서 한국의 소나무는 거의 관상용으로만 사용되는 실정이다. 덕분에 어딜 가나 멋있는 소나무를 많이 볼 수 있어 좋다.

우리 집 마당에도 여러 종류의 소나무가 있다. 수령 60년 정도 되는 재래송 한 그루를 비롯하여 재래송이 다섯 그루 있고, 70년쯤 된 백송이 한 그루 있고, 개량 소나무가 두어 그루 있고, 잎이 아주 짧은 단엽송이 한 그루 있으며, 금송 여섯 그루가 있다. 금송을 갖게 된 데는 사연이 있다. 98년에 맏손녀가 미국에서 태어나자 금방 볼 수 없는 아쉬움을 달래고자 내가 기념식수를 하자고 제안하여 양재동 꽃시장에 가서 묘목을 고르게 되었는데, 마침 잎이 크고 두터워 튼실해 보이는 소나무 묘목이 눈에 띄었다. 주인보고 이 소나무 품종을 물었더니 금송이라고 한다. 금송의 묘목값은 8만 원이라고 하였다. 22년 전이니 꽤 비싸게 여겨졌다. 길이 30cm 정도의 이 조그만 묘목이 왜 이렇게 비싸냐 했더니 워낙 귀한 소나무라 그렇다는 것이었다. 첫 손주 탄생 기념으로 금송을 사 심었다.

이후 두 아들한테서 세 명의 손자가 더 태어나고 막내딸한테서 남매가 태어났는데, 한 명씩 태어날 때마다 공평하게 금송을 사서 심었더니 모두 여섯 그루가 되었다. 연수에 따라 소나무 크기가 차이가 나므로 어느 소나무가 누구의 소나무인지 기억할 필요도 없다. 키가 큰 차례대로 주인이 자연스럽게 가려지기 때문이다. 맨 먼저 심은 큰 손녀의 소나무는 어느덧 높이가 3m쯤 되는 큰 나무가 되었다.

소나무는 사철 푸르지만 실제로는 해마다 잎갈이를 한다. 단지 다른 나무들처럼 한꺼번에 잎이 다 누렇게 되어 떨어지지 않고, 맨 아래쪽에 있는 잎들이 누렇게 되어 떨어질 때쯤엔 이미 위에 그만큼 이상의 파란 잎들이 새로 나기 때문에 결과적으로 사철 푸른 것이다.

오늘도 우리 집 마당의 소나무들을 보며 멀리 있어 자주 만나지 못하는 자식들과 손주들에 대한 그리움을 달랜다. 소나무는 우리 가족에게 있어 나무 이상의 의미가 있다.

뜨개질

57년 만에 뜨개질을 해보았다. 초등학교 때 아직 양말, 장갑공장이 없던 시절이라 집집이 자급자족해야 했다. 어른들은 남자들의 장갑과 양말도 짜야 했지만, 난 나의 장갑과 양말만 짜면 되었다. 그래도 해마다 두세 켤레의 장갑과 여러 켤레의 양말을 짜야 했다. 양말은 그래도 대충 짜겠는데, 장갑은 끝내 다섯 손가락을 못 짜고 결국 벙어리장갑으로 끝낼 수밖에 없었다. 이런 나의 한심한 손재주 때문에 이후 한 번도 생각조차 하지 않았던 뜨개질이었다. 57년 만에 다시 뜨개질하게 된 건 정말 우연이었다. 어느 상가에 들러 이것저것을 기웃거리던 나에게 예쁜 여름 스웨터가 눈에 들어왔다. 얼마냐니까 25만원이란다.

"좀 비싸네요." 했더니 주인 할머니가

"그러면 하나 짜시지 그러세요?"

하는 것이었다. "네? 제가요? 저는 손재주라고는 전혀 없는데요." 했더니

"아니요. 쉬워요. 누구나 짤 수 있어요. 가르쳐 드릴 테니 한번 해보세

요."

이렇게 하여 나는 정년퇴임하고 처음으로 시간의 여유를 느끼던 그 순간 뜨개질에 입문하게 되었다. 실을 파는 가게에서 뜻밖에 뜨개질을 배우게 된 것이다. 이건 순전히 가게 주인의 넉넉한 인품과 좋은 인상 때문이었다. 우연히 시작한 뜨개질에 나 자신도 놀랄 만큼 한동안 빠져들었다. 새벽 2,3시까지 짠다고 푸념 겸 자랑을 했더니 주인 할머니 말씀이

"이 뜨개질도 중독성이 있어요."

라고 하였다. 처음엔 조금 뜨고 나서 선생님께 보여드리면 잘못되었다며 다 풀어버리는 것이었다. 며칠 밤낮을 짠 건데 이토록 무자비하게 풀어버리다니…. 야속한 생각도 들고 뜨개질을 시작한 게 후회되었다. 그러나 그렇게 풀고 다시 짜는 것이 훨씬 좋다는 걸 아는 데는 그리 긴 시간이 필요하지 않았다. 한두 코라도 틀린 걸 그대로 짜다 보면 계속 틀리게 되고, 그러면 무늬가 엉망이 될 뿐 아니라 계속될수록 뜨기가 어려워진다. 가는 길이 보이지 않기 때문이다.

어쩌면 우리네 사는 이치도 이와 비슷하지 않을까? 하루하루 혹은 일주일, 한 달, 일 년, 제대로 된 삶을 살아야만 옆으로 벗어나지 않고, 내가 가고자 하는 길을 온전히 갈 수 있는 게 아닐까? 어쩌다 한동안 옆길로 벗어나더라도 즉시 제자리로 돌아와야 문제가 생기지 않는다. 뜨개질도 정성스럽게 집중해서 짜야만 제대로 된 옷이 되듯 우리가 대충 살아서는 내가 가고자 하는 길을 제대로 갈 수 없다.

단독주택이라 늘 추운 우리 집에서 겨울에 입을 내 스웨터 하나 짜는 게 목표였지만 남편 스웨터와 내 투피스까지 두 벌 짜고 목도리를 세 개나 짜고 나서야 뜨개질을 졸업하였다. 어쩌면 더 계속했을지도 모르지

만, 딸아이가 하도 낯설다며 치우라고 하는 바람에 그만두었다.

뜨개질을 통해 한 코 한 코가 수십만 개 모여 하나의 옷으로 탄생하는 신비로움도 맛보고, 이런 것과는 담쌓고 살아온 내가 수많은 시행착오 끝에 그래도 입을 수 있는 옷을 떴다는 게 스스로 대견하다. 손으로 하는 일엔 전혀 재주가 없다고 생각한 나지만 노력하면 된다는 교훈도 다시 확인할 수 있었다. 뜨개질은 한 코, 한 코의 짜임으로 문양과 사이즈가 결정되는데, 그 이치는 매우 과학적이며 예술적이다. 우선 실의 종류가 수천 가지가 되고, 이 실을 가지고 어떤 방법으로 짜느냐에 따라 수만 가지 각양각색의 작품이 만들어진다.

어떤 일에서든 선수가 되기 위해서는 선천적인 재능이 있어야 하지만, 웬만한 수준에 오르는 것은 노력으로 가능하다는 걸 다시금 느낀 셈이다. 또한, 뜨개방에서 뜨개질을 하는 10개월 동안 10대~70대의 여성들을 만나면서 세상 돌아가는 얘기를 들은 것도 나로서는 색다른 경험이었다. 근 60년 동안 학교라는 울타리에서만 산 나는 전혀 다른 세상의 사람을 만나는 게 쉽지 않았기 때문이다.

내가 만난 뜨개방 친구 중에는 평범한 주부도 있었고, 학생도 있었고, 교회권사님도 있었고, 수녀님을 딸로 둔 어머니도 있었고, 유명 가수의 어머니도 있었으며, 시어머니의 뜨개질 사랑을 이어받은 전문 뜨개질 장인도 있었고, 어린이집 영양사도 있었고, 암을 앓고 난 부잣집 사모님도 있었다. 무엇보다도 내가 감동한 것은 이 뜨개방 주인의 넉넉한 인품이었다. 아침 10시부터 밤 8시 반까지 별별 사람들의 별별 문제를 귀찮은 기색 없이 다 해결해 주는 모습을 보면서 '정말 이런 것이 장인의 모습이구나!' 하며 그 앞에서 나도 모르게 존경하는 마음이 절로 우러났다. 근

50년을 뜨개질이라는 외길을 걸으며 아들이 소위 일류대학을 나오고 미국의 유명 대학에서 박사를 하고 현재 모 대학에서 교수를 하기까지 묵묵히 이 한 길을 살아오신 범상치 않은 할머니였다. 이미 70을 훌쩍 넘긴 이분은 뜨개방을 찾는 모든 고객에게 훈훈한 인정을 선사하며, 7~8명, 때로는 10명 이상이 편안히 앉아 뜨개질할 수 있게 해준다. 오래 다니신 분들은 정말 솜씨가 대단했다. 법 없이도 살 수 있는 이런 뜨개질 마니아들과 함께 호흡해 본 것은 참으로 색다른 경험이었다.

이 뜨개방에서는 스웨터는 기본이고, 투피스, 조끼, 코트, 보레로, 핸드백, 모자, 카펫 등 다양한 작품이 매일 쏟아져 나온다. 잘 뜨시는 분은 핸드백 같은 것은 하루에도 다 짠다. 내가 언젠가 한번 전시회를 하자고 제안해 보았지만 모두 고개를 흔든다.

이분들은 그냥 뜨개질이 좋아서 하며, 가족, 친지들에게 나누어주는 즐거움으로 사는 분들이라 전시회 같은 거창한 행사나, 명예나 남에게 자랑하는 것을 좋아하지 않는다. 이런 분들에게 전시회를 하자고 한 내가 얼마나 어리석고, 미숙한지를 또 한 번 깨달았다.

방방곡곡에 각자의 분야에서 이런 건전하고 묵묵히 일하는 사람들이 있어 그나마 나라가 지탱하는지도 모른다. 모두가 다 공명심과 이기심과 권력과 돈을 추구하면 어떻게 되겠는가. 작은 경험이지만 큰 교훈을 얻은 셈이다.

보자기 이야기

1950년대에 학교에 다닌 사람은 '보자기 세대'라고 할 수 있다. 보자기를 책가방으로 사용했기 때문이다. 당시에는 편리한 줄도 몰랐지만 지금 생각해보면 보자기의 장점은 한둘이 아니다. 우선 가벼워서 무게를 더하지 않고 부피도 차지하지 않는다. 그리고 자유롭게 무엇이든 쌀 수 있다. 손에 들 수도 있고, 허리에 맬 수도 있고, 머리에 일 수도 있다. 강을 건널 때나 산을 넘을 때도 편리하다.

이어령 교수의 『한국인 이야기』에 재미있고도 참신한 에피소드가 나온다. 어느 날 아버지로부터 선물 받은 '란도세르' 가죽 가방이 처음엔 그렇게 좋을 수가 없었다. 그러나 시간이 지날수록 란도세르 가죽 가방이 불편한 걸 알게 되었다. 우선 교실에서는 부피를 차지하니 이리저리 걸리고, 집에 올 때 이웃 아저씨한테 얻은 과일을 란도세르 가방에는 넣을 수 없었으며, 가죽의 무게 때문에 책가방의 무게가 더 무거웠다는 것이다. 그래서 책보자기가 얼마나 유용한 책가방이었는지 다시금 알게 되었다는 이야기이다. 내 경우 시골 여학교에서 학교를 짓는 데 학생들이 근로 봉사에 동원되었다. 오전 수업이 끝나면 학교 뒤편 개울가에 가서 책보자기로 모레, 자갈을 날라야 했다. 하루 이틀도 아니고 몇 달간 하루에 열 번 이상 모래와 자갈을 나르다 보니 보자기가 다 헤져 계속 새로 장만해야 했다. 보자기는 천을 사서 가장자리를 박기만 하면 되기 때문에 값도 싸게 치이고 만드는 데 수고로움이 그리 크지 않다.

어쨌든 보자기는 혼수품을 싸는 것부터 모양이나 크기와 상관없이 무제한으로 사용된다. 이렇게 실용성 면에서 뛰어나지만, 지금은 보자기의 예술성이 더 돋보인다. 형형색색 고운 천 조각을 맞추어 짠 조각보는 그야말로 한국의 미적 감수성과 뛰어난 손 솜씨를 유감없이 보여주는 예술품이다. 보자기는 만드는 방법도 다양하지만 크기 또한, 천차만별이고, 천의 종류도 다양하다. 모시나 삼베에서부터, 무명, 실크, 공단, 나일론, 한지 등 색과 문양, 사이즈 등에서 수백, 수천 가지가 있다. 어떤 종류의 사물이든 어떤 모양의 물건이든 보자기로는 다 쌀 수가 있다. 한가지뿐만 아니라 여러 형태의 여러 가지 물건을 하나의 보자기에 다 쌀 수도 있다. 이 보자기를 만들어 쓰셨던 우리 선조들의 지혜에 새삼스럽게 감탄하게 된다.

서양의 가방에 비해 비록 소박하게 여겨질망정 그 넉넉한 포용력은 어디 가죽 가방에 비하랴. 요즘 학생들이나 등산하는 사람들은 배낭을 멘다. 배낭도 상당히 편리한 편이다. 보기보다 물건이 많이 들어가고, 어깨에 멜 수 있으니 등산을 하거나 여행을 할 때 매우 유용하다. 그러나 접어서 핸드백에 넣을 수도 없고, 여러 개를 집에 사놓을 수도 없고, 사놓는다고 해도 보관이 매우 성가시다. 특히 우리 집을 다녀가는 자식, 제자, 친지들에게, 책, 옷, 떡, 김치, 된장, 고추장 등등 나누어주려면 보자기만

한 것이 없다. 어디 그뿐이랴? 1960년대에는 추위나 비를 막기 위해 보자기를 쓰기도 했고 멋을 부리느라 보자기를 머리에 쓰기도 했다.

우리 집에는 보자기가 많다. 집안의 행사 때 만든 기념 보자기부터, 내 회갑과 정년행사 때 책을 쌌던 보자기, 며느리들이 이불이나 그릇 같은 것을 싸 왔던 커다란 보자기, 다른 동료 교수들의 회갑, 정년행사 때 책과 함께 받은 보자기, 명절에 받는 선물을 싼 보자기까지 각양각색의 보자기가 있다. 오색으로 누빈 고급 보자기도 있고, 얇은 싸구려 보자기도 있다. 이 보자기는 언제든 누구한테든 다시 보내질 수도 있다.

한국인의 인정을 나누는 데 어디 보자기만 한 것이 또 있으랴. 보자기는 어디서 어떤 것을 가져오기 위해서 접어서 핸드백 안에 넣으면 무게도 안 나가고 자리도 차지하지 않아 편리하기 그지없다. 심지어 갑자기 비나 눈이 오면 머리에 쓰고 잠시라도 비나 눈을 피할 수도 있다. 우리의 조상들이 만들어 쓰던 이 보자기는 오늘날에도 이토록 유용하고, 정성들여 예쁘게 만들면 훌륭한 예술작품도 된다. 누비나 퀼트로 만들어진 보자기는 눈부시게 아름다운 예술품이 되어 벽에 걸 수도 있고 지저분한 곳에 덮어 놓으며 완전히 새로운 세계가 펼쳐지기도 한다.

사람으로 치자면 보자기는 인품이 넉넉하고 어진 사람이다. 모나지 않고, 속 좁지 않고, 교만하지도 않고, 생각이 탁 트였으며, 또한, 따뜻한 성품을 가진 그런 사람이다. 보자기를 닮은 사람이라면 스승으로, 친구로, 이웃으로, 가족으로, 그리고 동료로 만나고 싶다.

광복 70년, 통일 한국으로 가는 길

광복된 지 70년! 남한에서는 경제번영과 민주화의 빛나는 역사를 이룩한 소중한 시간이다.

1945년 8.15일에 맞이한 광복은 벅찬 감격이자, 또 다른 시련의 시작이었다. 2차대전에서 승리한 유엔군의 결의에 따라 1945년 9월 6일 서울에 도착한 미군은 남한에 미군정청 설치를 발표하였다. 군정청의 임무는 '한국의 견실한 정부 설립 및 건전한 경제의 기초를 확립하는 데 있다.' 라고 하면서 일본의 기존 통치기구를 그대로 승계하였다.

1945년 12월 17일 모스크바 3상 회의에서 미·영·소·중 4국이 5년간 한반도를 통치한다는 신탁통치안을 결의하자 한국 국민은 대대적으로 반탁운동에 나섰으나, 소련이 앞세운 김일성과 그의 추종세력은 돌연 찬탁으로 돌아섰다. 이런 분위기에 남한은 좌우 이념으로 대립하여 고등학교 이상의 남자들 사이에서는 언제 무슨 일이 터질지 몰라 조그만 칼 하나씩을 갖고 다녔다. 나라는 극도로 무질서하고 문란하였다. 통치자도 없고 법도 없고 국가의 운명을 강대국에 맡겨둔 상황에서, 한국민의 열망과 기대와는 정반대로 국가의 운명이 흘러가고 있었다. 소련의 개입으로 38선 이북은 빠르게 공산화가 이루어졌고, 남한은 초기 미 군정청이 정치적 중립을 내세워 현상유지정책을 폈다.

이러한 미군정청의 미온적인 정책은 좌익세력의 자유로운 활동을 보장하게 되어 결국 남로당이라는 남한의 공산당이 힘들이지 않고 세력을 키울 수 있게 되었다. 광복 후 처음 맞이하는 3.1절도 좌우익으로 나뉘어 따로따로 거행될 정도로 이념 갈등이 심했다. 공산주의도, 민주주의도 경험해 보지 못한 대다수 국민은 공산당의 정체를 잘 알지 못했다.

한국의 독립 문제를 협의하기 위한 미소 공동위원회를 열었으나 성과없이 끝나자, UN은 1948년 5월 10일 가능한 지역인 남한에서의 총선거 시행을 결의하였다. 좌익의 거센 방해가 있었지만, 남한만의 총선거가 UN 한국위원단의 감시 하에 시행되었다. 5월 31일 최초의 국회가 열렸고 대통령에 이승만, 부통령에 이시영을 선출하여 8월 15일 제1공화국이 출범하게 되었다. 건국되고 어느 정도 안정이 되자 친일파를 숙청하기 위한 반민족행위자 색출이 시작되었으나, 친일파들이 곳곳에 등용되어 세력을 형성하고 자기방어에 나서면서 친일파 색출작업이 지지부진하고 정치 세력 간의 갈등도 극도에 달하자 친일파들은 남로당 소탕 쪽으로 물길을 바꾸어 버렸다. 그런데 소위 '빨갱이 소탕작전'으로 진정한 남로당원이나 공산주의자 외에 무고한 민간인이 희생되는 일도 적지 않았다.

설상가상으로 1949년을 기점으로 한반도를 둘러싼 국내외 정세는 북한에만 유리하게 전개되고 있었다. 주한미군 철수, 소련의 원자폭탄실험 성공, 국공내전에서 모택동의 승리 등이 김일성에게는 날개를 달아준 꼴이 되었다. 결국, 소련과 중국이 북한의 강력한 배후세력이 되자 김일성은 '이제는 남조선을 해방할 차례'라며 전의를 불태웠다. 드디어 스탈린은 1950년 1월 30일 김일성의 방문을 수락하여 김일성과 스탈린 간의 남침 계획이 본격적으로 이루어졌다.

김일성은 전쟁을 서두르면서 전쟁을 확실한 승리로 이끌기 위하여 두 가지의 기만전술까지 썼다. 우선 남한 사회를 혼란스럽게 만들고 한국군의 전력을 분산시키기 위하여 북한에서 특수훈련을 받은 '인민유격대(게릴라부대)'를 10여 차례 남파하여 남한을 교란시켰다. 그리고 평양방송을 통해 '북한에 감금된 남한의 민족지도자 조만식 선생과 남로당 총책 김삼룡과 이주하를 교환하자.'라고 거짓 평화제의까지 하였다. 한국정부는 북한의 의중을 의심하면서도, 조만식 선생을 구해 낼 일념으로 이들을 교환할 시기와 장소 및 방법까지 북한에 통보하였으나, 교환은커녕 6월 25일 새벽 4시에 기습적으로 남침을 감행하였다. 이렇게 시작된 6.25 전쟁은 3일 만에 서울이 함락되는 등 전쟁 초기에는 남한이 고전했으나, 국군도 연합군의 도움과 맥아더 장군의 활약으로 압록강 초산까지 진격해 가기도 하였다.

그러자 북한과 국경을 맞대고 있는 중국이 200만 명의 중공군을 투입하여 전세는 역전되어 서울이 또다시 함락되었다. 이후 맥아더 장군의 인천상륙작전이 성공하고, 국군과 유엔군의 활약으로 서울을 다시 수복하고 북진하였다. 우여곡절 끝에 3년 뒤 결국 38선에서 휴전협정으로 막을 내렸다. 6.25 전쟁은 남북 분단을 고착화하고 남북 간에 수많은 인명 피해와 기간시설이 파괴되어 한반도는 폐허가 되었으며, 천만 명 이산가족을 만들어 낸 한 맺힌 전쟁이었다. 아무리 통탄해도 부족한 비극 그 자체였다.

이후 남한은 온 국민이 열심히 땀 흘려 일을 했다. 논밭에서, 공장에서, 바다에서, 탄광에서, 그것도 모자라 독일 광부로, 간호원으로 가서 일하고, 베트남 전쟁에 가서 싸우고 중동의 모래사막 위에서 일했다. 그 결과 우리는 호롱불에서 시작하여 디지털 시대를 활짝 열었으며 굴지의 IT 강국이 되었다. 조선, 반도체, 자동차 등 여러 분야에서 세계 10대 경제 대국 안에 들게 되었다. 한국이 가장 짧은 시간에 경제발전과 민주화를 이룬 대표적인 국가가 된 것이다. 물론 88올림픽 이후 일어난 기적적인 한류도 한몫했다. 한편 북한은 군사력 증강과 핵 개발 그리고 김씨 우상화에 주로 힘을 쏟았다. 그 결과 1990년대 소위 고난의 행군 시기에는 수백만의 아사자를 내기도 했고 많은 탈북자가 나오기도 했다. 남북 분단은 여러 가지 면에서 남북의 이질화를 가져왔고, 막대한 예산을 국방비로 써야 하며, 정서적으로도 매우 불편하고 불행한 일이 되었다.

이제 광복 70년을 맞이하여 남북은 화해하고 협력하고 끝내 통일을 이루어 반드시 하나 된 나라를 후손에게 물려주어야 한다. 북한은 핵을 버리고 남한은 북한을 도와야 한다. 남한의 기술과 자본, 북한의 인력과 지하자원을 합치면 통일된 한국은 단숨에 굴지의 강성대국이 될 수 있다. 조상도 같고 언어도 같은 한반도에서 서로에게 총부리를 겨누어야 할 이유도 명분도 없다. 북한이 핵만 버린다면 우리가 따뜻이 보듬어 안아야 한다. 김정은 정권은 핵만 가지고는 아무것도 이룰 수 없다는 사실을 하루속히 깨달아 핵을 버리고 남한과 화해하고 협력하는 것이 훨씬 이득이 됨을 제대로 알기 바란다.

이제 우리는 열심히 통일을 준비해야 한다. 통일 자금도 저축하고, 북한의 식목도 도와주고, 비료도, 분유도, 기초의약품도 보내주어야 한다.

현재 상태에서 통일이 될 수 있는 분야부터 통일을 서둘러야 한다. 제일 먼저 시도해 볼 수 있는 일은 언어통일이다. 철자법, 사전 순서, 문법과 학문어휘 등 이질화된 것을 통일해야 한다. 또한, 남북한 학자들이 공동으로 유적지 발굴도 하고, 비무장지대의 식물연구, 동물연구도 하고, 음악회, 미술전시회, 무용발표회, 연극대회, 요리대회, 미용대회, 체육행사도 함께 하자. 이런 일을 통해서 남북은 서로가 적이 아니고 하나가 되어야 할 한민족임을 절실히 깨닫게 하자. 서독과 동독의 인사들을 초청하여 통일이 주는 희열과 보람이 얼마나 큰가를 함께 들어보자.

통일은 이제 먼 훗날의 얘기가 아니라 아주 가까이에 있는 가장 절실한 화두이며 우리 민족의 숭고한 염원이다. 하늘이여, 남북한을 굽어 살피시어 하나의 끈으로 맺어주소서.

온기가 있는 글로벌 대학을 위하여

나는 고려대학교에 27년간 재직했다. 참으로 감사했고 행복했다. 그동안 학교도 많이 변했고, 학생들도 많이 변했으며, 한국사회는 더 많이 변했다. 우선 고대의 변화를 보면 근사한 건물이 많이 지어졌다는 것, 여교수가 많이 증가했다는 것, 국제화를 많이 강조하게 됐다는 것, 외국인 학생들이 많이 다닌다는 것 등을 우선 가시적인 변화로 꼽을 수 있을 것 같다. 또한, 교수들의 연구 환경도 많이 좋아져서 연구실마다 조교가 한 명씩 배치되고, 의무 강의시간도 반으로 줄었다. 퇴임하고 나와도 일년에 두 번씩 학교에 초대하여 오찬도 베풀어주고, 독감 예방주사도 놓아주니 고맙기 이를 데 없다.

고대가 진정한 글로벌 대학이 되려면 좀 더 큰 노력이 필요하다고 본다. 우선 학교 당국에 간곡하게 부탁하고 싶은 게 몇 가지 있다.

첫째, 교수를 더 많이 확보해야 한다. 단과대학이나 학과 간에도 부익부 빈익빈 현상이 뚜렷한데, 인문학계열에도 좀 더 관심을 두면 좋겠다. 모든 문화콘텐츠는 대부분 인문학과 예술에서 나오므로 모든 학과가 동일하게는 아니더라도, 교수 역량을 발휘할 만큼의 수는 되어야 한다. 세계적으로 순위가 높은 대학이나 학과치고 교수 수가 적은 경우는 거의 없다.

둘째, 복지 분야 일을 맡을 부서가 있으면 좋을 것 같다. 교수와 강사, 행정 직원, 학생의 복지 문제를 총괄할 수 있게 말이다. 장학금, 연구장려금, 교수 안식년, 학생 자원봉사 및 저소득 학생의 복지 문제, 행정 직원들의 종합적인 복지 문제를 체계적으로 다루는 기관이 있으면 여러 가지로 안정되게 선제적으로 복지 문제를 다룰 수 있을 것이다. 외국인 학생이나 외국인 교수를 위한 법적인 문제, 문화적인 문제, 생활의 어려움 등을 덜어주고 도와주는 시스템도 필요하다.

또한, 학교 안에는 레저 스포츠 시설이 별로 없다. 내가 다닌 미국 일리노이대학에는 연중무휴로 영화가 상영되는 극장도 있었고, 종합 경기장도 있었고, 볼링장 같은 스포츠 오락시설도 있었고, 1년 내내 미술전시를 하는 곳도 있었으며, 저렴한 비용으로 즐길 수 있는 고급 오케스트라나 오페라를 볼 수 있는 공연장도 있었다. 가난한 외국 학생도 이런 시설을 무료나 매우 저렴한 액수로 이용할 수 있었으니 문화에 대한 갈증을 풀 수 있었다. 고대도 훌륭한 시설이 많지만, 지혜를 모아 몇 가지만이라도 디 갖추면 좋을 것 같다. 물론, 다른 대학에 비하면 고려대는 좋은 박물관도 있고, 광장이었던 자리에 아래로는 주차장, 지하 1층에는 여러 가지 편의시설이 들어와 있는 것은 매우 반가운 일이다.

그러나 학교 안에 식당이나 휴게실이 너무 부족하다. 특히 저녁때가 되면 교육대학원과 경영대학 최고위 과정까지 수강자들로 넘쳐 나지만 이들을 위한 식사 공간이나 휴식공간이 너무 없다. 몇 백만 원씩 등록금을 내고 다니는데, 전임 교수도 한 명 없고, 복지시설이라곤 별로 없으니 학생들에게 미안하다. 물론 이런 것은 비단 고대만의 문제는 아니다. 다른 대학들도 다 마찬가지이다. 이런 문제는 위에서 말한 복지 문제를 다루는 부서가 필요한 조치를 하면 좋을 것 같다.

셋째, 특수 대학원, 특히 교육대학원의 전임교수가 필요하다. 집중과 선택을 통하여 지원자가 현저히 적은 학과는 과감하게 없애고, 지원자가 많은 학과는 적어도 두세 명의 전임교수를 두어 학생들의 요구에 부응해야 한다. 교육대학원은 사실상 학교에 재정적인 면에서 많은 기여를 함에도 학교의 무관심은 지나치다.

넷째, 건물 이름에 반드시 한국어가 사용되어야 한다. 우선 '라이시움'이라는 이름은 당장이라도 '고려대 문화관' 식으로 바꿔야 한다. 외부 사람들에게 건물 이름을 가르쳐줄 때마다 상대방이 못 알아들어 어려움을 겪기 때문이다. 일단 한국식 이름을 지은 다음, 필요에 따라 'Cultural Center', '文化館' 식으로 영어와 한자도 병기하면 여러 가지 면에서 편리할 것 같다. 이름에 걸맞게 전시회 등을 많이 유치해 오면 더욱 좋을 것이다. 또한, 100주년 기념관도 동서남북 네 개의 문에 어디에도 '고려대 100주년 기념관'은 없다. 네 문 모두 '삼성 100주년 기념관'으로 해석되는 영어만 있는 건 심각한 문제다. 아무리 삼성이 지어주었다 해도, 학교 이름이 빠지고, 한글이 빠진 것은 사리에 맞지 않다. 다른 나라에서는 한글을 배우느라 난리인데, 민족대학이라는 고려대학에서는 왜 한글 사용 기피 현상이 일어나는지 도무지 모를 일이다. 기본적으로 한글 간판을 달고 영어와 한자도 넣어주면 외국인에게도 친절한 인상도 주고 찾기에 편리해서 좋을 것이다. 한자만 쓰여 있는 건물도 문제다. 일단 한글로 쓰고 영어와 한자를 함께 적어야 한다.

다섯째, 교수가 퇴직할 때 금으로 된 메달을 받는데, 대신 그 경비로 고려대 마크가 있는 품위 있는 의자를 만들어주면 어떨까 한다. 하버드대학에서는 교수뿐만 아니라 행정 직원으로 퇴직해도 '하버드 의자'를 주는데, 여간 자랑스러워하지 않는다. 그 집을 방문하는 사람에게는 자연스럽게 하버드대학의 홍보도 되고, 그 사람은 매일 그 의자에 앉아 하버드대학에서 근무한 것을 영광으로 생각하며, 죽을 때 자기 재산을 하버드대학에 기증하고 싶은 마음이 생기게 된다. 아주 작은 일 같지만 이런 작은 일들이 모여 큰 성과를 낼 수 있다고 생각한다. 하버드대학의 Nye 학장이 이야기했듯이 고려대도 hard power와 soft power를 더 강화해야 한다.

교수들에게 부탁하고 싶은 것은 따로 있다.

첫째, 교수들은 교수를 되도록 많이 채용해달라고 학교에 요구하고, 교수 인사에서는 한 점 부끄럼 없이 능력 위주로 교수를 채용해야 한다. 특정한 사람을 채용하기 위해 때로는 양심도 버리고, 정의도 버리고, 나에게 잘 할 사람, 나하고 친한 사람, 나의 뜻을 잘 받들 사람을 교수로 뽑는 일은 없어야 할 것이다. 학과 발전에 도움 될 사람, 학교에 도움 될 사람, 학계에 기여할 사람, 학생들을 사랑으로 잘 가르치고 바르게 인도할 사람을 채용해야 한다.

둘째, 교수는 무조건 연구를 많이 해야 한다. 교수라면 각 분야에서 시대에 앞선 연구를 해야 한다. 교수는 사회의 변화에 따라가는 연구가 아니라, 변화를 선도하고, 시대를 앞서서 선제적으로 먼저 연구하고, 문제를 제기하고, 해결책을 미리 제시하는 연구를 해야 한다.

셋째, 교수는 교과서가 될 만한 책도 많이 써야 한다. 분야별로 보면 아직도 비어 있는 곳이 많다. 책이 많은 분야도 있고 아직 한 권도 없는 분야도 있다. 그 빈 곳을 찾아 책을 쓰는 노력이 필요하다. 손쉽게 외국책을 교재로 쓰는데, 외국책은 참고하되 우리말로 된 교재가 반드시 있어야 한다고 생각한다. 물론 대학원에서는 원서를 교재로 해야 할 때가 많지만 그래도 한국어로 된 책은 반드시 있어야 한다.

직원은 직원대로 자기가 하는 일이 매우 중요한 일이라는 자부심과 함께 교수와 학생들에게 친절해야 한다. 친절이 경쟁력인 시대가 되었다. 친절은 자신의 인격을 높이고 교양을 높이는 덕목이다. 특히 최근으로 올수록 외국 학생이 많아지므로, 친절과 함께 외국어공부도 하면 좋을 것이다. 영어, 중국어, 일본어의 기본 회화 정도는 할 수 있으면 매우 편리하고 학교에서 더 유능한 인재도 될 수 있다.

요컨대 우리 고려대학교가 '온기가 있는 글로벌 대학'으로 발전해 나가기 위해서는 구성원들이 열린 사고와 미래지향적이고 진취적인 기상으로 세계인의 면모를 갖출 때 학교도 한 걸음 더 글로벌 대학으로 더 나갈 수 있을 것이다. 그 위에 한 가지 더 서양에서는 찾기 어려운 한국인의 따뜻한 '인정'을 보여준다면 금상첨화일 것이다.

남편 이야기

1966년 1월 어느 날 사촌오빠가 자기 친구를 소개하여 인사를 나누게 되었다. 처음 데이트하던 날 난 다짜고짜로 "여자 대학원 가는 걸 어떻게 생각하느냐"라고 물었다. "여자라도 능력이 있으면 깍두기만 썰 필요 있겠느냐"라는 답변이 돌아왔다. 나는 대학원에 가기로 결심했으나, 그때만 해도 여자 대학원생이 워낙 귀하던 때라 집안에서는 시집 못 간다며 모두 나의 대학원 진학을 적극적으로 말리고 있었다. 이 사람에게 구원을 청하듯 질문을 했는데, 남달리 머리가 좋은 이 사람이 나의 의중을 재빨리 간파하고는 내가 듣고자 하는 모범답변을 내놓는 바람에 첫 번째 만남에서 의기투합하게 되었다. 당시 그는 육군 중위로서 S공대 대학원을 다니고 있었다. 그로부터 1년간은 내 생애 가장 바쁘면서도 가장 신나는 시간이었다. 고등학교 3학년 담임을 하며 대학원을 다니면서 이 사람과 연애를 하였으니 말이다. 우리는 1년간 연애를 하고 이듬해 10월에 약혼하고 12월에 결혼하여 53년째 함께 하는 부부가 되었다.

그의 집은 너무나 가난하여 고등학교 때 이미 소년가장이 되다시피

했다. 두뇌가 명석하고 매우 진취적이었던 이 사람은 그래도 현실에 안주하지 않고 늘 노력하는 모습이 보기 좋았다. 자상하지 못하고 남에 대한 배려가 없으며, 때로는 너무나 차갑고 강한 성격 때문에 힘든 적도 많았지만, 주위의 남자들에게서 보기 드문 탁월한 능력이나, 애국심이나, 추진력 등을 보면 존경심이 우러난다.

옆 눈 한번 안 팔고 자기 분야에서 국제적인 위치를 확보하고, 제1회 대한민국 공학상 수상을 필두로 우리나라 토목공학과 교수로서 받을 수 있는 모든 영예를 누리게 된 것은 나를 매우 기쁘게 했다. 미국의 명문 일리노이대학 토목과(일리노이대 토목과는 전 세계에서 1,2위를 다투는 학과다)에서 교수들로부터 천재 소리를 들으며 석박사 과정을 4년 만에 끝내고 돌아와 KAIST 교수로서 그간 40여 명의 박사를 배출했으며, 수백 편의 논문을 쓰고, 수십 년 동안 매년 대규모 국제대회를 주관하고, 수십 권의 국제 학술논문집을 펴냈으며, 현재 SCI에 등록된 국제 저널을 22종이나 발간하는 등 도저히 남이 흉내 낼 수 없는 엄청난 일을 하고, 구조역학 분야의 세계적인 석학으로 우뚝 서 있으니 그저 자랑스럽고 감사할 따름이다. 전공 분야가 구조역학이어서 일반인은 잘 알지 못하지만, 교량이나 고층건물을 지을 때 가장 경제적으로, 가장 튼튼한 구조물이 되기 위해서는 구조역학적인 설계가 이루어져야 하는데, 이 분야를 학문적으로 선도해오고 있는 것이다. 요즘 '내진설계'라는 말이 가끔 나오는데, 이건 그가 잠시 국회 전문위원을 하던 시절에 만들었던 법이다.

결혼 직후 난 이 사람의 성격을 파악하고 곧바로 그의 도움은 포기했다. 우리는 말하자면 일찌감치 역할 분담을 했던 것 같다. 부엌이나 집안 살림은 전적으로 내가 맡고, 집 건물과 관련된 일은 그가 맡는 등의 역할

분담이 자연스럽게 이루어진 것이다. 난 어차피 기계에 약하고 그는 부엌에 약하니 각자 자기가 잘 할 수 있는 일만 하게 된 셈이다. 그러다 보니 난 점점 더 전기, 기계 등에는 바보가 되어갔고, 그는 내가 아무리 바빠도 부엌에는 안 들어가는 사람이 되었다. 그러나 아이들이 어릴 때 잠 트집하여 내가 감당 못 할 때는 가끔 안아서 달래주곤 해서 무척 고마웠다.

내가 몹시 아프거나 손님이 많이 오시거나 제사 등 특별한 때도 그는 절대로 도와주는 일이 없었고, 난 못 하나 박을 줄 모르고 전구 하나 바꿔 끼우지 못하는 바보 아닌 바보가 되었다. 그러나 53년을 함께하면서 80살이 넘어서니 매우 부드러워지고 따뜻해진 그가 고맙다 못해 안쓰러워지기까지 한다. 물론 지금도 집안일은 여전히 그에겐 가장 어렵고 싫은 일이어서 평생 화초에 물 한 번 주지 않고도 바가지 긁히지 않고 당당하게 사는 노인이 되었다.

그런 그가 2003년 2월 인터컨티넨탈호텔에서 정년 기념 출판 기념회를 할 때 나를 감격시키다 못해 민망하게 하는 '이벤트'를 만들었다. 제자들의 경과보고 및 그의 학문적 업적 등을 소개한 후 몇 분의 축사와 본인의 답사를 마친 후 그는 앞자리에 앉아있던 나에게 와서 내 손을 잡고 단상으로 올라가서는 하객을 향하여 "오늘의 제가 있는 것은 모두 저의 아내 덕분입니다. 따라서 이 훈장은 바로 제 아내에게 바쳐야 할 것 같습니다."라며, 그날 받은 국민훈장을 내 목에 걸어주는 게 아닌가? 돌발적인 그의 행동에 나는 몸 둘 바를 몰랐지만, 하객의 박수 소리는 요란하였다. 그는 이런 사람이다.

그의 이런 이벤트성 깜짝쇼는 이미 몇십 년 전에도 있었다. 1969년 우린 두 사람 다 일리노이대학에서 장학금을 받고 함께 출국하려고 했으나, 시어머니가 갑자기 수술하셔야 해서 나는 남고 그이만 먼저 갔다. 어머니를 완쾌시키고 6개월 뒤에야 나는 미국 가는 비행기를 탈 수 있었는데, 그가 얻어놓은 학생 아파트에 도착해보니 '마나님의 미국 입국을 환영합니다.'라고 쓴 큼지막한 종이 현수막을 벽에 걸어 놓은 게 아닌가? 그의 엉뚱 발랄한 이런 행동들은 오래도록 즐거운 추억이 되어 주었다.

지금 돌이켜 보면 지독히 어려운 여건 속에서도 함께 일리노이대학을 다니던 시절 그는 10년 된 고물 자동차 밑에 누워 손수 자동차를 고치고 바지 하나를 몇 년씩이나 입었다. 난 둘째를 낳고 아직 부기도 빠지지 않은 몸으로 학교 기숙사에서 새벽 다섯 시부터 일해서 돈을 벌어야 했고, 저녁에는 2년간 수제비만 끓여 주어도 아무 불평 없이 맛있게 먹으며 열심히 공부해주던 그가 새삼스럽게 고맙고 자랑스럽다.

당시에는 그저 하루하루 생존 자체가 기적이라고 할 만큼 참으로 힘겨운 시간도 많았지만, 지나놓고 보니 그 어려운 역경 속에서도 꿈과 희망을 안고 함께 공부했던 날들이 더욱 소중하게 여겨지고 그리워지기까지 한다. 오늘의 내가 있게 된 배경에는 내가 하는 일을 전폭적으로 이해하고 응원해준 남편의 남다른 외조 덕분이라 여겨 진정한 감사와 존경의 마음을 전하고 싶다.

77년을 살아보니

앙드레 말로의 소설 중에 『인간의 조건』이 있다. 이 소설에서 지조르 박사가 '인간이 되는 데는 10개월이 아니라 60년이 걸린다.'라고 말하는 장면이 있다. 읽은 지 58년이 지난 오늘에도 잊히지 않는다. 정말 진리인 것 같다. 나만 보아도 77세가 되었으나 아직도 배워야 할 것이 많고 내 인격도 죽을 때까지 완성되지 않을 것 같기 때문이다. 정말 살아갈수록 어렵고 모르는 것이 너무 많다. 현대는 워낙 의학이 발달하여 80세는 보통이고 100세를 사는 분도 많아졌다. 그러나 난 정말이지 장수하고 싶은 생각은 없었는데 이미 80세를 눈앞에 두고 있다. 물론 내 목숨을 내 의지대로 못 하므로 얼마나 살지 장담할 수는 없으나 마음 같아선 85세 이상을 넘기고 싶진 않다.

그 이유는 나도 모르겠으나 하여간 지난 77년도 매우 길었다는 느낌이 든다. 물론 지금은 건망증이 심하여 내가 30대에 뭘 했더라, 40대엔 뭘 했더라 생각하면 기억나지 않는 것들이 너무 많다. 20년쯤은 잃어버린 세월같이 여겨지기도 한다. 정말로 누가 나보고 20년을 더 줄 테니 살라고 한다면 사양하고 싶다. 충분히 오래 살았다는 느낌밖에 없기 때문이다. 인생 77년 결코 짧은 세월이 아니다. 유능한 정치가라면 국가의 역사를 몇 번은 바꾸었을 시간이고, 훌륭한 CEO라면 돈도 엄청나게 벌어 국민총생산을 몇 배는 올렸을 시간이고, 시인이라면 수천 편의 시를 썼을 시간이며, 옷을 만들었대도 수천 벌은 지었을 것이다. 나는 불행하게도 정치가도, CEO도, 시인도, 재봉사도 아니니 이런 성취를 한 게 없다. 다만 한 시민으로서 2남1녀를 낳아 길렀고, 교수로서 많은 제자를 길렀으며, 책과 논문을 쓰고, 한국어의 국제화에 조금이나마 기여하고, 꽤 많은 소득세를 낸 것으로 면피는 할 수 있을지 모르겠다.

지난 77년 동안 사회도 엄청나게 변했다. 무에서 유를 창조한 것은 물론이고, 원시생활에서 최첨단인터넷 생활로 바뀌었다. 불과 2,30년 동안에 수도, 전기, 수세식 화장실, 전화, 전자제품, 자동차, 컴퓨터, 스마트폰에 이르기까지 사회도 쉼 없이 발전해 왔으니 경이롭기만 하다.

나는 어릴 때부터 약골이라 부모님은 내가 이만큼 살 것이라고는 아예 기대도 안 하셨고, 나 자신도 60살까지 사는 것이 목표였으니 이미 많이 초과 달성한 셈이다. 난 늘 건강에 자신이 없으면서도 나름대로 열심히 살았으니 별로 후회는 없다. 자식으로서, 형제로서, 아내로서, 며느리로서, 그리고 엄마로서 물론 전업주부인 엄마들보다는 못 했겠지만, 내 딴엔 최선을 다했다고 하는 편이 맞을 것 같다. 심지어 올케 노릇까지 필요 이상으로 하다가 오히려 낭패를 당하기까지 했으니 무엇을 더 후회하랴.

문제는 결과인데, 결과적으로는 성공했다하기에는 부족하다. 꼭 집어서 무얼 잘못했는지는 모르겠으나 하여간 지금의 나의 모습은 내가 30, 40년 전에 생각했던 모습과는 뭔가 많이 달라져 있다. 조금은 허탈하기도 하고 조금은 아쉽기도 하다. 물론 내가 기대하지 않던 것을 가지게 된 것도 많다. 교수로서는 많은 행운이 따라왔으나 그 행운을 좀 더 생산적으로 활용하지 못한 면도 있는 것 같다. 무엇보다도 명강의를 많이 하지 못했다. 특별히 태만하거나 불성실했다고는 생각되지 않지만 우선 재미있게 수업을 하지 못했다. 아무리 좋은 내용이라도 재미있고 흥미롭게 수업을 할 수 있어야 하는데, 이 점에서는 점수가 낮을 것 같다. 그러면 연구 면에는 어떠한가? 평균 이상은 했다고 할 수 있을지 모르겠지만 매우 만족스럽진 않다.

우선 인용이 아주 많이 되는 논문을 많이 쓰지 못했다. 저서는 총 37권으로 평균보다는 많이 쓴 것 같은데, 소논문은 188편으로 양에서 적다고는 할 수 없으나 아주 만족스럽지 못하다. 다음은 봉사인데, 봉사는 시민으로서의 봉사는 거의 못 했고, 교수로서의 봉사는 어느 정도 한 것 같다. 교수의 봉사 활동이란 주로 학회 활동이나 논문지도, 논문 심사, 교과서 심사, 교육부와 문화부의 심의, 심사, 자문 등을 말하는데, 이 부분에선 평균보다 조금은 더 하지 않았나 싶다. 학회 임원을 맡아 봉사한 학회도 여러 개 있고, 국제대회를 주최한 것도 여러 번 있어 국어학자 치고는 국제화되었다고 할만하다. 물론 매우 만족스러울 정도는 아니지만 주어진 여건보다는 조금 앞서서 한 것도 더러 있다.

가장 아쉬운 부분은 친교를 폭넓게 많이 하지 못한 점이다. 교수들과 점심을 함께 먹으러 다니지 못한 것이 제일 아쉽다. 아이들 셋 키우며 교수하느라 절대 시간이 부족하니 점심시간을 아끼기 위해 도시락을 싸서 다니는 습관이 생겨, 같은 사범대 안에서도 점심을 함께 먹으러 다니며 친하게 된 교수가 거의 없다. 또한, 고등학교, 대학교 친구와도 자주 모임에 못 나가니까 아무래도 자주 안부를 교환하는 친구가 많지 않다. 친척과도 마찬가지이다. 일이 있을 때만 만나니까 일반적인 안부 전화 같은 건 거의 하지 않고 지내온 셈이다. 그러고 보니 사적인 나의 삶은 거의 없이 살아왔다. 가정과 직장의 책임만 다하더라도 시간이 부족하니 책임 진 일이 아니면 할 수 없었다. 취미 생활 같은 건 아예 꿈도 꾸지 못했다.

이제 정년퇴임하고는 주어진 시간 동안 이렇게 부족했던 부분을 조금이라도 만회하는 삶을 살아야겠다. 단 일 년이라도 시민으로서, 이웃으로서, 친구로서, 친지로서 사적인 교류와 봉사를 하며 살고 싶다. 또한, 자유인으로서, 자연을 다시 음미하며, 뮤지컬도, 미술전도 꽃 전시회도, 벚꽃축제도, 강릉단오제도, 보령 머드 축제도, 영화제도 마음껏 보러 다닐 걸 생각하니 벌써부터 마음이 설렌다. 이렇게 1년만 산들 어떠하며, 2년만 산들 어떠하리? 주중과 주말의 구별도 없이, 아침과 저녁도 구별 없이 외출복 평상복 구별도 없이 그렇게 자유인으로 살아보고 싶다. 오케스트라를 끝낸 기분이 이런 걸까? 대하드라마를 끝내고 배우와 스태프들이 홀가분한 마음으로 그간의 이야기들을 풀어내는 게 이런 기분일까? 하여튼 전혀 짧지 않은 세월 앞에 나름대로 감회에 젖어 보는 것도 나쁘지 않다.

내가 초등학교 다닐 때는 호롱불조차도 마음껏 못 쓰고 저녁 9시까지만 쓸 수 있었다. 초로 바뀌었을 때도 마찬가지였다. 부모님들은 행여 우리가 불을 켠 채로 잠이 들까 봐 노심초사하셨다. 전기가 들어왔을 때는 전기료가 무서워 어른들은 '불을 끄라'는 말을 입에 달고 사셨다. 처음 전화가 들어왔을 때의 그 감격도 잊을 수 없다. 미국에서 예전에 전화를 하려면 교환원에게 부탁해놓고 8시간 이상 기다려야 했던 시절, 통화가 되면 수화기에서 들려오는 모기만 한 소리도 감격해서 제대로 말도 못하고 그저 '아버지', '영순아' 소리만 하다가 끝나도 고맙고 신기하기만 했다. 이후 소위 스마트폰 시대가 와서 모든 일을 스마트폰으로 해결하는 시대까지 숨차게 달려왔다.

1960년대까지는 '전자제품'이란 단어도 없었다. 더운물은 고사하고 수도물도 없었으니 한겨울에도 강에 나가 얼음을 깨고 얼음물로 빨래를 했다. 빨랫비누도 없어 나무로 불을 때고 난 후 남은 재를 넣어 우려서 만든 물로 빨래의 때를 빼지 않았던가?

우리 시대의 이런 이야기를 손주들한테 들려주면 믿어줄까? 60년 이상 내 친구가 되어준 친구들과 옛날얘기나 해볼까나. 아 참, 반평생을 함께 살아준 나의 남편에게 길고 긴 편지를 써볼까나, 아니면 같은 부모 밑에 태어나 77년을 함께 이 세파를 달려온 우리 삼 남매의 이야기보따리나 풀어 볼까나, 우리 예쁜 제자들의 자녀들을 함께 모아 재롱잔치나 해 볼까나. 나를 알고 있는 모든 분께 감사하고 존경을 보내고 싶다. 하느님으로부터 받은 축복에도 감사해야겠다.

제2부
사색의 창

아, 세한도

세상이 각박하니 현자(賢者)들이 생각난다. 특히 우리가 익히 알고 있는 추사 김정희(秋史 金正喜, 1786~1856)의 [세한도]에 얽힌 많은 이야기를 다시금 되돌아보게 된다.

추사는 1844년 제주도 유배 생활 중 역관(譯官)이었던 제자 우선(藕船)이상적(李尙迪, 1804-1865)이 중국의 서적들을 사다 주는 등 변함없는 마음에 보답하고자 붓을 들었다. "歲寒圖"라는 제목을 그림의 오른쪽 위에 써넣고 '우선시상', '완당'이라 적고 도장을 찍었다. '차가운 시절의 그림'이라는 뜻의 세한도는 한 채의 집을 중심으로 좌우에 소나무 두 그루와 조금 작은 잣나무 두 그루가 대칭을 이루고 있으며, 주위를 텅 빈 여백으로 처리하여 극도의 절제와 간략함을 통하여 추운 겨울의 분위기를 물씬 풍긴다. 우측 소나무 두 그루 중 오른쪽 나무는 구부러진 고목이고, 왼쪽 나무는 곧고 청청하다. 이 나무가 추사의 집을 버텨준다. 아마도 제자 이상적이 자신을 받쳐주고 있음을 상징하지 않았을까? 그리고 조금 거리를 두고 그려진 잣나무 두 그루는 추사학파를 이어갈 제자들의 모습을 상징한 것은 아닐까?

세한도의 오른쪽 아래 구석에는 '장무상망長毋想忘' 네 글자의 붉은 도장이 찍혀있다. 오랫동안 서로 잊지 말자는 뜻이다. 스승을 존경하는 제자와 제자를 사랑하는 스승의 뜨거운 마음이 그림과 글에 절절히 녹아 있는 것이다. 그림 뒤에는 이런 발문이 붙어있다.

공자는 '겨울이 되어서야 소나무와 잣나무가 시들지 않는다는 것을 알게 된다.'라고 했고, 태사공은 '권세와 이득을 바라고 만난 사람은 그것이 다하면 교제 또한, 성글어진다.'라고 했는데, 그대는 어찌하여 겨울에도 시들지 않고 소나무 잣나무처럼 변함이 없는가?

이 그림은 미술작품 자체도 조선 말 대표적인 문인화로 평가되지만 그림에 얽힌 이야기에 더욱 숙연해진다. 이 그림을 받고 감격한 이상적이 1845년 연경(지금의 북경)에 가서 장악진, 조진조 등 16명의 중국 명사들에게 보여주고 찬문(撰文)을 받아 그림의 뒤에다 붙인 세한도는 긴 두루마기를 이루고 있다. 이상적이 세상을 떠난 뒤 세한도는 그의 제자 김병선에게 넘어갔고, 이어 그의 아들 김준학이 물려받았다. 이후 민영휘의 집으로 들어가서 그의 아들 민규식이 소장하게 되었는데, 1930년대 일본인 후치츠카 츠카시에게 팔았다. (후치츠카가 중국 골동품 가게에서 샀다는 설도 있다).

후지츠카 츠카시(藤塚隣, 1879~1948)는 일본인 철학자이자, 고증학 학자로 1920년대 초 중국 베이징에 유학할 당시, 그곳까지 명성을 떨치던 조선의 실학자 박제가(朴齊家, 1750~1805)에 관심을 두게 됐다. 이후 1926년 경성제대 교수로 부임하여 서울에서 박제가를 연구하다가 추사 연구로 범위를 넓히게 된다. 근대적 방법론을 통해 청대(淸代)의 학술을 연구하던 그는 추사가 금석학(金石學)과 예술에만 머물지 않고 청대의 학술, 특히 경학(經學)에 정통했다는 사실을 알고 본격적으로 추사를 연구하기 시작했고, 결국 추사를 흠모하게 되어 한국과 중국을 돌면서 추사 관련 자료를 수집하여 1943년 10월 일본으로 돌아갔다.

소전 손재형(素荃 孫在馨, 1903-1981)이 이 사실을 알고 1944년 여름 백지 수표를 들고 일본으로 건너갔다. 진도 부잣집 아들인 손재형은 1931년 조선미술전람회에서 특선으로 입상할 만큼 그림과 서예에서 뛰어난 재능을 지니고 있었고, 추사를 숭모했으며 일제 강점기부터 고서화의 수집가로도 유명했다. 부산에서 배를 타고 시모노세키를 거쳐 도쿄로 향했다. 태평양전쟁이 한창일 때여서 도쿄는 불안하고 혼란하기 그지없었다. 그는 어렵게 도쿄 우에노(上野)에 있는 후지츠카의 집을 찾아내어 근처 여관에 여장을 풀고, 당시 병석에 누워있는 후지츠카의 집을 매일 같이 찾아가 병문안을 했다. 며칠 뒤 후지츠카가 그 이유를 묻자

손재형은 조심스럽게 그러나 비장하게 말을 꺼냈다.

《세한도》를 제게 넘겨주실 수 없겠습니까? 수표는 백지수표이니 원하시는 만큼 받으십시오."

"뭐라고요? 세한도만큼은 절대 안 되오."

그래도 손재형은 포기하지 않았다. 가고 또 갔다. 석 달이 지났다. 드디어 후지츠카의 마음이 움직였다. 그는 아들 후지츠카 아키나오를 불러

"지금 줄 수는 없지만 내가 죽으면 《세한도》를 손군에게 주거라."

손재형은 속으로 흥분했으나, 나중에 아들이 주리라는 보장도 없어 "이왕 주실 거면 지금 줄 수 없느냐?"고 간청을 했다. 후치츠카는 거절했다. 손재형은 물러서지 않고 다시 후지츠카의 집을 찾고 또 찾았다.

후지츠카를 찾은 지 100일이 되는 날 "내가 졌소. 《세한도》를 그렇게도 사랑하니 가져가시오. 돈은 받지 않겠소."라고 말했다.

《세한도》는 그렇게 하여 극적으로 조국 땅에 돌아왔다. 그때 세한도가 돌아오지 않았다면 한 줌의 재로 변했을지도 모른다. 후지츠카의 집이 며칠 후 폭격을 당했기 때문이다. 또한, 후지츠카도 1948년에 생을 마감했다.

《세한도》를 되찾아온 손재형은 소리 없이 가지고 있다가 광복 후에 민족대표 33인의 한 분인 오세창, 대한민국 초대 부통령인 이시영, 독립운동가이자 국학자인 정인보에게 그림을 보여주고 배관기(拜觀記)를 받았다. 정인보를 마지막으로 맨 뒤에 90cm 정도의 공백을 남겨놓았다. 훗날 더 많은 명사에게서 이 그림에 대한 멋진 찬문을 받겠다는 생각에서였다.

그러나 그는 1950년대 말부터 국회의원에 출마하면서 선거자금을 위해 《세한도》를 저당 잡혔다가 끝내 찾아오지 못하고 이근태에게 넘어갔는데, 나중에 개성 갑부 손세기를 거쳐 그의 아들 손창근에게 넘어갔다. 《세한도》는 1974년 12월에 국보 180호로 지정되었다.

손창근(83) 옹이 2010년 《세한도》를 국립 중앙박물관에 기탁하여 비로소 우리가 세한도의 완성된 원본의 모습을 볼 수 있게 되었다. 손창근 옹은 세한도뿐만 아니라 50년 동안 심고 가꾼 1,000억 원대의 임야를 국가에 헌납한 독지가로도 유명하다.

여기서 우리를 씁쓸하게 감동시킨 이야기를 상기하게 된다. 후지츠카 츠카시의 아들 후지츠카 아키나오(藤塚明直)옹이 부친이 평생 수집한 추사 관련 소장품 2,700여 점을 2006년에 과천문화원에 기증했다는 사실이다. 집이 폭격을 당했다는데, 이런 자료가 남았다는 것이 기적 같다. 과천문화원은 이듬해에 이들 자료를 가지고 전시회도 하고 『추사와 한중 교류』라는 책을 펴내기도 했다. 기증품 가운데는 추사와 청대 학자들 간의 교류를 알 수 있는 서화류 60~70점, 청대 학술 특히 경학에 관한 주요 자료인 『황청경해』, 『기양제첩』, 『기우선』 등 고서적 2,500여 점이 포함돼 있다. 『기양제첩(寄兩弟帖)』은 추사가 40대 초반이던 1827, 8년 두 동생 명희(命喜), 상희(相喜)에게 보낸 편지 13건을 모은 것으로, 형제간의 두터운 정을 담고 있어 추사의 가족사 연구에 큰 도움을 주고, 추사체가 확립되기 이전의 추사의 글씨를 엿볼 수 있다는 점에서 가치가 높게 평가된다.

함경도 북청에서의 유배 생활을 마치고 과천에 머물던 추사가 1852년 이상적에게 보낸 편지 『기우선(寄藕船)』도 소중한 자료이다. 이 편지에서 추사는 "품격 높은 문장은 대단히 곱씹을 만할뿐더러 차가운 부엌에 온기가 돌게 한다."라고 썼다.

추사는 "나는 칠십 평생 벼루 열 개를 밑창 냈고 붓 일천 자루를 몽당붓으로 만들었다. 서예가란 모름지기 팔뚝 아래에 삼백아홉 개의 옛날 비문 글씨를 완전히 익혀 간직하고 있어야 한다."라고 했다. 추사는 이런 모든 과정을 거쳐 아무도 흉내 내지 못할 독보적인 '추사체'를 확립했다.

추사는 명문대가에서 태어나 어릴 적에는 부러울 것 없이 자랐으나, 10대에는 가족의 줄초상을 당하고 24세에 과거에 합격했다. 마침 그때 추사의 아버지 김노경이 동지부사가 되어 중국으로 가게 되는데, 추사는 자제군관의 자격으로 아버지를 따라 연경(북경)에 갔다. 40일간의 연경 체류 중 두 명의 스승 완원阮元과 옹방강翁方綱 및 여러 학자를 만나게 된다.

이분들은 당시 박제가를 통해서 추사에 대해 이미 많이 알고 있는 터라 추사를 만나자마자 자기들이 가지고 있던 책『연경실집』1, 2, 3권을 주는 등 호감을 나타냈다. 완원은 추사를 제자로 삼고 싶어 '완당阮堂'이라는 호를 내려주었고, 옹방강은 추사의 비범함을 칭송하는 '經術之學海東第一'이라는 글씨를 써 주었다. 후지츠카는 이들의 만남을 '한중문화 교류사의 역사적 사건'이라 평가했다. 이들 소중한 자료들이 있어 시서화학(詩書畵學)에 모두 최고의 경지에 오른 추사와 그 시대의 한중일 문화사에 대하여 본격적으로 연구할 수 있게 되었고, 우리의 귀중한 문화재에 대하여 다시 한번 생각하게 된다.

너무도 처절하게 외롭고 고통스럽던 귀양 시절을《세한도》와《추사체》의 완성이라는 불멸의 예술혼으로 승화시킨 추사, 끝까지 제자의 도리를 다한 이상적, 일본에 건너가 끈질긴 성심으로《세한도》를 찾아온 손재형, 이걸 국립중앙박물관에 기탁한 손창근, 이런 현자들이 있어 우리는 행복하다.

단지 추사 연구에 있어서 아직 일본인 학자 후지츠카를 능가하는 한국학자도 없고, 추사 관련 자료의 대부분을 일본인이 수집하고 소장했었다는 사실에 한없는 부끄러움을 느끼며, 지식인들의 깨어있는 정신과 한층 더 격조 높은 문화애호 분위기 조성의 필요성을 느끼게 된다.

행복의 비밀

우리는 보통 성공하면 행복을 느끼고 실패하면 불행을 느낀다. 그러나 이러한 평범한 공식이 언제나 진실은 아니다. 우선 성공의 정의부터 사람마다 다를 수 있다. 가령 처음에 목표치나 기대치를 높게 잡으면 실패하기 쉽고 목표나 기대치를 낮게 잡으면 성공할 확률이 매우 높기 때문이다. 예를 들어 반에서 30등 하는 학생이 다음 학기엔 20등을 목표로 한다면 성공할 확률도 높고 성공하고 나면 매우 행복해진다. 반대로 반에서 1등한 학생이 다음 학기에도 1등하기를 목표로 하면 성공하기도 어렵고 성공해도 그리 행복을 느끼지 못한다. 왜냐하면, 이미 1등을 해보았으므로 다시 1등을 하는 건 당연하게 느껴지고 새로운 행복을 느끼기 어렵기 때문이다. 더구나 3, 4등으로 떨어지면 매우 불행을 느낀다. 만일 1등 하던 학생이 20등으로 미끄러지면 본인도 가족도 세상을 다 잃은 듯이 충격을 받고 슬퍼하고 좌절한다.

물론 인생에서는 높은 이상과 목표를 가져야 한다. 그래야 노력도 하고 인내도 하고 어려움도 잘 극복할 수 있기 때문이다. 그뿐만 아니라 이러한 진취적인 기상을 가진 사람이 많을수록 그 사회는 발전하게 마련이다. 그러나 사람의 욕심은 본질적으로 끝이 없어서 하나를 가지면 둘을 가지고 싶고 둘을 가지면 셋을 추구한다. 그러므로 만족이란 좀체 느끼지 못하게 되어 사람은 늘 불행을 느끼기 쉽다. 높은 지위를 가진 사람이나, 돈을 많이 가진 사람이나, 명예를 가진 사람이나, 권력을 가진 사람이나 매한가지다. 끝 모를 욕심으로 늘 부족함을 느낀다. 어쩌면 인간의 불행은 이와 같은 끝없는 욕심 때문인지도 모른다.

개인적인 행복과 사회적인 행복은 다르다. 자기 자신은 가진 게 없고 불우하지만 한국이 다른 나라와의 경쟁에서 승리하는 것을 보면 행복해진다. 스포츠를 비롯하여 정치, 외교, 사회, 문화 모든 면에서 그러한 현상을 볼 수 있다. 올림픽과 월드컵을 유치했을 때, 반기문 유엔총장이 탄생했을 때, 김연아가 피겨여왕이 되었을 때, 신지애가 LPGA 상금왕이 되었을 때, G20 정상회담을 한국에 유치했을 때, UAE의 원전 수주를 했을 때 대한민국 국민이라면 누구나 기뻐하고 행복해 했을 것이다. 또한, 인천대교가 완공되고, 대구가 2011년 세계육상선수권대회를 유치하고, 인천이 2014년 아시안게임을 유치했을 때, 월드컵에서 4강에 들었을 때, 박인비가 올림픽에서 금메달을 땄을 때 우리는 모두 손뼉을 치며 행복해 했다. 이러한 국가적 성취 앞에서는 여야도 지역 이기심도 나의 불행도 잠시나마 잊을 수 있다.

그러나 숭례문이 불탔을 때, 어린이들이 성폭행을 당했을 때, 세월호 사건이 터졌을 때, 연쇄살인사건이 일어났을 때, 연평도 사건이 터졌을 때 국민은 분노하고 슬퍼했다. 우리 국민이 한마음 한뜻이 될 때가 바로 국가적 경사나 국가적 아픔이 있을 때다.

성공과 불행의 비밀은 개인의 마음속에 숨어 있는지도 모른다. 행복하다고 주문을 걸면 행복을 느끼고, 불행하다고 생각하면 모든 게 불행으로 여겨진다. 그러므로 돈을 많이 벌고, 명예를 얻고, 지위를 얻어야만 행복해지는 것은 아니다. 모든 걸 다 가져도 건강을 잃으면 불행만을 느끼게 되고, 비록 가진 게 없어도 건강함에, 살아있음에, 사랑하는 사람이 있으매 우리는 얼마든지 행복해진다. 많이 가진 사람은 그것을 지키기 위해, 더 가지기 위해 끝없는 탐욕을 드러내니 하룬들 진정으로 행복할 수 있겠는가. 차라리 아무것도 가진 게 없는 사람은 조그만 일에도 행복해지기 쉽다. 친한 친구와 소주 한잔을 나누어도 행복하고, 가족들과 삼겹살을 구워먹어도 행복하고, TV드라마만 보아도 행복을 느낀다. 심지어 샤워만 해도, 깨끗한 옷만 갈아입어도, 친구와 수다만 떨어도 행복을 느낄 수 있다. 사정이 이러할진대 행복과 불행의 열쇠가 우리의 마음 안에 있다는 것을 무엇으로 부인할 수 있을까.

성공도 그리 거창한 것이 아니다. 성공을 소박하고, 짧게 잡는다면 우리는 좀 더 자주 성공을 맛볼 수 있다. 회사원이 100억 이상을 가진 부자를 꿈꾸거나, 최고의 그 무엇이 되겠다는 장기적이고 거창한 꿈만 가지면 몇 십 년 동안 하루도 맘 편히 살 수 없다. 차라리 매일 매일의 혹은 일주일 단위의 목표를 세우고 실천하면 훨씬 더 성공률이 높고 매일 행복하게 살 수 있다. 오늘은 보고 싶은 친구를 만난다든가, 요양원에 계시는 삼촌을 방문한다든가, 장애어린이에게 도움을 준다든가, 내 집 앞거리를 청소한다든가, 멀리 계시는 부모님께 전화를 드린다든가, 오늘의 일기를 쓴다든가, 30분 걷기를 한다든가, 지금 내가 보고 있는 책을 30쪽을 읽는다든가 하는 식으로 짧게 목표를 세우면 실천하기도 쉽고, 실천하면 행복을 느낄 수 있다. 이러한 하루하루 목표를 세우고 실천하는 습관을 지니면 종국에는 큰 성공을 할 수 있고 큰 행복도 맛볼 수 있는 것이다.

큰 시험을 준비하는 사람은 더욱 짧은 목표를 세우고 달성하는 습관을 가져야 한다. 하루하루가 모여 결국 수능, 고시, 취업, 승진 시험 등 주요 시험에 합격할 수 있는 실력이 쌓이게 된다. 이러한 실력의 확보는 곧 자기가 준비하는 시험에 당당히 합격하고 짜릿한 행복을 누릴 수 있게 해준다. 그리고 이러한 시험 합격의 경우 합격이 발표되는 날부터 일정한 긴 기간 동안 지속적으로 행복을 느끼게 해준다.

사람은 반드시 성공하는 경험을 적어도 한두 번은 할 필요가 있다. 그러한 경험이 그다음 목표를 세워서 노력할 힘이 되기 때문이다. 한 번도 성공이라는 걸 안 해 본 사람은 성공이 주는 행복을 경험하지 못했기에 목표를 세우고 노력하는 힘이 부족하기 쉽다. 마치 산 정상에 올라간 경험이 없는 사람은 산을 정복한 사람만 느껴볼 수 있는 행복과 희열을 모르기 때문에 조금만 올라가도 힘들면 도중 하차하고 싶은 유혹을 느낀다. 그러면 그 사람은 영원히 산 정상에 올랐을 때의 그 만족감과 성취감, 그리고 자신감 등 눈에 보이지 않는 삶의 이득을 획득하지 못하게 된다.

가령 달리기를 해서 1등을 해본 사람은 다음에도 달리기를 하고 싶고, 좀 더 높은 수준의 달리기에도 도전해 보고 싶은 의욕이 생긴다. 만일 신체조건이 따라 준다면 달리기 선수가 되고 싶은 마음도 생길 수 있다. 만일 장사를 하는 사람이라면 한 번이라도 기대 이상의 돈을 벌어보는 경험이 필요하다. 한번 성공을 해 본 사람은 다음에 좀 더 큰 스케일의 장사를 계획할 수 있는 동기 부여가 된다.

부모가 자녀 교육을 할 때 아이가 무엇을 잘 하는지, 무슨 일을 할 때 가장 행복해 하는지, 잘 살펴서 아이의 적성과 재능에 맞는 미래를 설계할 수 있도록 도와주는 것이 좋다. 너도나도 의사를 시키려 하고, 변호사를 시키려 하고, 교수를 시키려 해서는 자녀가 행복할 길을 차단하게 된다. 운동을 잘 해도 좋고, 노래를 잘 해도 좋고, 공부를 잘 해도 좋고, 그림을 잘 그려도 좋고, 새로운 물건을 잘 만들어도 좋다. 재능과 소질에 따라 성공하고 1등 하는 경험을 한두 번만 맛보게 해주면 아이는 자기 길을 잘 개척해 갈 것이다.

난 오늘도 조그만 행복을 느끼기 위해 화초에 물도 주고, TV도 보고, 신문도 읽고, 샤워도 하고, 청소와 세탁도 한다. 이제 날씨가 따뜻해지면 진짜 운동도 해 볼 참이다. 온갖 핑계를 대며 운동이라고는 하루 10분도 안 하고 산 것을 반성하면서 망가진 몸을 추슬러 보고자 한다. 그리고 주말에는 남편과 함께 가벼운 외식이라도 해야겠다. 함께 비빔밥이나 칼국수만 먹어도 진정으로 행복을 느낄 수 있지 않으랴. 제자들과 좀 더 맛있는 음식을 먹으면 더욱 즐거울 것 같다. 매일 한 가지씩 행복 만들기를 해야겠다.

아우라지강에서 만난 자연과 현대문명

강원도 정선에 가면 아우라지가 있다. 아우라지란 '어우러진다'는 뜻으로 두 물줄기가 만나 하나의 물줄기를 이룬다는 의미의 우리 옛말로서 '두물머리'와 비슷하다. 정선읍에서 약 20km 떨어진 구절리에서 흐르는 송천과 삼척시 임계면의 중봉산에서 흐르는 골지천이 이곳에서 합류하여 아우라지강을 이루고 여기서부터 '강'이라 부른다. 합수지점에는 조선시대까지도 각지에서 몰려온 뱃사공들의 아리랑 소리가 끊이질 않았다 하고 강원도 무형문화재 제1호인 <정선아리랑>의 '애정편'의 발상지로 알려져 있다. 전설에 따르면 사랑하는 어느 처녀 총각이 아우라지 강을 가운데 두고 여랑과 가구미(혹은 가금이라고도 함)에 살고 있었다고 한다. 하루는 둘이 싸리골로 동백을 따러 가기로 약속하였으나 밤새 내린 폭우로 강물이 불어 나룻배가 다닐 수 없게 되었는데, 이때의 안타까움이 '아우라지 뱃사공아 배 좀 건네주게/싸리골 올동백이 다 떨어진다./떨어진 동백은 낙엽에나 쌓이지/ 사시사철 님 그리워 나는 못 살겠네/라는 가사로 정선아리랑 애정편의 가사가 되었다고 한다.

2009년 7월 어느 날 강원도 평창, 정선을 여행하던 우리 부부는 정선 읍내에서 평생 처음 곤드레밥으로 점심을 먹은 후 아우라지강을 가기로 하고 지도도 찾고 네비게이션의 도움도 받아가며 가까스로 아우라지강을 찾았다. 막상 도착해보니 첫눈에 들어오는 인상은 특별히 아름답지도 않고 물이 많지도 않아 약간 실망스러웠다. 강 너비는 꽤 넓은 편이나 물이 적어 허전했다. 그럼에도 편도 500원인 나룻배가 관광객들을 싣고 강을 따라 다니며 아우라지에 얽힌 사연들을 설명해주고 있었다.

남편은 피곤했는지 아우라지에 도착하자마자 좌석을 뒤로 젖히고 잠을 자기 시작해서 난 가만히 차에서 나와 차근차근 아우라지의 풍광을 살폈다. 강가를 따라 한참 올라가니 얕은 개울물에서나 볼 수 있는 돌다리가 보였다. 물에 딱 붙여 큰 돌을 듬성듬성 놓은 돌다리가 도회지에서 사는 여행객에겐 매우 낭만적으로 보였다. 돌다리를 건너 합수 지점에 이르니 철조각으로 빚은 아우라지 처녀상도 있고 정자각(여송정)도 보였다. 또한, 정선아리랑 노래비가 세워져 있고 아우라지의 유래 설명판도 세워져 있었다. 정면으로는 달 모양의 조형물이 장식된 오작교가 있고 정선아리랑 전수관 건물도 멀리 보인다.

이곳에는 조선 시대에 남한강 1천리 물길을 따라 목재를 서울로 운반하던 뗏목터도 남아있다. 조선말 대원군의 경복궁 중수 시에는 많은 목재를 떼로 엮어 이곳에서 한양으로 보냈다고 하며, 이때 전국각지에서 몰려든 뗏군들의 아리랑 소리가 끊이질 않았다고 한다. 이곳은 뗏목을 타고 떠나는 임과 헤어지던 곳으로, 조상의 얼과 한이 얽힌 곳이라고 하여 매년 8월 초에는 뗏목 축제가 이루어지고 있다고 한다. 강가에는 소원을 비는 돌탑들이 제법 많이 쌓여 있다. 나도 예쁘게 생긴 돌을 하나 주워 돌탑 위에 올려놓았다. 건너편 강가에는 천하대장군이 여러 개 서서 아우라지 강을 지켜주고 있다. 이렇게 돌아보고 나니 처음에 가졌던 인상보다는 훨씬 다정하고 멀리 보이는 산들까지 눈에 들어오면서 아우라지강의 참모습이 보이기 시작하였다.

"그래도 헛수고를 하지는 않았구나."

한참을 혼자 강가를 산책하다 차에 와보니 남편이 일어나 차문을 막 열려고 하고 있었다. 그런데 그 순간 차에서 난데없이 삐삐 하는 경고음이 요란하게 울려 퍼졌다. 남편이 놀라 밖으로 나와 몇 분이 지나도 삐삐 하는 소리가 그치지 않았다. 차에 시동을 걸어보니 이번엔 시동이 걸리지 않았다. 1, 2분 뒤에 다시 시동을 걸어보았으나 역시 허사였다. 몇 번을 시도했으나 마찬가지였다. 여간 당황스럽지 않았다. 혹시 배터리가 다 됐나 싶어 주위를 둘러보니 차는 두세 대밖에 없었다. 일단 그 차주들에 가서 혹시 배터리 충전기가 있느냐고 물어보았으나 아무 차에도 배터리를 연결하는 기구는 없었다. 그러자 어떤 사람이 이럴 때는 보험사에 연락하면 출동 서비스를 받을 수 있다고 알려주었다.

"아! 그렇구나." 얼른 보험사로 연락했더니 10분도 안 되어 출동차가 왔다. 차를 가까이에 대고 뚜껑을 열어 배터리를 연결하고 시동을 걸어보았으나 여전히 실패였다. 출동 나온 차의 기사가

"다시 가서 견인차를 가져와야겠습니다."

라고 했다. "그럼 그렇게 해주세요."

일단 차에서 내려 문을 잠그고 남편과 함께 다시 강변을 한 바퀴 돌고 와서 차 시동을 걸어보니 이번에는 너무 쉽게 시동이 걸리는 게 아닌가? 조금 후에 견인차가 왔다가 그냥 돌아갔다. 그때야 자동차의 보안시스템

이 오작동한 걸 깨달았다. 남편이 잠결에 무얼 잘못 건드려 자동차는 도둑이 차를 몰려고 하는 것으로 오인하여 삐삐소리를 요란하게 내고 시동장치에 제동을 걸었다는 것을 그때야 알게 되었다. 최첨단 보안시스템이 차주를 도둑으로 오인하여 일어난 촌극이었다.

문명과 가장 거리가 먼 곳에서 첨단의 문명으로 곤욕을 치르고 문명의 힘으로 위기를 벗어난 아이러니를 경험했다 생각하니 실소를 금하지 않을 수 없었다. 기념으로 조약돌을 두어 개 주워 와서 아우라지를 추억하고 있다. 갑자기 불어난 강물에 속절없이 갇혀 님을 만나지 못했던 그 처녀 총각이 오늘날의 첨단 문명을 본다면 무어라 할까?

1초의 힘

1초는 정말 눈 깜빡할 시간이다. 이 짧은 시간에 우리는 과연 무엇을 할 수 있으랴? 걸음을 걸어도 한두 번 발을 떼는 시간밖에 되지 않고, 말을 한다 해도 문장 하나 발화할 시간밖에 되지 않는다. 그러므로 1초 동안에 무슨 일을 한다는 것은 아예 불가능하다. 하지만 이 1초가 때로는 인생을 바꿔놓기도 하고 역사를 바꿔놓기도 한다. 축구에서는 1초 사이에 골이 들어갈 수도 있고, 농구에서는 3점까지도 얻을 수 있으며, 야구에서도 홈런이냐 아니냐가 1초 사이에 결정되고, 모르긴 해도 골프에서도 1초가 우승을 결정할 수도 있을 것이다. 1초 차이로 자동차 사고가 나거나 안 나기도 한다. 더구나 100m달리기나 수영 같은 경기에서 1초는 물론이고, 0.1초가 큰 차이를 만들어내기도 한다.

어디 비단 경기에서뿐이랴? 우리가 무슨 결정을 할 때 1초 동안 생각의 향방에 따라 그 결과가 엄청난 차이를 가져올 수 있다. 머리가 좋은 사람은 머리 회전이 빠르므로 상황을 빨리 파악하여 어떤 이로운 결단을 내릴 가능성이 크므로 성취도가 높아질 확률이 높다. '순발력'이라고 하는 것은 바로 1초 동안에 어떤 판단을 내리고 문제에 대처하는 방법을 생각해내는 능력을 말한다. 정치가는 순간적인 판단을 잘못하여 본인의 정치생명이 끝나기도 하고 승승장구하기도 한다. 특히 정치가의 판단은 국가의 운명을 바꿔놓기도 하므로 참으로 올바른 판단이 가장 요구되는 직업이다. 모르긴 해도 경제계에서도 CEO의 순간 판단이 그 회사를 흥하게도 하고 망하게도 할 수 있을 거라 생각된다. 앞을 보는 혜안, 넓게 보는 안목, 진취적인 생각, 진정한 용기 이런 것들이 회사를 시대에 맞게 발전시키느냐, 시대에 뒤떨어지고 결과적으로는 회사의 힘을 약화하느냐를 가늠한다. 어떻든 순발력을 가진 사람은 세상을 살아가는 데 보다 유리하다. 운전을 할 때도 집중하고 순발력이 있으면 사고를 안 낼 확률이 매우 높다. 시드니의 유명한 오페라하우스를 설계한 건축 디자이너는 부인이 깎아놓은 오렌지를 보고 아이디어를 얻었다고 한다. 마치 오렌지를 잘라 이리저리 세워 놓은 것 같은 이 독특한 모양의 오페라하우스는 인접해 있는 하버브리지와 함께 절묘한 아름다움을 빚어내어 세계적인 관광지로 주목받고 있다. 이것 역시 1초의 힘을 발휘한 좋은 예다.

난 늘 순발력이 부족함을 느끼며 산다. 왜 맨날 한 박자씩 늦게 생각이 나고 해야 할 말이 나중에야 생각나는지 발을 동동 구를 때가 많다. 어쩌다 한번 순발력을 발휘했다고 스스로 생각할 수 있는 때에는 매우 기분이 좋다. 나의 이런 순발력의 부재로 하여 거절해야 할 때 거절 못해 낭패를 당하거나, 어떤 나쁜 징조가 보이는데도 상황판단을 제대로 못해 나중에 후회한 일도 한두 번이 아니다. 물론 순간적인 기지로 위기를 모면하거나 어려운 문제를 해결한 적이 없는 건 아니다. 그러나 나의 순발력은 평균 이하다. 그러면 선천적으로 순발력이 부족한 사람은 어떻게 해야 하나. 이런 사람은 평소에 성실하게 사는 방법밖엔 없다. 꾸준히 많은 사색을 하고, 많은 책을 읽으며, 오늘 할 일을 내일로 미루지 말고, 학생으로 말하면 복습과 예습을 많이 하면 된다.

이런 학생은 선생님한테서 갑자기 질문을 받거나 예고 없이 시험을 보아도 잘 볼 수 있다. 언제나 '준비'가 되어 있기 때문이다. 이런 성실한 사람은 앞을 읽을 힘도 생긴다. 꼭 무슨 일이 일어난 후에 해결하려면 어렵지만 일어날 가능성에 대비하여 준비하면서 사는 사람은 어떤 어려움이 닥쳐도 해결하기 쉽다. 마치 평소에 저축을 많이 한 사람은 갑자기 돈 쓸 일이 생겨도 당황할 필요가 없는 것과 같은 이치이다. 이렇게 성실하게 산 사람은 그 가운데 스스로 지혜도 터득하게 되는 경우가 많다. 그러므로 우리는 우선 1초도 헛되이 생각지 않는 삶의 태도가 필요하며 평소에 성실히 살아서 주위 사람들로부터 신망을 받아야 한다. 비록 1초의 힘을 발휘하지 못해도 10초, 100초의 힘은 발휘할 수 있어야 한다.

내가 경험한 일 중 입산금지 기간에 '가는 데까지 한 번만 가보고 돌아오겠다.'라고 설득하여 입산 금지 기간에 눈 덮인 백두산 천지를 본 적이 있다. 그때의 그 눈 덮인 백두산의 황홀한 모습은 30년이 지났는데도 잊혀지지 않는다. 미국에서는 이런 일도 있었다. 1989년 UC Berkeley에 교환교수로 갔을 때 일이다. 우리는 식구가 많아(다섯 명) 학교 근방에는 집값이 너무 비싸 조금 떨어진 곳에 친구가 얻어놓은 집에 살게 되었는데, 주위를 보니 흑인촌이 가까이에 있어 우리 애들은 꼼짝없이 흑인학교에 배치될 것이 분명했다. 인종차별을 해서가 아니라 흑인문화는 낯선데다가 아이들이 너무 무서워 할 것 같아 학교 근방의 좋은 학군으로 보내야겠다는 생각이 들었다. 미국도 공립학교는 학군제여서 주소에 따라 자동적으로 가까운 학교에 배치되게 되어 있었다. 그러니 꼼짝없이 이웃학교로 갈 수밖에 없는 상황이었다. 다른 가족들은 모두 일찌감치 받아들이는 분위기였으나 난 해보는 데까지는 해보아야겠다고 생각했다.

샌프란시스코에 있는 교육청에 가서 담당관을 만나 학교를 대학 가까이에 있는 Albany school로 보내달라고 했다. 그 이유로 두 가지를 말했다. 첫째는 그 학교에 한국 친구들이 많아서 우리아이가 그 학교에 가기를 간절히 원한다. 둘째, 우리 내외가 모두 UC Berkeley 교환교수로서, 학교를 가고 올 때 pick up 하기가 쉽다. 한국에서 이곳의 지리를 잘 몰라 이 주소로 집을 얻게 되었으니 한 번만 편리를 봐주면 감사하겠다고 했더니 지금 말로 한 것을 글로 쓰란다. 그대로 글로 써서 주었더니 알았다면서 그 자리에서 우리가 원하는 학교에 입학하는 서류를 만들어 주었다. Albany School은 UC Berkeley 교수 자녀들이 주로 다니는 학교로 그 지역에서는 명문 학교였다. 이렇게 하여 우리는 학군이 아닌데도 명문학교에 애를 보낼 수 있게 되었다. 미국의 행정은 이렇듯 신축적이고 합리적이기 때문에 정말 말만 잘 하면 덕을 볼 때가 있다.

1991년에 막 수교는 했으나, 아직 한국 사람들이 자유롭게 옛 소련을 드나들지 않던 시절 나는 '소련에서의 한국어학과 한국어 교육'이란 주제로 국제대회를 하기 위해 모스크바를 단신으로 방문한 때가 있었다. 그때는 소련이 붕괴되기 직전이어서 식당에 가도 밥을 사 먹기가 어렵고, 밥을 사 먹을 수 있더라도 음식이 형편없었으며, 카페 같은 것도 없어서 꼭 약속된 데가 아니면 가기가 매우 어려웠다. 따라서 일정에 없던 일을 하는 것은 거의 생각할 수 없었다. 그런데 나는 1초의 힘을 발휘하여 2500만 권의 장서를 자랑하는 소련의 최대 도서관을 구경하고 거기에 내 책도 꽂혀있는 것을 보고 감동한 적이 있다. 나의 일생 중 몇 번 안 되는 순발력을 발휘한 예다. 정말 1초 동안 내가 현실에 순응하는 생각만 했다면 두고두고 후회했을 것 같다.

내가 고려대에 올 때도 그랬다. 나는 이미 경희대 교수로 재직하고 있었기 때문에 구태여 학교를 옮길 필요가 없었다. 경희대학도 충분히 좋았기 때문이다. 고려대 국어교육과에서 국어학으로 교수를 채용하는 공고를 우연히 보고 그냥 넘길 수도 있었지만, 난 결국 원서를 내기로 결심한다. 덕분에 나는 고대 교수가 되었다. 이것도 1초의 생각과 용기 덕분이다. 정말 이때의 나의 용기가 두고두고 자랑스럽다.

창의적인 사고와 교육의 힘

사람이 아닌 것과 사람을 비교해 보면 우리는 모두 같은 "사람"이기 때문에 보편성, 공통성을 훨씬 더 많이 가졌다. 그 공통성 중에서 가장 큰 것은 "언어"를 가진 것이고, 두 번째로, 진취적인 생각을 하고 실천할 수 있는 능력이 있는 것이다. 지구상에 사람과 동물이 함께 살기 시작했다고 해도 그동안 사람이 이룩해 놓은 과학기술과 문명의 발달은 다른 동물로서는 상상도 못 할 일이다. 이러한 인류 문명이 발달한 첫 번째 근원은 인간이 갖게 된 '언어의 힘'이다. 언어가 없는 인간을 생각해보라. 다른 동물과 다를 바 없지 않은가?

언어는 선천적으로 배운다. 어린이는 생후 만 24개월 전후에 말을 하기 시작하는데, 어린이가 말을 배워가는 과정을 잘 관찰해보면 어른의 말을 그대로 모방하는 것이 아니라 "창의적"으로 배우는 것을 발견한다. 즉, 독특한 '어린이 언어'를 만들어내는 것이다. 그 후 나이 들고 학교에 다니면서 조금씩 어린이 언어에서 벗어나 어른이 하는 말과 같은 언어를 사용하게 된다. 언어 외에 인간이 가진 여러 가지 능력 중에서 '상상력'

과 '창의력'은 인류 문화 발달의 가장 큰 원동력이다. 이러한 상상력과 창의력은 누구나 타고나긴 하지만 정도는 사람마다 다르다. 인간의 그 많은 능력이 다 그렇듯이 상상력과 창의력도 노력 여하에 따라 발전 속도나 강도가 달라질 수 있다는 것을 상기할 필요가 있다.

"교육"이 진정으로 어떤 기능을 수행할 수 있다면 학습자의 상상력과 창의력을 자극하고 더 활성화시키는 일이 아닐까 한다. 상상력과 창의력은 진취적인 사고를 할 때에 제대로 활성화되고 구체화된다. 개인이나 사회가 좀 더 발전하려는 의욕이 있을 때 생산적인 사고가 일어나고 이때 잠재해 있던 창의력이 비로소 발현된다. 우리는 창의력이 생겼을 때 그냥 지나치지 말고 그것을 현실화하기 위해 꾸준한 노력을 하면 비로소 새로운 역사를 만들어낼 수 있다.

열세 살 때부터 많은 가족의 가장이 되어 온갖 고생을 다 하면서도 끊임없이 공부하여 드디어 한국의 빌 게이츠가 된 KAIST 박대연 교수(현재는 티맥스소프트 회장)의 이야기나, 빈농의 아들로 태어나 초등학교만 마치고 단신으로 서울을 올라와 상상을 초월하는 고생과 노력을 하여 우리나라 최고의 기업가가 되고 한국의 경제발전에 견인차 역할을 했던 고 정주영 회장, 중학교 때부터 낮에는 일하고 밤엔 공부하여 결국 하버드대학 교수가 되고 유대인으로서는 처음으로 미국 국무장관을 지낸 헨리 키신저, 하버드대학을 스스로 중퇴하고 마이크로소프트 회사를 차려 세계적 부자가 됨은 물론, 세상을 바꾸어 놓은 빌 게이츠의 삶은 우리를 감동시킨다. 이들의 진취적인 사고와 행동이 얼마나 큰 힘을 발휘할 수 있는지 여실히 보여준다.

같은 장애인이라도 자기의 장애를 어떻게 받아들이고 어떻게 사느냐에 따라서 인생이 완전히 달라진다. 루게릭병으로 자신의 몸을 스스로 움직이지 못하면서도 세계적인 우주물리학자가 된 스티븐 호킹 박사, 사지마비의 장애인이면서 존스 홉킨스 대학의 의사로 근무하는 한국의 이승복 박사 이야기는 우리를 감동시키다 못해 숙연해지게까지 한다.

교육이 할 수 있는 가장 중요한 기능은 젊은 사람으로 하여금 진취적인 사고를 하여 창의력을 계발하고 자기의 꿈을 향해 불굴의 투지로 노력할 수 있는 동기를 만들어주는 일이 아닐까 한다. 이러한 창의력을 통해 큰 성취를 했다고 해도 자기 개인의 안위와 명예와 부만을 추구한다면 그 가치와 의미는 매우 적다. 즉 개인의 성취가 곧 사회의 발전으로 이어질 때에 우리는 비로소 그 사람을 존경하고, 그 성취를 높이 평가한다.

존경할 사람이 많은 사회일수록 그 사회는 발전하고 정말 살 만한 세상이 된다. 우리가 '발전'했다고 하거나 '성취'했다고 할 때에는 대부분 사회적인 지위나 명예 그리고 경제적인 성공을 떠올리기가 쉬운데, 진정한 의미의 성공은 그런 것만은 아니다. 즉, 도덕적·인격적인 발달도 그에 못지않게 중요하다. 교육받지 못하고 돈과 명예가 없어도 진정으로 이웃과 아픔을 함께하고, 그들에게 도움을 주고, 공동선(共同善)을 위해 양보하고, 협조하고, 헌신하는 사람이 있다면 그야말로 성공한 사람이다. 테레사 수녀님이나 이태석 신부님이 그 예다. 그런 사람이 되는 데 깨우침을 준 사람이 있다면 그는 진정한 의미의 교육자가 아닐까?

1975년 과학잡지 '포퓰러 일렉트로닉스'의 1월호 표지에 실린 마이크로 컴퓨터인 '알테어'의 사진에서 영감과 확신을 얻은 스티브 잡스와 스티브 워즈니악은 '애플컴퓨터'란 세계 최초의 개인용 컴퓨터를 만들었다. 빌 게이츠와 폴 앨런은 알테어를 위한 프로그래밍 언어 '베이직'을 개발했다. 이들의 도전은 훗날 애플과 마이크로소프트라는 세계적인 최고 정보기술(IT) 기업의 탄생으로 이어졌다.

한편 같은 잡지에 실린 알테어에 탑재된 인텔의 8080 반도체 확대 사진은 당시 미국에 유학 중이던 젊은 손정의를 흥분시켰다. "컴퓨터가 새끼손가락만 한 반도체 칩 안에 압축돼 들어간다는 것은 신선한 충격이었다. 이후 그는 잠잘 때나 외출할 때도 그 사진을 항상 몸에 지니고 다녔다고 한다. 그야말로 '컴퓨터에 인생을 바치겠다'라는 불같은 의지가 생겨 '정보혁명'을 자기 삶의 목표로 정한다. 그가 설립한 소프트뱅크는 세계적 기업으로 성장했고 손정의 회장은 최근 '일본 최고경영자가 뽑은 올해 최고의 CEO' 부문에서 당당히 1등을 차지했다.

이와 같이 각 개인의 창의력이 자유롭게 활개를 펴고 진취적으로 미지의 세계에 도전하는 것을 장려하는 사회적 분위기와 환경이 조성되어야 글로벌 시대에 경쟁력 있는 국가가 될 수 있다. 한국은 일찍 디지털 국가로 진입했지만, 창의력과 진취성이 특별히 인정되거나 칭송받는 사회적 환경이 되어 있지 않으므로 IT 분야의 세계적 인재를 배출하지 못했다. 그저 조금만 이름이 알려져도 정계에서 유혹하거나 스스로 정계로 진출하여 평범한 사람이 되고 마는 것은 안타까운 일이다. 우리도 창의력을 높이 평가하고 각 분야에서 창의성을 보여주는 영웅을 많이 길러내야 한국이 진정한 의미의 힘있는 선진국이 될 수 있다.

한 줄기의 빛

누구든 슬픔, 노여움, 울분, 아픔, 배신감, 허탈감 등의 어둡고 고통스러운 마음을 가지는 때가 있다. 이런 어둠 속에서도 헤어날 수 있는 한 줄기 빛은 있다. 아무리 돌아보아도 온통 암흑만 있는 것 같은 경우에도 정신을 차려 가만히 생각해보면 거기에 반드시 창문 사이로 들어오는 한 줄기 빛과 같은 구원의 길이 있게 마련이다. 이 길은 볼 수 있고, 느낄 수 있는 사람에게만 보인다.

대학에 떨어져도 다시 도전할 수 있다는 희망이 있고, 자식이 없는 사람은 자식 때문에 고생하고 마음 상하고 희생할 필요 없으니 축복이요, 교통사고를 당해도 죽은 사람은 고통 겪지 않고 세상 떠났다는 위안이 있고, 다친 사람은 죽지 않고 생명을 건졌으니 이 또한 축복이며, 살기 불편해도 어딘가 따뜻한 손길이 있게 마련이다.

사랑하는 사람과 헤어지더라도 새로운 사랑을 찾아 나설 수 있고, 직장에서 승진이 되지 않더라도 남보다 오래 직장생활 할 수 있어서 좋을 수 있다. 사업을 하다 실패해도 다시 일어날 수 있다는 신념과 의지만 있으면 재기할 길은 있게 마련이다. 친구에게 배신당해도 따뜻이 위로해 주는 또 다른 친구가 있고, 시험에 떨어져도 재도전할 수 있다. 사방이 막혀있고 캄캄해 보여도 반드시 어느 한구석 희망의 불빛이 있다.

가난한 사람들이 모여 사는 동네는 돈이 없어도 이웃 간에 따뜻한 정이 있고 언제나 서로에게 힘이 되어 준다. 동네에 애경사가 있으면 온 동네가 함께 움직인다. 살기가 팍팍하고 앞이 잘 안 보이던 어려울 때에도 늘 한 줄기 빛이 있었다. 가끔 취직했다는 사람이 나오고, 결혼한다거나 승진을 했다는 기쁜 소식이 들려오면 온 동네의 경사가 되어 잠시나마 시름을 잊을 수 있었다.

1980년대 정치사회적으로 암담하던 시절에 교수와 학생들은 장래만 생각하면 한숨이 나왔다. 학생들이 졸업을 해도 취직이 막막했기 때문이다. 공대생들은 취직이 잘 되었지만, 내가 속해 있는 사범대학은 희망이 별로 없어 보였다. 그러니 강의를 하면서도 진땀이 났다. 이 초롱초롱한 눈빛들이 졸업 후 갈 곳이 없으니 어떡하지? 하는 생각 때문이었다. 그래도 몇 년 지나고 보니 학부 졸업생들은 대부분 취직을 했다. 교사도 되고 기자도 되고 회사원도 되었다. 이도 저도 안 되면 학원가로 진출하여 돈을 많이 벌었다. 대학원에 진학하여 박사학위를 받은 제자들은 교수로 채용되어 나갔다. 먼저 교수가 된 졸업생들이 나중에 후배들을 이끌어주었다. 앞이 안 보이는 어두운 시절이었는데도 결국 다 각자의 길을 잘도 찾아 나갔다. 정말 뜻이 있는 곳에 길이 있었다. 모든 졸업생에게 한 줄기 빛이 눈부시게 비치고 있었다.

우리가 터널을 지날 때 저 멀리서 보이는 한 줄기 빛을 보았을 때 그 안도감과 기쁨은 운전해 보거나 함께 그 차에 타고 있던 사람만 알 것이다. 땀을 흘려 등산을 하지 않은 사람은 산정(山頂)에서 내려다 볼 때의 그 감격과 희열을 도저히 맛볼 수 없다. 숨이 턱턱 막히고, 다리도 아프고 허리도 아프고 도저히 더 올라갈 수 없을 것 같은 순간에도 조금만 여유를 가지고 생각해보면 참고 올라가면 반드시 산 정상이 나온다는 믿음을 가지게 되고, 이런 믿음은 한 줄기 빛이 되어 허위허위 하면서도 다리를 옮겨 놓게 되고 끝내는 산 정상에 올라 기막힌 희열을 맛볼 수 있게 된다. 이건 명예나, 돈이나 권력으로 얻을 수 있는 것도 아니고, 남이 대신해줄 수 있는 것도 아니다.

한 줄기의 빛, 이건 언제 어디서나 보려고 노력하는 사람에게만 보인다. 한 줄기의 빛을 보는 사람은 좌절하지 않으며, 포기하지도 않는다. 만난을 무릎 쓰고 가던 길을 재촉하면 결국 목표를 얻거나 목적지에 도달하게 된다. 대학도 예외는 아니다. 대학사회에도 어둠이 있고 한 줄기 빛이 있다. 현실적인 어려움이 있어도 대학은 새로운 지식의 발굴과 창조의 1차적인 임무 외에도 사회의 소금으로, 도덕 붕괴의 최후 보루로 남아야 한다. 나는 대학에 몸담고 있던 사람으로 이상적인 대학상을 보고 싶다. 12년간 각고의 노력 끝에 들어온 학생들에게도 실망 주지 않고 사회에서 기대하는 모든 것을 충족시킬 수 있는 대학이 되어야 한다. 현실적 어려움으로 고민하는 학생들에게 한 줄기 빛이 언제 어디서나 우리의 희망과 위안으로 남아 있음을 일깨워 주고 싶다.

대인과 소인

공자께서 말씀하시기를 대인은 자기의 부족함이나 허물을 인정하고 고치려 노력하는 사람이고, 소인은 그렇지 않은 사람이라고 하였다. 이것은 곧 사람이란 대인이든 소인이든 부족함이 있고, 허물이 있다는 것을 전제로 하는 말이다. 불교에서는 '이타(利他)'냐 '이기(利己)'냐를 대인·소인의 주요 기준으로 삼는다. 그러나 우리 범인(凡人)의 입장에서 볼 때 대인·소인이 그렇게 뚜렷이 구별되지 않을 때도 많다. 단지 '상대적'인 개념과, '정도성'의 개념에 기대어 상대적으로 '大人的인' 사람에게 대체로 '대인'이라고 하고, '대인'과 대칭되는 사람, 즉 '小人的'인 사람을 대체로 '소인'이라 부른다. 그런데 이 두 부류에 확실하게 드는 사람은 일부분에 속할 것이고, 대부분의 사람은 대인도 아니고 소인도 아닌 '보통사람'일 것이다.

'대인, 대인적인 사람, 보통인 사람, 소인적인 사람, 소인'의 다섯 가지 부류 정도는 구별할 수 있다. 그렇다면 우리는 대략 어느 부류에 속하는지 각자 곰곰이 생각해 보는 것도 우리 자신을 가꾸는 데 도움이 되지 않을까 한다. 교사의 주요 기능은 피교육자로 하여금 대인적(大人的)인 사고를 하고 대인화(大人化)되는 것이 왜 가치있는 일인가를 깨닫게 하는 것일지도 모른다. 교육을 많이 받은 사람은 상대적으로 대인에 가까운 생각을 많이 하고 행동할 것으로 기대할 수도 있다.

하지만 불행하게도 이것은 하나의 신화나 환상일 뿐이라는 느낌이 들 때가 많다. 이건 나의 주관적인 느낌이 아니라 객관적인 통계를 통해서 사실로 드러났다. 경실련이 지난 1년 동안 국회의원들의 국회 출석률을 조사해 보았더니 평균 결석률이 30~40%나 되고, 80% 이상의 결석률을 보인 국회의원도 적지 않았다고 한다. 국민을 대표해서 법안을 만들고, 법안을 심의하고, 국가 예산을 심의하며, 국정감사를 하라고 위임받은 국회의원이 이렇게 국회에 출석하지 않는 것은 직무유기임이 틀림없고, 도덕 불감증 환자로 취급되어야 마땅하다. 온 나라가 IMF 이후로 어려움을 겪고 있을 때도 당리당략 때문에 국회를 열지 않거나 잠시 열어도 정회나 폐회만 일삼아 시급한 민생 현안도 제때 처리해주지 않으면서, 자기들의 세비 올릴 때만 여야가 합심하거나 개인이나 당에 이득이 될 때만 참석하여 투표권을 행사하는 경우가 비일비재하다.

초등학교부터 대학까지 분명히 좋은 이야기만 듣고 '대인'이 되어야 한다는 취지의 교육을 받았을 터인데, 자신과 당 그리고 지역구의 이익만을 좇는 정치가들의 '소인됨'을 누구에게 탓해야 할 것인가? 지도자다운 지도자, 어른다운 어른, 정치가다운 정치가, 스승다운 스승을 찾기가 너무도 어려운 이 현실을 언제 어떻게 바로 잡을 수 있단 말인가? 우리 교육자도 난감하다. 아무리 열심히 교육한다고 하는데도 사회의 악은 커지기만 하고 사회의 정의를 실천하는 사람은 갈수록 적어지니 말이다.

자신감을 잃고, 허탈해지고, 자신이 꿈꿨던 교육의 이상은 점점 멀어져만 가는 느낌이다. 이 땅의 교육자들이여! 만일 우리마저 무너지고, 포기하고, 소인화되어 간다면 우리나라는 미래도, 꿈도, 희망도 없는 삼류 국가로 떨어질 것이 아니겠는가? 반대로 우리가 다시 마음과 몸을 추슬러서 사랑과 덕으로 우리 제자들을 가르친다면 지금과 같이 조금씩이라도 선진 국가로 계속 발전해 가지 않겠는가?

선진국가란 반드시 군사적으로나 경제적으로 국력이 강해진다는 뜻만을 가진 것은 아니다. 문화 수준, 국민의 도덕심, 이타심(利他心), 인(仁)의 실천력 등의 잣대로 선진국이냐 후진국이냐를 가늠할 수도 있다. 아니 어쩌면 이러한 덕목이 훨씬 중요하다.

돌이켜 보면 우리의 할아버지, 할머니가 손주에게 들려주신 '덕담'이나, 우리의 그 많은 스승이 우리를 위해 땀 흘려주신 그 노력이 결국 우리로 하여금 너무 엇나가지 않고, 너무 건방지지 않고, 너무 이기적이지 않게 사는 데 뭔가 하나의 채찍으로 작용하지 않았을까 하는 생각이 든다. 우리도 조상과 스승에게서 받았던 '사랑과 교육의 은혜'를 우리 후손에게 되돌려줘야 한다. 비록 뿌리는 만큼 다 거두지는 못해도 단 얼마큼의 씨앗은 파란 잎이 돋고, 줄기가 굵어지며, 꽃과 열매도 맺지 않겠는가? 단 몇 분의 일이라도 '대인'에 가까운 제자가 나와 준다면 보람을 느끼지 않을까? 아무리 교육자의 권위가 땅에 떨어지고 공교육이 무너졌다고 하지만 그래도 잘 찾아보면 구석구석 묵묵히 교육자의 소임을 다하는 훌륭한 스승, '대인' 만들기에 오늘도 구슬땀을 흘리는 우리의 '선생님'이 많이 계실 것이다.

어디 교육자뿐이겠는가? 미화원 중에도, 농부 중에도, 기능공 중에도,

말단 공무원 중에도 그리고 말단 회사원 중에도 분명히 '대인다운 사람'이 있을지니 절망은 금물이다. 사이비 성직자가 많다고는 하나 그래도 잘 찾아보면 우리의 메마르고 거친 마음을 쓰다듬어주고 순화시켜주실 신부님, 목사님, 스님이 계시고, 우리의 싸늘한 가슴을 훈훈하게 데워줄 예술가의 맑고 순수하며, 열정적인 예술혼이 있다. 장차 우리나라를 이끌어줄 대인다운 정치가가 어디선가 마음과 몸을 닦고 있을지도 모른다. 우리는 이들 '대인다운 사람'을 찾아 나서야 한다. 그들에게서 대인의 길로 들어가는 삶을 다시 배워야 한다.

옛날 앨범에서 찾아낸 보람

어느 날 오후 필요한 사진이 있어 앨범을 뒤지는 중에 나온 사진 두 장이 나를 13년 전 여름 인도네시아 자카르타로 인도했다. 한 장은 인도네시아 고용노동부 장차관 및 간부들과 찍은 사진이고, 다른 한 장은 제27고등학교 교장, 교감, 선생님들, 학생들과 함께 찍은 사진이었다.

2004년 7월 초 당시 한국어세계화재단 이사장이었던 나는 뜻밖에도 인도네시아 고용노동부 장관의 초청을 받았다. 인도네시아는 인구 2억6천만 명으로 세계 5위 국가이고, 경제력 15위인 중견국가로, 수도 자카르타는 세계적인 도시 중 하나이다. 나는 비행기 안에서 자카르타를 간 김에 무언가 좀 더 뜻깊은 일을 해야겠다는 생각이 갑자기 들어 이런저런 궁리를 하던 중 두어 가지 아이디어가 뭉게구름처럼 피어올랐다.

우선은 인도네시아 고용노동부 장관을 만나 왜 나를 초청했는지 알아보아야 하고, 두 번째, 세 번째 일을 해야겠다는 생각이 나서 이것저것 전략을 세우자니 탑승 8시간이 별로 지루하지 않았다. 드디어 자카르타 국제공항에 도착하니 "Welcome Professor Youngsoon Park"이라는 피켓을 들고 나를 기다려주는 사람이 두 명 있었다. 나는 그들과 반갑게 인사하자 그들이 나를 태우고 간 곳은 Hilton호텔이었다. 호텔에 내려주고는 '체크인하고 방에서 좀 쉬셨다가 저녁 7시에 2층 일식당으로 내려오시기 바랍니다.'라고 하고는 가 버렸다.

나는 잠시 방에서 쉬고 난 뒤 약속된 장소로 내려갔는데, 무려 8명이나 되는 사람들이 나를 기다리고 있었다. 서로 명함을 교환하면서 보니 고용노동부의 국장, 과장급의 사람들이었는데 모두 여성이었다. 나는 신기하고 놀라워서 대뜸 질문부터 했다. "고용노동부에 여성공무원이 이렇게 많습니까?", "예, 많습니다." 하는 것이었다. "이유가 뭡니까?" 하니 "아주 우연입니다. 고용노동부를 지원한 여성들이 많았기 때문이지요." 하는 것이 아닌가.

나는 속으로 많이 놀라며, 갑자기 이 나라의 공무원 채용제도에 호기심이 생겨 이것저것 물어보게 되었다. 알고 보니 인도네시아는 공무원을 채용하는 방법이 우리와 비슷하지만 다른 점이 있었다. 인도네시아에서는 1차 일반시험에 합격하면, 각자 자기가 원하는 부처를 정해서 2차 시험을 본다는 것이다. 부처마다 알아야 하는 내용이 다르니, 부처별로 따로 시험을 본다는 것이다. 매우 합리적인 제도라는 생각이 들었다. 그러니까 고용노동부에서는 고용노동부에서 일하기 위해 알아야 한 법이나 제도, 경제 이론, 노동법, 고용법 등을 테스트한다는 것이다. 마침 고용노동부에 지원한 응시자 중 여성이 월등하게 많았으므로 자연스럽게 여성 공무원이 많고, 따라서 여성 간부도 많다는 것이다.

또 하나 인상적인 것은 그들 모두가 영어를 잘 한다는 것이었다. 그들은 돌아가며 나에게 질문을 했는데, 하나같이 한국어능력시험과 관련된 것이었다. 우리 재단이 고용허가제에 따른 한국어능력 시험을 주관하므로 하나의 정보라도 더 얻어 오라는 장관의 뜻이었다. 고용노동부 입장에서는 노동자를 한 명이라도 더 한국에 보내야 하므로 이 시험은 매우 중요했다.

이튿날 11시에 장관실에 갔더니 장관, 차관, 기획실장, 노동국장이 모두 함께 있었다. 장관이 먼저 입을 뗐다.

"초청에 응해줘서 고맙다. 초청한 이유는 두세 가지 협의할 것과 부탁할 게 있어서"라고 하며 이야기를 꺼냈다. 장관 역시 영어가 유창했다. 첫째는 자기 나라의 노동자들이 취업차 한국에 가는데, 모든 절차가 끝나고 한국 비자만 받으면 되는 단계에서 종종 비자가 거절되어 난처한 상황이 된다는 것이다. 그 이유인즉슨 인도네시아에서는 언제든지 원하는 대로 성과 이름을 다 바꿀 수 있는 제도여서 노동자가 한국어능력시험 볼 때 쓴 이름과 나중에 비자를 받으려고 서류를 낼 때의 이름이 달라져서 비자를 못 받아, 한국어능력시험과 신체검사에 합격하고도 한국에 못 가는 경우가 있다는 것이다. 여기까지 오기 위해 그 사람은 1년 이상 한국어 공부를 했고, 돈도 많이 들고 직장조차 그만두었는데 한국의 입국 비자가 거절되면 매우 곤란하다는 것이다. 그러니 박이사장님이 이 문제를 좀 풀어달라는 것이다. 나는 인도네시아 내국법으로는 이름을 언제나 자유롭게 바꿀 수 있지만, 한국법으로는 도저히 안 되므로 차라리 한국에 오고자 하는 노동자들에게 이름을 바꾸지 말 것을 교육하는 것이 빠를 것 같다고 했다.

그다음 문제는 자기 나라의 노동자가 한국어능력 시험에 많이 떨어지므로 모의시험을 먼저 한번 치게 하고 싶으니 한국어세계화재단에서 모의시험을 한번 봐달라는 것이었다. 몇 명이나 보게 될 것 같으냐고 하자 2000명은 넘을 것이라고 했다. 그러면 응시료로 얼마를 생각하느냐니까 1인당 10불이면 안 되겠느냐고 했다. 전혀 생각지 않았던 터라 조금 당황했지만, 한국에서 출제하고 채점까지 해서 결과를 통보하려면 꽤 많은 시간과 인력, 그리고 경비가 들 것 같았다. 대충 생각해도 10불 가지고는 도저히 안 될 것 같았다. 그래서 나는 30불은 되어야 할 것 같다고 하자 노동자들이 가난하므로 그만큼은 부담할 수 없다고 했다. '그건 이해된다. 그러나 우리 재단도 정부에서 지원받아 운영하는 기관이므로 큰 적자를 보고는 일을 수행할 수가 없다'고 했더니, '그러면 20불이면 안 되겠느냐'고 했다. 그래서 내가 그럼 25불로 하되, 노동자한테는 10불만 받고 나머지는 노동부에서 지원하면 되지 않겠느냐고 제안했더니 자기들끼리 한참을 의논한 뒤 그러면 25불로 하자고 했다. 그렇게 하여 바로 그 자리에서 한 달 뒤에 모의고사를 보기로 하는 계약서에 사인하고 기념사진을 찍고 점심을 함께 먹었다. 사실 우리 재단으로서도 이런 모의시험을 보는 것은 매우 유익했다. 본시험 출제의 경험도 되고, 난이도를 조정하는 데도 도움이 될 것이기 때문이다.

점심 후에는 노동자를 교육하는 기관에서 한국어능력시험 준비를 어떻게 해야 하며, 한국에 입국하기 위해서는 응시할 때의 이름과 비자 신청할 때의 이름이 바뀌면 안 된다는 것을 알려주고 질의응답을 하고 헤어졌다.

나는 비행기에서 생각했던 두 번째 일을 이행하기 위해 택시를 타고 인도네시아의 최고 국립대학인 국립인도네시아대학을 방문하여 인문대학장과 국제교류처장을 찾았다. 그들에게 '이 대학에 한국어학과를 개설하는 게 어떠냐?'고 물었다. 그들은 자기들도 하고 싶지만 한국어를 가르칠 교수가 없어서 할 수 없다는 것이다. 그럼 한국에서 한국어강사를 파견해 줄 테니 그 사이에 졸업생을 한국에 유학 보내서 대학원을 다니게 하면 어떻겠냐고 했다. 정말 한국어강사를 보내줄 수 있느냐고 하면서 적어도 3, 4년간은 와서 가르칠 사람이어야 한다는 조건을 달았다. 대신 인도네시아어는 몰라도 된다는 것이다. 학생들도 모두 영어를 할 수 있으므로 의사소통에는 문제가 없다는 것이다. 일단 인문대 차원에서는 진행하기로 하되, 최종적으로 대학 총장의 결재와 교육부의 인가가 나야 한다며 앞으로 이메일을 교환하자고 합의가 이루어졌다.

이후 Ida Husen 학장과 수십 번의 이메일을 주고받으며 이 일을 성사시켰다. 우리 재단에서 4년간 가서 강의할 사람을 보내주기로 하고 후센 학장은 학과 설치에 필요한 절차를 밟았다. 최종적으로 교육부의 허가까지 받아서 드디어 한국어학과 설치가 확정되었다는 소식과 함께 한 가지 더 부탁이 있다는 것이다. 신설학과이므로 적어도 초창기에는 장학금을 준다고 하면 우수한 지원자가 많을 것 같으니 우리 재단에서 신입생에게 장학금을 좀 줄 수 없느냐고 했다. 최종적으로 우리 재단에서는 10명에게 장학금을 주기로 하고, 나머지는 자타르트타에 진출해 있는 한국 대기업을 찾아 이 소식을 전하고 장학금을 요청하면 그 학생들이 졸업 후 그 회사에 입사하는 조건으로 장학금을 받을 수 있다고 아이디어를 주었다. 결국 40명 전원이 모두 장학생으로 입학하게 되어 국립인도네시아대학 전체에서 한국어학과가 커트라인이 가장 높았다는 소식을 전해왔다. 이렇게 하여 인도네시아의 첫 한국어 학과가 성공적으로 설립되었다.

나는 다시 이 대학에서 가장 가까운 제27고등학교를 방문하였다. 교장, 교감선생님들을 차례로 만나 이 고등학교에서 제2외국어로서 한국어 과목을 개설하면 어떻겠냐고 제안했다. 이곳 역시 '하고 싶지만 가르칠 교사가 없다'라는 것이다. 이곳에도 역시 교사 한 명을 4년간 파견하였고 한국어과목을 수강한 졸업생들은 국립인도네시아대학 한국어학과에 진학하거나, 한국회사에 전원 취직하였다. 인도네시아대학 한국어학과 졸업생 역시 몇 명은 한국으로 유학 오고, 한두 명은 제27고등학교 한국어 교사가 되고, 나머지는 모두 자카르타에 있는 한국기업에 취직하였다. 한국기업들로서도 한국어를 구사할 수 있는 고교졸업생과 대학 졸업생들이 필요했으니 서로가 윈윈이었다.

오랜만에 찾은 빛바랜 두 장의 사진이 나를 아름다운 추억 속으로 안내했고, 60대 초반의 용기와 뚝심으로 일궈낸 성취의 보람을 새삼스럽게 느끼며 남모를 감회에 젖는다. 찌던 더위도 어느새 물러나고 선선해진 공기와 높고 푸른 하늘, 귀엽게 핀 코스모스에서 새삼 오묘한 자연의 섭리를 음미해 본다. 정년퇴임하고 나서 설립한 국제한국어교육문화재단을 통해 한국어의 세계화를 위해 아직도 내가 할 일이 있다는 사실에 감사하며, 기도하는 마음으로 다시 옷깃을 여민다.

잡초를 뽑으며

여름만 되면 마당의 풀을 뽑는 일이 내겐 큰 과제다. 마당에 심어 놓은 채소나 꽃나무보다도 풀이 더 무성하기 때문이다. 다 같은 생명인데 사람에게 필요한 것은 키우고 그렇지 않은 것은 가차 없이 뽑아 버린다. 인간의 이기심이 여지없이 드러나는 현장이다. 아무런 죄의식 없이 풀이란 풀은 모조리 뽑아버리다 문득 풀에게 미안해지는 날이 있다.

'미안하다. 너도 다 같은 생명인데 이렇게 차별을 해서. 하지만 너나 다른 채소나 꽃도 결국은 같은 운명이란다. 너는 조금 일찍 뽑혀서 다시 흙으로 돌아가지만, 내가 고이고이 모시는 채소도 결국엔 다 사람의 입에서 없어지고 말 운명이지. 꽃나무도 결국은 다 죽는다. 타고난 운명대로 한해살이도 있고 여러해살이도 있지만 결국엔 다 흙으로 돌아간단다. 언제까지나 살 것 같은 나무들도 수명이 있고, 우리 인간도 아무리 길어야 100살이 아니니? 너는 억울하겠지만 우리 모두 생명이 유한하니 너무 억울해하지 말아라.' 일 년에 한 번은 잔디에 제초약을 뿌린다. 거짓말처럼 잡초가 나지 않고 가끔 깎아주기만 하면 된다. 그런데 남편이 마당에만 나가면 한참씩 무엇인가 일을 하고 들어온다.

"뭘 했어요?"

"응, 풀 뽑았지."

"내가 다 뽑았는데요."

"나는 잔디에 있는 풀만 뽑아."

"잔디엔 풀도 없는데요. 제초제 뿌리고는 풀이 안 나요."

"모르는 소리, 잔디 속에 숨어 있는 풀이 얼마나 많은데."

"네? 어디 봐요. 도대체 어디에 풀이 있다는 거예요?"

"이것 봐, 꼭 잔디같이 생겼지만 이건 잔디가 아니야. 뽑아보면 바로 뿌리가 이렇게 뽑혀. 잔디는 안 뽑히는데…."

잔디와 전혀 다른 풀들은 제초제에 의해 다 죽는데도, 잔디의 사촌인 이 풀은 꼭 잔디 같은 모양을 하고 살아남아 무성한 생명력을 과시하고 있었다. 언뜻 보아서는 도저히 잔디와 구별하기 어려운 이름 모를 풀의 생명력에 넋을 잃는다. '아! 잡초제거약도 이 풀만은 죽이지 못했구나. 꼭 잔디 같은 얼굴을 하고 있으니 약도 꼬박 속았구나.' 이 풀은 정말 볼수록 잔디와 닮아있다. 모양도 색깔도 크기도 잔디와 매우 흡사하다. 잔디를 자세히 들여다보니 정말 그 풀이 보이기 시작했다. 이 풀은 잔디와는 달리 뿌리를 잔디 위로 낮게 뻗어 가고 있었다. 잔디가 땅속으로 뿌리를 뻗어 가니 땅속으로 들어가지 못하고 잔디 위로 뻗어 가고 있는 것이었다. 그리고 그 뿌리가 잔디만큼 강인하지 않아서 비 온 뒤에 뽑으면 너무도 잘 뽑혔다. 아! 이렇게 차이 나는구나.

신문에서 가짜명품 몇백, 혹은 몇천 점을 압수했다는 기사를 본 적이 있다. 명품도 가짜명품도 사본 일이 없는 나는 갑자기 가짜명품 생각이 났다. 가짜명품도 바로 이 풀 같을 것이다. 언뜻 보면 명품과 너무도 흡사해 보이지만, 전문가가 보면 가짜를 알아볼 수 있는 무언가가 있을 것이다. 뿌리가 바로 뽑히는 잔디 닮은 풀처럼 가짜명품도 분명 무언가 약점이 있을 것이다. 아마 위조지폐도 비슷할 것이다. 일반인이 언뜻 보면 도저히 위폐라는 걸 알아차리기 어렵지만 전문가가 보면 뭔가 약점이 있을 것이었다. 분명히 진짜 화폐에는 가짜와 다른 그 어떤 장치가 있다.

다음 순간 사람에게로 대입이 되었다. 신부님, 목사님, 스님, 교수, 의사, 변호사, 자선사업가를 닮은 사이비가 이 세상엔 분명 있을 것이다. 이들을 가려내는 것, 이건 분명히 우리가 해야 할 일이다. 이들은 곳곳에서 수많은 불법과 비행을 저지르고 있다. 이런 사람들을 찾아내어 이 땅에서 나쁜 짓을 할 수 없도록 우리 모두 감시의 눈을 크게 뜨고 있어야 하지 않을까? '악화가 양화를 구축한다'라는 말이 있다. 정말 가짜가 진짜를 밀어내고 고사하게 하는 일은 막아야 한다. 우리 남편의 "잔디 닮은 풀을 그대로 두면 결국 잔디가 다 죽게 되거나 쇠잔해지기 때문에 반드시 뽑아야 한다."라는 말이 맞는 것 같다.

우리 내외가 미국에서 유학하던 시절이니까, 45년 전쯤에 있었던 일이다. 어느 날 우리는 한 통의 전화를 받았다. '미스터 C'냐고 해서 남편이 그렇다고 했더니 상대방이 막 욕을 퍼부으면서 언제 돈 줄 거냐고 따지더란다. 전화를 받은 남편의 안색이 변하면서 '도대체 무슨 소리냐? 내가 언제 당신 돈을 꾼 적이 있냐? 도대체 당신은 누구냐?'라고 물으니 "나는 이 아무개인데, 내 돈을 언제 빌려 갔고, 언제까지 갚는다 해놓고 왜 안 갚느냐? 목사라는 사람이 이 동네 여러 사람에게 돈을 꾸고는 안 갚고 그리로 도망친 게 아니냐?"라고 대들었다. 남편은 화가 머리끝까지 나서

"나는 그런 목사가 아니라고, 전화를 잘못 걸었다."라고 소릴 질러도 상대방은 막무가내였다. 끝내는 "사기꾼! 우리가 가만두지 않겠다."라고 협박까지 했다는 것이다. 졸지에 사기꾼으로 몰린 남편은 얼굴이 벌겋게 되어 화를 이기지 못하고 있었다. 이후로 그런 전화를 몇 통 더 받았다.

나중에 알고 보니 이웃 대학의 캠퍼스타운에서 목사라며 목회를 하는 C씨 성을 가진 사람이 목사임을 앞세워 여러 사람한테 돈을 빌리고는 잠적한 모양이었다. 그런데 이웃 대학의 캠퍼스타운 전화번호부를 입수하여 C씨 성을 가진 사람을 그 사람으로 착각하여 채권자들이 그렇게 욕을 하고, 가만두지 않겠다고 난리를 피운 것이었다. C씨 성을 가졌으니 같은 사람이라고 단단히 오해한 것이다.

남편은 생전 처음 당해보는 어처구니없는 사태 앞에서 이성을 잃을 정도였다. 그 사건 이후 남편은 '목사'라고 하면 도매금으로 싫어하고, 불신하게 되었다. 이후 진짜 좋은 목사님을 만난 일이 없으므로 '목사'라고 하면 무조건 부정적으로 보는 습관이 생겼고, '목사'라는 말을 듣는 순간 자동적으로 그때가 생각나는 모양이었다. 그 가짜 목사 한 명이 얼마나 많은 진짜 목사를 매도하게 하고 불신하게 하는지 보여주는 좋은 사례이다.

또 한 번은 30년 전쯤의 일이다. 1989년 우리 부부는 U.C. Berkeley의 객원교수로 가게 되었다. 당연히 아이들도 모두 데려가기로 하여 집을 1년간 비우게 되어 전세입자를 구했는데, 마침 우리 성당의 한 분이 우리 집에 전세를 들겠다고 했다. 우리는 반갑고 고마워 깍듯이 인사를 했다. 이 분은 남편과 같이 성당에서 사목위원을 지냈던 믿음직한 분이어서 이분에게 좀 싸게 전세비를 받고 편안한 마음으로 미국을 가게 되었다.

우리가 한국에 돌아오기 한두 달 전부터 언제 한국에 돌아가겠다고 연락을 했다. 그런데 약속한 날에 돌아와 보니 기막힌 광경이 우릴 기다리고 있었다. 그 전세입자가 자기가 살지 않고 자기 친척한테 빌려준 것도 기가 막히는데, 우리 집을 종로학원 다니는 지방의 재수생 기숙사로 쓰고 있는 게 아닌가? 무려 37명이나 되는 학생들을 재우고 먹이고 공부를 시키자니 적지 않은 시설이 필요했다. 집을 온통 쑥대밭을 만들어놨고, 마당도 그토록 잘 가꾸어놓은 잔디가 흔적도 없이 사라졌으며, 마루며, 부엌이며, 계단이며 모든 시설이 엉망이었다. 가족과 종업원들까지 합해 45명이나 되는 사람들이 마구 휘젓고 다녔으니 집은 그야말로 시장바닥이 되어버렸다. 더욱 참담한 것은 자기들이 독서실 등 시설을 갖추느라 돈이 많이 들었으니 몇 년만 더 사업을 계속하게 해달라고 사정을 하는 것이었다. 마음 같아선 무슨 소리냐, 그럼 우린 어쩌란 말이냐 하며 단칼에 거절하고 당장 집을 비우라고 하고 싶었지만, 당장 기숙사를 떠나야 하는 학생을 생각하니 마음이 약해졌다. 그리고 세입자도 사정이 딱하긴 마찬가지여서 그럼 앞으로 몇 년을 더 할 생각이냐니까 10년은 더 하고 싶단다. 할 수 없이 크게 양보하여 5년간만 더 영업을 하고 다른 집을 찾으라고 하였다. 그러고 나니 우린 졸지에 잠잘 곳이 없는 신세가 되었다. 처음에 우리 집에 전세 들었던 그 사목위원은 사과조차 안 했다. 이런 경우는 어떻게 해야 하는지 방법을 몰랐다. 정말 기분 같아서는 고발이라도 하고 싶은 심정이었다.

우선 며칠은 여관과 친척집을 오가며 집을 구하러 다녀야 했다. 결국 반포에 세를 들어 살게 되었고 그로부터 7년 뒤에야 겨우 우리 집에 다시 들어올 수 있었는데, 집은 너무도 많이 망가져 있어 대대적으로 수리를 하지 않으면 안 되는 상황이었다. 마루, 부엌, 화장실 두 개를 모두 새로 하고 방들은 도배를 하고 안팎으로 칠을 하고, 마당에는 다시 잔디를 심는 등 수리비가 어마어마하게 들었다. 수리비를 들여도 해결 안 되는 것도 있어 마음이 매우 언짢았다.

그 이후 남편은 그런 가짜 사목위원이 다니는 성당엔 나가지 않겠다고 선언했다. 회복하는 데 20년이 걸렸다. 20년 동안 냉담하고 나서 겨우 새로운 마음으로 다시 성당에 나가게 되었는데, 행인지 불행인지 아는 얼굴이 거의 없었다. 성당도 세대교체가 되어 있었다. 다시 시작하여 6년째 일요일이면 꼬박꼬박 성당에 나가서 미사를 드리니 한결 마음이 편안하고 가벼워졌다. 참으로 황당한 일을 겪고 나니 사람에 대한 신뢰가 많이 무너지고 성당의 교우에게도 그전과 같은 정다운 감정이 생기지 않았다. 새로 알게 된 몇 명만 겨우 인사하고 지낸다.

잔디의 풀을 뽑으며 4, 50년 전으로까지 기억이 미친 셈이다. 잡초는 운명적으로 사람과는 상극인 모양이다. 어디서나 그 뿌리를 뽑혀야 하는 잡초의 운명이라니…….

어쩌다가 사람의 발길이 잘 닿지 않거나 인간에게 직접 거슬리지 않거나 소나 말의 먹이가 되지 않은 곳에서 자란 풀은 마음껏 자라서 꽃도 피우고 사랑도 하여 열매를 맺는다. 다른 꽃들처럼 화려하지 않아도 잔잔한 아름다움, 수줍은 미소, 귀여운 자태가 여느 꽃과 다르지 않다.

내년부터는 잡초영역을 만들어 볼까나. 잔디나 채소나 다른 꽃에 방해가 되지 않는 곳에 풀들이 마음껏 자라 꽃도 피우고 열매를 맺게 할까? 생각만 해도 설렌다. 풀과 공존할 생각을 하니 풀에 대한 미안함이나 죄의식이 없어지면서 갑자기 떳떳해지고 마음에 생기가 도는 듯하다. 모든 일은 생각하기 나름이다. 지금까지 잡초 제거하는 일을 큰 숙제로 생각했는데 공존할 생각 하니 참으로 즐겁다. 하지만 나는 여전히 이기적이어서 풀을 키우되, 아메리카 인디언 촌처럼 잡초지역에 한해서만 잡초를 방치할 것이다. 잔디와 닮은 풀도 여전히 뽑고 채소와 꽃밭에 난 잡초도 여전히 뽑을 것이다. 나와 잡초의 관계는 여전히 악연이지만 잡초 영역을 만들어 아주 조금이나마 진심을 나누고자 한다.

영웅 만들기

속담은 진리와 교훈 그리고 그 시대 민중들의 삶의 모습과 지혜가 담긴 관용어이다. 대체로 우리가 삶의 원리를 발견했을 때 종종 속담으로 대신하기도 하므로 대부분의 속담은 민중의 공감을 불러일으킨다. 그러나 "사촌이 땅을 사면 배가 아프다."라는 속담은 우리 사회가 반드시 버려야 할 정서라고 생각한다. 이것이 정말 우리의 진솔한 민족성 중의 하나라면 우리 사회의 발전은 기대하기 어렵다. 사촌이 땅을 사면 함께 기뻐하고 축하해야지 어째서 배가 아프단 말인가? 우리의 가족은 물론, 우리의 친지, 이웃, 더 나아가 우리나라가 잘 되는 것이 모두 내가 잘 되는 것이 아니란 말인가?

21세기의 치열한 국제 경쟁에서 우리 모두 힘과 마음을 모으는 일보다 더 절실하게 필요한 덕목은 없다. 왜냐하면, 정치가도, 기업가도, 노동자도 모두 "나"가 아닌 "우리"가 잘 되기 위해 양보하고, 협조하고 지혜를 모은다면 못 할 일이 없을 것이기 때문이다. 즉 우리 모두가 이기심, 지역 이기심을 버리고 우리나라 전체의 이익과 행복을 위해 사는 자세와 태도를 견지한다면 우리나라의 장래는 그만큼 밝아질 것이다.

만일 21세기에 우리의 2세들에게 교육해야 할 윤리가 있다면 바로 이러한 공동체적 의식과 애국심이 아닐까 한다. 진정한 애국심은 각계각층의 영웅을 키우는 것도 포함한다. 즉 어떤 분야에서든 두각을 나타내는 사람이 있다면 어떻게든 흠집을 내어 아래로 끌어내리는 풍토를 지양하고, 더욱 격려하고, 밀어주어 그 분야의 세계적인 인재가 될 수 있도록 힘과 마음을 모으는 것이 진정으로 나라를 위하는 방법도 된다. 이렇게 수많은 영웅, 또는 세계적인 인재가 많아야만 우리의 2세들이 우리 민족과 우리나라에 대한 자부심을 갖게 되고, 자기도 그런 영웅이 되어 나라를 빛낼 수 있다는 자신감과 사명감을 품게 되며, 이렇게 되었을 때 우리나라는 어느새 최고의 선진국에 우뚝 서 있게 될 것이다.

북한에서는 이미 오래전부터 김일성 부자를 우상화하는 체제를 지켜나가는 하나의 수단으로 온갖 유형의 영웅을 길렀다. 공훈 과학자, 공훈 배우, 공훈 가수, 공훈 기술자…. '공훈' 칭호를 받는 사람은 김일성 부자에 대한 충성심이 남다를 것은 물론이다. 우리 남한은 우리의 민주주의 체제를 존중하고 '대한민국'이라는 국가에 충성하며, 국가를 빛낸 사람을 우리의 영웅으로 대접해주는 풍토를 아직 만들지 못했다. 세계의 어떤 나라를 가 보아도 우리만큼 국민적 영웅이 적은 나라는 없다. 왜 그들의 영웅이라고 사소한 흠도 없고 허물도 없겠는가? 그러나 그들은 큰 공헌이나 재능을 인정해주기 위해 작은 허물은 덮어주기 때문에 영웅화할 수 있는 것이다. 세계적으로 알려진 음악가도, 화가도, 운동선수도, 학자도 기업가도, 정치가도 우리나라와 같은 풍토에선 결국 상처투성이의 한 보통사람이 되기 쉽다. 이 얼마나 안타까운 일인가?

언론의 힘은 거의 무한하다고 할 수 있다. 적어도 언론만은 세상을 보는 특별한 안목과 국가의 비전과 역사 인식이 뚜렷해야 하고 국민을 계도하며, 국가발전에 기여한다는 특별한 사명감이 있어야 하는데 그렇지 못한 경우가 많다. 몇 년 전 MBC의 '성공시대'나 KBS의 '이것이 인생이다' 같은 프로그램은 매우 긍정적인 평가를 받을만하다. 다른 TV나, 신문에서도 이런 유형의 프로그램을 많이 개발하면 좋을 것 같다. 재능이나, 노력이나, 인격이나, 사상, 더 나아가 일상생활에서까지도 타의 모범이 되는 사람은 누구나 영웅이 될 수 있고 이들 영웅들을 많이 배출할수록 우리나라의 장래는 그만큼 밝아질 것이다.

사회에 영향을 미칠만한 사람은 올바른 역사관으로 국가 이익이 모든 것을 우선시하는 도의적 책임감이 투철해야 한다. 그러면 그들은 자연적으로 영웅을 키우는 일에도 결정적인 역할을 할 수 있다. 각급 학교에서도 학생이든, 교육자든, 행정직원이든, 환경미화원이든 숨어있는 인재, 숨어있는 선행, 남다른 아이디어를 가진 숨어있는 영웅을 찾아내어 소개하고 격려하는 일이 진정한 의미의 교육이 되지 않을까? 학업성적이 뒤떨어지는 학생일수록 그만이 가진 특별한 재능이나 창의력을 찾아 칭찬하고 격려해 준다면 그 학생이 장차 어떤 위대한 영웅이 될지도 모르는 일이다. 모든 청소년이 자기 분야에서 영웅 대접을 받는다면 그들은 무한한 힘을 발휘하고 자기의 적성을 극대화할 것이다. '칭찬은 고래도 춤추게 한다.'는 진리는 어느 때나 통한다. '고통은 나눌수록 적어지고 기쁨은 나눌수록 커진다.'라는 속담이 우리의 믿음과 실천적 덕목이 된다면 우리나라는 그야말로 살만한 나라, 앞서가는 나라가 되지 않을까?

내가 존경하는 사람들

세상에는 내가 존경할 수 있는 사람이 도처에 있다. 나라에 공이 있는 사람은 무조건 나에게 존경의 대상이다. 특별한 능력이 있는 사람도 존경의 대상이다. 공부도 많이 하지 않고 돈도 별로 없고 명예와 권력이 없어도 자기가 가지고 태어난 능력을 최대로 발휘하는 사람, 장애자나 10대 가장의 어려움을 나누고 그들을 위해 온갖 수고를 아끼지 않는 사람도 존경한다. 넉넉하지도 않은 살림에서도 가난한 이들과 나눔의 생활을 하는 사람, 외국에 나가 조국의 이름을 빛내고 국력 신장에 공헌하는 사람, 사회의 어둡고 힘든 일을 묵묵히 해나가는 환경미화원 역시 내가 존경할 수 있는 사람들이다.

국방의 수호신으로서 젊음과 정열을 국가의 안보를 위해 바치는 장병, 가진 자의 횡포를 감시하고 사회의 어두운 곳을 밝히는 자원봉사자, 사회의 질서와 안녕을 위해 밤낮을 가리지 않고 일하는 경찰과 119대원, 소방관, 열악한 환경 속에서도 우리의 귀여운 2세들을 돌보는 유아원과 유치원, 그리고 초중등학교 선생님 모두 나에게는 감사하고 존경스러운 분들이다.

어디 그뿐이랴? 말없이 장애자를 돕거나, 무의탁 노인을 돌보는 자원봉사자, 자연환경을 보존하기 위해 애쓰는 자연보호운동가, 억울한 일을 당해도 돈이 없어 법의 혜택을 받지 못하는 사람에게 무료 법률상담을 해주는 고마운 법조인…. 수없이 많은 분야에서 사회의 소외계층을 위해 좋은 일을 찾아 선행하는 시민 단체 모두 고맙다.

그러고 보니 난 사회에 많은 빚을 진 것 같다. 사회적 혜택을 많이 받았고, 부모형제, 남편, 자식, 동료, 제자, 친구에게도 많은 빚을 졌다. 하느님으로부터도 많은 축복을 받은 셈이다. 그러니 나의 삶은 온통 빚쟁이다. 유일하게 자위할 수 있는 게 있다면 나 자신의 이익을 위하여 어떤 개인이나 단체에 고의로 해를 끼치는 일은 하지 않았다는 점이라고 할까? 그러나 이것만으로는 충분하지 않다. 뭔가 남에게 보탬이 되고 필요한 사람이 되어야 한다.

새로운 밀레니엄을 맞이하여 옷깃을 여미고 겸손한 마음으로 분발해야겠다. 나 자신보다는 남을 먼저 생각하고 나의 편리나 이익보다는 남의 편리나 이익을 먼저 고려하며, 사회의 어둡고 잘못된 곳을 찾아 봉사하는 삶을 살아야 한다. 인터넷 시대에 우리에게 주어진 과제는 세계화·정보화로 대표되는데, 이 시대적 사명을 찾아 내가 할 수 있는 일을 해야 한다. 또한, 나의 직접 관련된 일 외에도 인간성을 되찾고 진정으로 사람답게 사는 길을 찾아 나서야 한다.

인터넷 시대에 자칫 잊기 쉬운 소외된 사람들을 찾아 따뜻한 손길을 보내야 한다. 또한, 인터넷을 이용하여 좋은 일에 써야 한다. 예를 들면 누구에게나 유익한 정보를 나눈다든가, 헤어진 가족, 친지, 스승, 친구를 찾는 일, 좋은 책 소개, 외로운 사람에게 편지 쓰기 등등 할 일은 얼마든지 있지 않을까?

아주 어렵게 번 돈을 악착같이 저축하여 마련한 큰돈을 대학발전을 위해 기부하는 할아버지 할머니의 미담이 신문에 실렸다. 이런 분들이야말로 내가 존경하는 사람들이다. 자기가 가진 것을 사회에 내놓는다는 건 누구나 할 수 있는 일이 아니다. 나누는 삶을 사는 사람은 누구나 나에게는 존경의 대상이다. 존경의 대상은 많을수록 좋다. 만일 대부분의 국민이 나에게 존경의 대상이 된다면 우리나라는 세계에서 가장 살기 좋은 나라가 될 것이다.

공부를 많이 하지 않아도, 좋은 직장을 가지지 않아도 존경받을만한 사람은 도처에 있다. 시부모님을 지성으로 공경하는 사람, 장애자를 잘 돌보는 가족, 돈을 벌면 그중 일부는 반드시 나눔에 사용하는 사람, 길거리의 쓰레기를 줍는 사람 모두 고맙다. 어린 생명의 탄생을 돕는 산부인과 의사, 위급한 환자에게 정성을 쏟아 생명을 구하는 응급실 의사들도 모두 존경의 대상이다. 나는 이런 존경의 대상에게 절이라도 하고 싶고, 힘찬 박수라도 보내고 싶다. 이들은 비가 온 뒤의 햇볕같이 세상을 밝히는 분들이다.

아카풀코 해변

1989년 4월 18일 샌프란시스코에서 우리를 태운 유나이티드 항공기가 멕시코시티 공항에 내렸다. 예약된 호텔에 가기 위해 택시를 탔는데 시내에 들어오자마자 자동차 안쪽으로 스며드는 탁한 공기에 숨이 막힐 지경이었다. 어마어마한 자동차 물결은 우리를 더욱 긴장시켰다. 기사보고 왜 이렇게 갑자기 공기가 나쁘냐고 묻기 위해 혹시 영어를 할 수 있느냐고 했더니 조금은 할 수 있단다. 다행이다 싶어 왜 이렇게 공기가 탁하냐고 물었더니 건기의 마지막 달이어서 그렇단다. 알고 보니 11-5월까지는 건기이고, 6월~10월까지 다섯 달은 우기란다.

그러니까 우리는 건기의 마지막 한 달을 앞둔 시점에 멕시코시티에 간 셈이었는데, 2200m 고지의 분지로 이루어진 멕시코시티는 건조하고 고온의 날씨에 6개월째 거의 비가 오지 않은 상태여서 우리가 도착했을 때는 도시의 매연이 최절정을 향해가는 시점이었다. 이 운전기사 말로는 이 도시에 사는 어린이들이 이 엄청난 매연과 미세먼지로 하여 일 년에 IQ가 2점씩 떨어진다는 것이다. 진위를 따지기보다 우선 숨이 막히고,

목이 아파오는 나의 몸 상태가 증명해 주는 것 같았다. 호텔 안에 들어와 여장을 풀고 물이라도 마시니 좀 살 것 같았다.

이튿날 남편은 지진 관련 세미나에 가고(1985년의 멕시코 대지진의 후유증을 해결하기 위한 미국 UC 버클리대학과 국립멕시코대학 토목과 교수들의 세미나에 당시 버클리 대학 교환교수였던 남편도 초청을 받아 이곳에 함께 온 것이었다.) 나는 호텔에 비치된 멕시코 소개 책자를 얼른 보고 이 나라에서 꼭 보아야 할 곳을 찾아냈다. 멕시코시티에서는 인류학 박물관과 테오티와칸, 그리고 아카풀코 해안과 마야 문명과 아름다운 해안을 가진 칸쿤으로 압축되었다.

우선 나 혼자서 국립인류학박물관부터 보기로 하였다. 우리가 묵고 있던 호텔에서 걸어서 2, 30분 거리에 있었다. 이 나라의 고대 유적을 한눈에 볼 수 있는 이 박물관에는 인류학, 인종학, 고고학 관련 유물 60만 점이 시대별로 잘 정리되어 1층에 전시되어 있고 2층은 원주민인 인디오들의 유물이 전시되어 있었다. BC. 5000년 전의 그림과 토기, BC 220-AD 900년의 고전기의 프레스코와 조각상 등의 다양한 유물, 스페인 정복자들의 도착(1519-22)과 함께 시작되는 후고전기의 유물로는 정교한 의식용 접시, 장식품 및 장신구, 신에게 바쳐진 거대한 그림 등이 눈길을 끌었다. 가장 유명한 전시물로는 올멕 문화의 걸작인 군상(Group of Figures)과 세계사를 상징하는 아즈텍 문화유적인 태양석(Sun Stone)이 있었다. 무려 7000년 동안의 역사유적을 가진 이 박물관이 부럽기만 하다. 지금의 현대식 건물은 1964년에 건립되었다고 한다.

멕시코는 아즈텍 문명·올멕 문명·마야 문명, 정복자였던 스페인의 문화를 보존하고 있는 나라로, 수도인 멕시코시티는 유네스코로부터 도시 전체를 하나의 세계문화유산으로 지정받은 대단위 유적지이다. 이튿날은 先 스페인 도시인 테오티와칸 (Pre-Hispanic City of Teotihuacan)을 찾았다. 테오티와칸은 멕시코시티 북방 40㎞에 위치한 피라미드 도시로서 AD 1~7세기에 건립되었으며 테오티와칸이란 '신이 창조한 도시'라는 뜻으로 고대 아즈텍 문명의 유적이 남아있다. 멕시코의 영화가 절정에 달했을 때 인구 13만 명이 살았던 도시로 콜럼버스의 아메리카 대륙 발견 이전에 가장 큰 도시였으며, 절정기 동안 이 도시 인구는 같은 시기의 전 세계 모든 도시를 통틀어 가장 많은 인구 수였다. 이 유적지에 거주한 문명 또는 문화집단은 테오티와칸 문명[teotiwakan] 또는 테오티와카노[teotiwakano]라고 불린다. 테오티와칸은 4km에 이르는 '죽음의 대로'를 중심으로 양편에 광활한 유적지가 펼쳐진다. 중심에 서 있는 '태양의 피라밋(Pyramid of the sun)'은 그 밑변이 220m인 사각형 위에 높이 65m, 248개의 계단으로 구성되어 있다. 이 계단을 구름 한 점 없는 뜨거운 햇볕을 안고 땀을 뻘뻘 흘리고 걸어 올라갔다. 이 거대한 피라미드는 벽돌과 흙으로 만들어졌으며 그 위는 자갈과 돌이 덮고 있다. 피라미드 안에는 미로처럼 방과 터널들이 이어져 있었다. 신에게 바치는 뜻으로 만들었을 것으로 추정되는 온갖 동물들의 돌조각이 시선을 끌었다.

'달의 피라미드'는 서기 350년경에 건조된 것으로 태양의 피라미드보다 크기가 작지만 지형이 높아 멀리서 보면 태양의 피라미드와 큰 차이가 없다. 여기에서 테오티와칸 유적지를 한눈에 조망할 수 있다. 북쪽 끝에 있는 달의 피라미드에서부터 2.5킬로미터의 드넓은 죽은 자의 길이 뻗어있다. 16만 평방킬로미터의 공간에 15개의 피라미드와 여러 형태의 건축물이 있다. 지금까지 피라미드는 이집트에만 있다고 생각했던 나의 무식이 멕시코에 와서 들통 날 줄은 몰랐다. 이집트의 피라미드는 왕들의 무덤이라면, 멕시코의 이 피라미드는 태양과 달에 왕과 백성들이 바치는 신단이라는 점이 다른 것인데, 이곳의 피라미드가 그 규모 면에서 이집트의 피라미드보다 결코 작지 않다. 우리나라도 이런 세계적인 유적이 있으면 얼마나 좋으랴! 북한과 통일되고 옛 고조선의 영토를 되찾아 유적 탐사를 해보면 혹시 이런 것 비슷한 거라도 나오지 않을까 하는 몽상도 해본다.

셋째 날은 남편을 졸라 아카풀코 해안을 가기로 하고 호텔 안내원한테 물으니 아침 8시에 호텔 앞에서 버스를 타면 아카풀코 해안을 갈 수 있단다. 서둘러 간단히 아침을 먹고 버스에 몸을 맡겼다. 버스를 타고 가면서 나타나는 풍경은 우리를 충격에 빠뜨렸다. 우선 간선도로인 이 도로는 왕복 2차선 도로였는데 끝없이 달리는 동안 자동차가 한 대도 없고, 좌우로 나타나는 모습은 황무지뿐이었기 때문이다. 간간이 마을을 지나게 되면 일 년은 안 씻은 것 같은 새까만 아이들이 알몸으로 몸에는 뱀을 칭칭 감고 잠깐 선 버스에 매달려 승객에게 손을 벌리고 있었다. 이것이 이들의 유일한 수입원인지도 모른다. 원래는 농사를 지은 듯했으나 농토는 모두 기후 탓에 황무지로 변하고 이들은 현대문명과는 아무런 상관없이 원시인의 모습으로 살아가고 있었다.

난 갑자기 하늘이 너무도 공평하지 않다는 생각이 들었고 멕시코의 장래가 갑자기 집안일이라도 되듯 걱정스러워졌다. 연신 성호를 그으며 이 나라를 축복해달라고 기도드렸다. 버스는 계속 높은 언덕을 향해 달려가고 있었다. 얼마나 달렸을까? 이게 웬일인가. 이번에 나타나는 풍경은 오아시스 바로 그것이었다. 'Texaco'라는 조그만 고지대의 도시로 'You are in the heaven'이라는 팻말이 말해주듯 우리 일행은 몇 시간 동안 길고 지루한 사막만 보고 오다가 그야말로 천당에 온 느낌이 들게 하기에 충분했다. 숲이 우거지고 아름다운 집들로 이루어진 동네 한복판에 아담하고 깨끗한 호텔이 있었는데, 여기서 하룻밤 자고 내일 아침에 아카풀코로 떠난다고 안내원이 말한다. 지정된 객실로 들어갔더니 너무도 아름답고 깨끗한 방이 우리를 맞이해 주었다. 물도 펑펑 나오고 모든 시설이 훌륭했다. 우리는 정말 색다른 여행을 하게 되었다고 기뻐하면서 부유하게 사는 집들도 밖에서나마 구경하면서 숲속을 산책하니 꿈만 같았다.

이른 아침을 먹고 우리는 다시 버스에 몸을 실었다. 다시 이어지는 사막들…. 우리가 도착한 곳은 멕시코 소개 책자에 'breath taking beauty'라고 묘사된 아카풀고 해변이었다. 호텔에서 여장을 풀고 베란다에 나가보니 아! 이 상쾌한 공기며, 18도 안팎의 완벽한 기온에 창밖으로 보이는 해변이 예사롭지 않았다. 아무리 피곤해도 나가보지 않으면 안 되겠다. 호텔 로비에서 해변까지는 1분도 안 걸렸다. 해변에 선 우리에게 나타난 것은 정말 숨막히게 아름다운 비경 바로 'breath taking beauty' 그것이었다. 여름이면 아이들 데리고 해운대며, 대천이며, 경포대며 전부가 보았으나 해변이 아름답다는 느낌을 한 번도 받아 본 적이 없었다. 그저 북적거리는 사람들과 바가지 씌우는 장사꾼, 해변 규모에 비해 사람이 너무 많고, 또 너무나 더운 여름에만 가서 뜨거운 햇볕을 가리느라 급급했던 기억밖에 없다. 하와이 와이키키 해변조차도 특별히 아름답다는 느낌을 못 받았던 나로서는 지금 내 눈앞에서 펼쳐지고 있는 이 아카풀코 해변의 아름다움에 입을 다물지 못했다.

바다를 건너 오른쪽은 숲이 우거진 산이 병풍처럼 둘러쳐져 있고, 바다의 왼쪽에는 얕은 산등성이로 그림 같은 집들이 드문드문 있고, 해변 가까이에는 너무도 예쁘게 지은 호텔이 늘어서 있었다. 해변에는 어디서 왔는지 늘씬한 금발의 서양 미인들 일이십 명과 그 밖의 사람들 이삼십 명 정도밖에 없었다. 물도 너무나 깨끗하고 맑고 모래도 그토록 부드럽고 깨끗할 수 없었으며, 날씨도 더 이상 쾌적한 온도일 수 없어 정말 완벽한 해변의 모습이 나타났다. 천당인들 설마 이보다 더 좋으랴 싶었다. 산다는 것이 참으로 행복한 일이라고 느껴지는 순간이었다.

나중에 알고 보니 이 해변이 바로 케네디 대통령이 재클린과 함께 신혼여행을 왔던 곳이라는 것, 그리고 별장같이 보였던 그 아름다운 저택들은 프랭크 시내트라를 비롯한 유명한 미국의 연예인과 부자, 그리고 일본의 부자들이 사놓은 별장이라고 한다. 해변에서 몇 시간을 놀고 우린 다시 시내 구경을 하였다. 멕시코시티에서와 같은 매연도 없고 거리의 사람들은 모두 행복해 보였다. 저녁이 되어 식당을 찾는데, 일본 사람들이 많이 오는지 낯선 동양 사람을 보고 "곰방와", "하이 이라샤이마세"를 서툰 발음으로 연발하며 우릴 들어오라고 하였다.

중국집은 찾지 못해 결국 안전하게 스테이크집에 갔는데 음식값도 너무 싸고 양도 많이 나왔다. 샌프란시스코에서 멕시코시티로 올 때 카메라를 잃어버려 사진은 한 장도 못 찍었지만, 그 덕에 오히려 모든 전경을 눈으로 보고 마음에만 새기게 되어 오랜 시간이 지나도 멕시코 여행에서 보았던 것은 지금도 머리에서 지워지지 않는다. 우리가 여행 가면 대체로 남는 건 사진밖에 없다며 사진을 많이 찍는 경향이 있는데, 막상 카메라 없이 여행을 해보니 모든 볼거리를 더 유심히 보고 시간이 지나도 오히려 더 또렷하고 오래도록 기억에 남는다. 아이들을 데리고 가지 못한 것이 못내 아쉬웠다. 30년이 지났는데도 '아카풀코'라는 말을 들으면 지금도 가슴이 설렌다.

일의 선후와 경중

우리가 보통 '바쁘다', '바쁘다' 하는 경우가 많은데 그만큼 여러 가지 일을 많이 한다는 것이다. 그런데 정신없이 여러 가지 일을 하다보면 길을 잃기 쉽다. 즉 자기 정체성이 흔들릴 수 있고, 반드시 해야 하는 일은 밀리거나, 꼭 내가 하지 않아도 되는 일에 너무 많은 시간을 썼다는 걸 깨닫기도 한다. 그런데 이것을 깨달았을 때는 너무 늦었을 경우가 있다. 그러므로 자주 선후를 따져서 일하고 있는지, 경중을 따져서 일하고 있는지 한 번쯤 체크할 필요가 있다. 그렇게 하지 않으면 앞뒤가 뒤바뀔 수 있기 때문이다.

회사원이 주말 봉사를 한다고 가정해 보자. 주말 봉사에 너무 시간과 힘을 빼고 나니 월요일 회사 근무는 엉망이 된다. 실수를 연발하거나 낭패를 당할 수도 있다. 자원봉사는 너무나 훌륭한 일이고, 칭찬 들어야 마땅한 일이지만, 본업인 회사 근무에 문제가 발생해서는 안 된다. 학생도 마찬가지다. 좋은 일에 봉사하는 건 좋지만 그 때문에 공부에 지장이 온다면 그건 안 된다. 교사도 스포츠를 하는 건 정말 좋은 일이지만 시간과 정열을 스포츠에 너무 쏟으면 아무래도 학생 교육이나 교사로서의 일에 지장을 초래할 수 있다.

교수도 마찬가지다. 교수는 당연히 학회 활동을 해야 하지만 학회일로 휴강을 한다든가 강의에 소홀히 하는 것은 바람직하지 않다. 교수 중에는 외부 특강이나, 자문, 무슨 심사, 혹은 무슨 프로젝트에 시간과 힘을 쏟는 경우가 많다. 교수는 원래 교육, 연구, 봉사 세 가지를 다 해야 하므로 이런 일들은 교수가 의당 해야 하는 일임이 틀림없다. 그러나 교육, 연구와 동등한 비중, 혹은 그 이상으로 봉사하는 것은 앞뒤가 뒤바뀌었다. 특히 대학원 지도학생들을 맡은 경우, 지도학생들의 지도나 조언은 매우 중요한 임무이다. 그런데 다른 일에 빠져 그들을 안 만나준다든가, 논문 지도를 게을리하는 것은 매우 잘못되었다. 그러므로 일의 경중, 선후, 필수적인 일이냐 선택적인 일이냐를 따져서 시간과 힘을 가장 합리적이고, 사리에 맞게 배분해야 한다.

세 아이를 키우며 교수생활을 했던 나는 늘 일의 경중을 따졌다. 예를 들어 학과교수 회의는 절대 안 빠지되 회식은 빠진다든가, 회식은 함께 하되 2차는 안 가는 식으로 조정하였고, 아이들이 어릴 때는 외부기관의 일은 되도록 피했다. 그러나 교수로서 꼭 해야 할 일이나 국가적으로 피치 못할 큰일이 주어졌을 때는 아이들에게 쓰는 시간을 줄였다.

아이들이 초중고를 다니던 때는 기본적으로 아침은 진수성찬으로 먹였고, 도시락도 내가 직접 싸주었으며, 한 아이에게 점심 저녁 도시락을 다 싸야 했고, 내 것도 싸야 했으므로 바쁜 아침에 한 상 차려 먹이면서도 도시락을 일곱 개나 싸느라 아무리 늦게 자도 아침엔 네 시엔 일어나야 했다.

아이들이 커서 대학생이 되고는 학회일도 좀 더 하고 외부 심사 같은 것도 하면서 공부는 연구실에서 주로 했다. 특히 논문이나 책을 쓸 때는 연구실이 아니면 안 된다. 대부분의 책이 연구실에 있기 때문이다. 아무리 논문이 급하고 책 쓰는 게 중요해도 가족에게 조그만 일이라도 생기면 만사 제치고 집으로 달려온다. 이때는 가족의 문제가 최우선권을 갖기 때문이다. 이렇게 경중과 선후를 가려서 일해야 한다는 것이 나의 신념이다.

취미생활을 열심히 하는 사람들을 보면 그 취미에 큰 비중을 두는 것이 보인다. 등산가, 바둑모임, 테니스모임, 골프 모임, 요가 모임 등등…. 이분들은 이러한 취미활동을 하면서 생활의 활력도 얻고, 건강도 지키고, 스트레스도 푼다. 그런데 이런 모임 다음에 술자리를 갖게 되고, 귀가가 늦어지고, 급기야 대리운전을 해서 집에 오는 일이 생긴다. 거기까지는 괜찮다. 그러나 그 이튿날 출근이 어려워지고, 출근은 해도 일이 제대로 안 된다든가, 강의가 제대로 안 되면 그건 문제다. 평생에 한두 번이야 그럴 수 있지만 한두 달에 한 번이 되면 곤란하다.

동아리 활동하는 친구가 대학생활을 망치는 경우를 가끔 볼 수 있다. 동아리에 가면 공부 걱정하고, 공부할 때는 동아리 생각하고…. 동아리 활동 할 때는 집중해서 하고, 교실에 오면 공부에 집중할 수 있어야 하는데, 이러지도 저러지도 못하는 학생들이 가끔 있다. 더구나 동아리에 너무 매달리다가 결석하거나 지각하고 조퇴하고 시험공부를 제대로 하지 못해 D나 F학점을 받는 경우가 생기게 된다. 이게 딱 한 과목이면 그래도 나중에 해결할 수 있지만 학기마다 두세 과목에서 D나 F를 받으면 대학생활은 끝난다. 졸업한다고 해도 성적이 나쁜 관계로 취직될 리 만무다.

한편 동아리 활동과 학교 공부라는 두 마리 토끼를 잘 잡는 학생도 가끔 있다. 학교 방송반에서 일한 경험으로 나중에 졸업하고 방송국에 취업하는 경우도 있고, 회화동아리에서 그림 그리다가 나중에 진짜 화가가 되기도 한다. 음악동아리에서 열심히 활동하던 친구가 나중에 가수가 되거나 작곡가가 되는 경우도 보았고, 문학동아리에서 활동하던 친구가 나중에 이름난 문인이 되는 경우도 보았다.

어쨌든 하루하루, 일주일, 일주일이 모여 결국 긴 인생이 되므로 하루하루의 시간을 어떻게 쓰느냐가 매우 중요하다. 일의 선후와 경중을 따지는 것이 결국 인생의 성패를 가르게 된다.

건망증

대부분의 사람은 한두 번의 건망증으로 인한 에피소드를 갖고 있을 것이다. 누구는 전화기를 냉장고에서 찾았다느니, 비행기를 타러 공항에 나갔는데 여권이 없었다느니, 속치마 바람으로 외출을 했다느니, 정말 웃지 않고는 못 배길 건망증 스토리를 듣긴 많이 들었다. 난 어릴 때부터 건망증 지수가 높았다. 지금은 초등학교 때 무얼 잊어버려 무슨 곤욕을 치렀는지 기억나지 않으나 6학년 때 국가학력 고사를 앞두고 나의 담임 선생님이 '나는 할망스럽다'를 생각하면서 시험을 보라고 충고해주신 것을 보면 아마도 나의 건망증으로 인한 많은 문제점이 이미 초등학교에서도 드러난 것 같다. 이후 몇십 년간 나의 건망증으로 인한 에피소드가 무궁무진한데, 나의 건망증으로 나 자신이 겪었던 고통은 당연하지만, 나의 건망증으로 인해 내 사랑하는 제자들을 고생시킨 에피소드가 있다.

정확한 연도와 날짜는 기억 안 나지만 부산외대 K교수님의 회갑연이 예술의 전당에서 있었던 날이다. 1997년쯤이 아닐까 한다. 그날도 몹시 바쁜 날이었지만 꼭 가야 할 것 같아 조금 늦게 도착해 겨우 주인공과 여러 선생님을 만나고 다시 중요한 교육부 회의가 있어 빨리 나와야 하는 상황이었다. 내 제자 W교수와 J 교수에게 여차여차해서 좀 빨리 가야겠다고 했더니 시계를 보며, "선생님, 이 시간에는 길이 막혀 시간에 맞춰 가기가 어려우실 것 같으니 차는 두고 지하철을 타고 가세요. 그러면 차를 제 학교에 갖다 놓을게요." 하며 열쇠를 달란다. "그럼 그렇게 해줘요." 하며 자동차 번호와 대략적인 주차 위치를 얘기하고는 정신없이 빠져 나와서 허겁지겁 회의에 조금 늦게 들어갔다.

회의가 끝나고 나서 W교수에게 전화했더니 전화를 안 받았다. 결국 밤중이 되어서야 통화가 되었는데 너무도 뜻밖의 얘기를 해주는 것이었다. 이 친구들이 내가 일러준 자동차 번호 달린 차를 찾기 위해 그 넓은 예술의 전당 주차장 1, 2층을 몇 바퀴 돌아도 없더라는 것이다. 다른 남자 제자들까지 합세하여 다 같이 또 몇 시간을 찾아도 못 찾았단다. 그 바람에 이 친구들은 발이 부르텄고, 결국 몸살까지 났다. 내가 그들에게 일러준 내 자동차 번호는 내 차가 아닌 남편 자동차 번호였던 것이다. 정말 그 민망하고 미안한 말을 어찌 필설로 다 하랴. 정말 몇 달은 죄인 같은 심정으로 살아야 했다. 아마 이 친구들도 그때 일을 생각하면 아직도 치가 떨릴 것 같다.

건망증으로 나 혼자서 겪는 곤혹스러운 일 중에서 몇 가지는 잊혀지지 않는 것이 있다. 한 번은 외출을 하려고 안경을 찾는 데 안경이 없었다. 아래 위층을 다 돌아보아도 안경은 보이지 않았다. 나는 40대 중반쯤부터 안경을 썼는데, 시력보다도 난시 때문에 안경을 안 쓰면 두통이 와서 꼭 써야 했다. 두 시간을 찾아도 못 찾았다. 등에서는 땀이 줄줄 흐르고 숨은 가빠왔다. 남편보고 당신 내 안경 못 보았냐니까 자기도 못 보았다며 함께 30분쯤을 찾은 뒤에 이마에 난 땀을 닦으려고 손을 얼굴에 대는 순간 무언가 집히는 것이 있었다. 바로 안경이었다. 안경을 눈에 쓴 채 그토록 찾았던 것이다. 정말 어이가 없고, '내가 치매가 아닌가?'라는 생각이 들었다. 한번은 주말에 지갑이 없어졌다. 분명히 밖에서 잃은 것 같지는 않고 집에 있어야 할 것 같은데 아무리 찾아도 지갑은 없었다. 가끔씩 동네 슈퍼에 갈 때는 핸드백을 들지 않고 지갑만 가지고 가는 일이 있는데, 그날 역시 핸드백은 집에 있는데 지갑만 없었다. 분명히 슈퍼에서 썼고 차를 타고 집에 올 때도 있었던 것 같은데 감쪽같이 없어진 것이다. 1, 2층 집안을 샅샅이 찾았으니 지갑은 보이지 않았다. 할 수 없이 우선 카드사에 카드 분실신고만 하고, 학교 신분증은 다시 만들기로 하고, 운전면허증은 어디에서 다시 발급받아야 하나 하며 허탈한 기분으로 이마에 흐르는 땀을 닦으며, 잠시 TV를 보며 쉬고 있었다. 저녁밥 지을 시간이 되어 재료를 꺼내기 위해 냉장고 문을 열고 야채를 꺼내는 순간 야채와 함께 냉장고에 갇혀있던 지갑이 모습을 드러냈다. 아차! 그랬구나. 시장 본 것을 냉장고에 넣으며, 지갑도 함께 넣은 것이었다. 실소를 금하지 않을 수 없었다.

여행을 가서 내가 아끼는 옷을 두고 오는 일은 다반사고 장갑, 손수건, 우산은 해를 넘긴 것이 없다. 심지어 수업을 잊어버리고 안 한 적도 있고, 중요한 회의를 잊어버린 적도 있으며, 중요한 서류를 잃어버리는가 하면, 학생 출석부를 잃어버린 적도 있다. 나의 이 건망증을 한탄하면 남편은 '내가 남편인 것만 안 잊어버리면 돼'라고 농담 겸 위로를 한다.

건망증이 때로는 고마울 때도 있다. 매우 속상하거나 고통스러웠던 일을 잊을 수 있다는 건 인간에게 있어 큰 축복이다. 나쁜 기억을 하나도 잊지 않고 산다면 우리의 삶이 얼마나 더 불행하겠는가. 나쁜 기억은 적당히 잊어주고 기억이 희미해져서 우리는 또 다시 새로운 원기를 얻어 살아갈 수 있게 해주기 때문이다.

건망증이여! 부디 옥석을 가려 잊을 것은 꼭 잊게 해주고 필요한 것은 꼭 기억할 수 있게 해다오.

11월에 피는 장미

11월 중순쯤 되는 어느 날 나는 수업을 마치고 연구실로 오다가 교정의 꽃밭에 핀 빨간 장미를 보게 되었다. 깜짝 놀랐다. 아니 11월에 장미가 피다니? 어떻게 이런 일이? 정말 지구온난화 때문인가? 나는 이 예기치 않았던 광경 앞에서 갑자기 많은 상념이 떠올랐다. 정말 이 지구가 온난화되어 생태계의 질서가 파괴되는 것인가? 늦가을 날씨가 따뜻하다 보니 장미가 초여름인줄 착각하고 핀 것인가? 아님, 모든 만물이 항상 그 모습 그대로가 아니고 언제나 이렇게 변할 수도 있다는 것을 보여주는 것인가? 맨 마지막 의문에 나의 호기심이 발동했다. 우리가 보통 어떤 사물에 대하여 고정관념을 가지는데, 때론 이러한 고정관념이 위험하거나 사물의 본질에서 오도되기도 한다. 만고불변의 법칙이라 배우고 알던 기존의 지식이 얼마나 쓸모없고 허망한 진리라는 걸 알게 된 것이 얼마나 많은가? 조선 시대의 우리 조상들은 불과 몇백 년도 안 돼 호주제가 폐지되고, 자식이 어머니의 성을 가질 수도 있고, 아버지와 어머니 성을 합쳐서도 가질 수 있다는 것은 천지가 개벽해도 일어날 수 없는 일이라고 여겼을 것이다. 더구나 트랜스젠더라든가 성형수술이라든가 하는 일이 일어날 수도 있다는 것 역시 상상하지 못했을 것이며 집집마다 자동차가 있고, 비행기는 물론이고, 사람이 인공위성을 타고 달나라에 가고 국제 화상 전화가 되고 인터넷으로 세상이 소통하고 자기부상열차가 다닐 수 있다는 것을 어찌 꿈이나 꿨겠는가?

1969년 내가 미국 가기 전에는 손빨래, 특히 이불 빨래가 힘들어 기계가 세탁을 해줬으면 얼마나 좋겠냐고 상상만 했었는데, 미국을 가니 정말로 기계가 세탁을 해주고 다 말려주는 것을 보고 얼마나 놀라고 감동했던가? 냉장고와 에어컨은 또 얼마나 나를 놀라게 했던가? 사람이 이처럼 과학문명을 발달시켜 지구의 모든 생활을 바꿔놓으니 장미도 나 보란 듯이 5월에도 피고 11월에도 핀 것인가?

만일 동물까지 나서서 정체성을 바꿔버린다면 어떻게 될까? 돼지와 소가 날아다니고, 개도 날개를 달고 비둘기와 경쟁하게 된다면 이 지구에는 어떤 일이 일어날까? 어느 날 호랑이가 고양이가 되어 우리집 마당에 들어오고, 참새가 예쁜 백합으로 바뀌면 어떻게 되나? 그러면 사람은 이 지구가 무서워져서 모두 달나라로 이주를 하면 이 지구는 누가 지배를 하게 될까? 앙코르와트에서 보는 것처럼 식물이 빌딩을 뒤덮어 버리고 식물이 동물도 집어삼키게 되는 건 아닌가?

갑자기 상상의 날개를 다니 너무도 재미있고 무섭고 흥미 있는 광경들이 막 떠오른다. 11월에 핀 예쁜 장미를 보며 이미 마음은 봄을 기다리는 설렘으로 가득하다. 아직 겨울의 입구에도 들어오지 못했는데 벌써 봄을 기다리다니…. 분명 11월에 장미가 피듯이 이런 기이한 일들이 앞으로도 종종 일어날 것 같은 예감이 든다. 그것은 사람의 힘으로 어찌해 볼 수도 없는 자연의 힘이니 이 지구를 마음껏 바꿔온 인간이지만 결국 자연의 힘 앞에선 너무나 무력하다는 걸 인정하지 않을 수 없다. 현대같이 과학 문명이 극도로 발달한 시대에도 지진이니, 해일이니, 홍수니, 가뭄이니, 태풍이니 하는 그 엄청난 자연의 힘 앞에 인간은 무기력하기만 하지 않은가. 장미꽃 한 송이도 사람의 힘으로는 피게 할 수 없으니 자연 앞에서도, 신 앞에서도 우리는 겸손해지지 않을 수 없다. 11월 중순에 핀 장미꽃이 갑자기 나를 생각의 혼돈 속으로 몰아넣었다가 다시 차분해지면서 겸손하게 만든다.

사계절 장미가 있다는 사실은 몇 년 후에 알게 되었다. 화훼전문가들의 끈질긴 노력 덕분에 사계절 장미가 개발된 것이다. 박정희 대통령 시절에 미국의 잉여농산물을 우리가 지원받게 되었을 때, 그 중의 일부는 농업 분야 인재를 기르는 데 쓰도록 해달라고 부탁하였다. 그 덕분에 수백 명의 국내 농대생들이 미국에서 공부하여 농학박사가 되었고 귀국 후 농촌진흥원에서 맹활약하고 있다. 덕분에 벼를 비롯한 모든 농작물의 품종개량이 이루어졌다. 쌀은 찹쌀, 흑미, 녹미, 적미 등이 개발되었고, 귤만 해도 한라봉, 레드향, 진지향, 천혜향, 황금향, 청견, 카라향 등 여러 종이 개발되어 소비자들의 입맛을 돋우어 준다. 사계절 장미도 예외가 아니다. 봄에도 피고 가을에도 피는 장미가 개발된 것이다. 심지어 장미의 색깔도 빨간 장미만 있는 게 아니라, 분홍, 주황색, 노란색, 흰색, 심지어 파란 장미도 있다. 이렇듯 계속 진화하는 세상의 이치를 다시 한번 생각해보며 옷깃을 여민다.

인간의 본질

'나는 생각한다. 고로 나는 존재한다.' 중세철학자 데카르트는 이미 몇 백 년 전에 인간의 본질을 이렇게 파악했다. 나는 이 말을 깊이 생각해 본 적도, 참으로 지당한 말씀이라고 무릎을 치며 동의해 보지도 않았다. 난 '생각'이란 걸 깊이 하지 않는 체질이기도 하고 내 딴에는 직장과 가정이라는 두 마리 토끼를 균형 있게 관리한답시고 바쁘게 살다 보니 항상 생각보다는 행동이 앞서는 때가 많았다. 그러니 철학책 같은 것은 20대에나 멋모르고 좀 읽었지, 이후는 발등에 떨어진 일과 관련된 책만 읽었다고 고백하지 않을 수 없다.

정년퇴임을 하고 정신적으로나 시간적으로 조금 여유가 생기니까 모든 사물을 조금 더 자세히 관찰하기도 하고, 전에 비해서는 생각이라는 걸 조금 더 하게 되는 것 같다.

요즈음 나의 스승은 자연과 내 손주들이다. 자연의 신비로운 생명정신은 마당을 보며 앞산을 보며 매일 시시각각으로 느낀다. 마당에 심어놓은 여러 종류의 소나무, 잔디, 무궁화, 장미, 자산홍, 연산홍, 맥문동, 고추와

깨, 상추뿐만 아니라 심지 않은 온갖 풀도 나서 무럭무럭 자란다. 만일 풀을 뽑지 않고 그냥 둔다면 아기자기한 꽃도 피우고 열매도 맺는다. 이름 없는 풀 한 포기에서도 생명의 신비로움을 얼마든지 느낄 수 있다.

네 살짜리와 두 살짜리의 외손자와 외손녀가 이 '생각'이라는 곳으로 나를 인도하기도 한다. 아직 네 돌도 안 되고, 두 돌도 안 된 녀석들이 자신의 의사가 너무 분명한 데는 놀라지 않을 수 없다. 내가 두세 살 때는 무얼 하고 놀았는지 어땠는지 전혀 기억나는 것이 없지만, 요즘 아이들은 돌만 지나면 이미 아이패드를 가지고 노는데 아이패드에는 아이의 나이와 인지발달에 맞는 프로그램들이 깔려있다. 그런데 이 프로그램 중에서 때나 기분에 따라 좋아하는 것이 따로 있는데, 이것을 부모가 무시하고 다른 프로그램을 보여주려고 하면 울고불고 난리를 친다. 즐거운 프로그램이 나오면 함께 노래를 따라 부르거나 춤을 추기도 한다.

아직 두 돌도 안 돼 말도 제대로 못 하는 손녀도 호불호가 너무 분명하다. 우유가 먹고 싶을 때 주스를 주면 '시시(싫어)'를 하며 고개를 젓고, 물을 먹고 싶을 때 우유를 주면 또 '시시' 하면서 '무'라고 한다. 아이패드에서도 자기가 좋아하지 않는 프로그램이 나오면 자기 엄마한테 '다다'(다른 것을 나오게 해달라) 하면서 의사 표시를 너무나 분명히 한다. 배가 부르거나 먹기 싫을 때는 입을 꼭 다물고 고개를 젓고, 배가 고프거나 먹고 싶을 때는 입을 쩍쩍 벌려 너무도 잘 받아먹고 아이스크림 같은 것은 자기가 직접 먹겠다고 숟가락을 뺏는다. 입맛에 맞거나 좋아하는 것은 '또또'를 하면서 더 달라고 요구한다. 옆에서 함께 놀던 오빠가 안 보이면 '빠(오빠)'를 찾고 '내가 누구냐?' 하면 '하(할머니)'라고 대답한다. 난 이 아이들이 너무 귀여워서 정신을 못 차리지만 이미 이 나이에도

'생각'을 하고 주관이 뚜렷하다는 사실에 놀라곤 한다.

사정이 이러한데 한국부모들은 자식이 다 커서 성인이 되어도 간섭하고 보호하려 한다. 무조건의 사랑이나 보호보다는 그의 나이에 맞는 '생각'을 이해하고 존중해주는 것이 더 큰 사랑이 아닐까 한다. 내가 진작 이런 이치를 깨달았다면 우리 아이들과 좀 더 잘 지내고 지금쯤 더 많은 대화를 하는 애틋한 사이가 되지 않았을까 하는 반성도 하게 된다. 물론 내가 낳고 키운 삼남매는 그럭저럭 자기 위치에서 탈 없이 잘 지내니 고마운 일이다. 내가 아이들을 키울 때는 학교와 집 그리고 시어머니 간병 등 참으로 바쁘고 힘들고 여유 없던 시절이라 내 육아의 목표는 '결손가정을 안 만든다.' 정도로 소박했다. 그 정도의 소박한 목표를 달성하는데도 허위허위 했다. 순조롭게 잘 커서 모두 제때 대학 가고 직장 갖고 결혼하고 아이 낳고 하여 나에게 큰 걱정거리를 만들어 주지 않으니 '하느님, 감사합니다.'가 절로 나온다.

원래 현명한 사람은 겪어보지 않고도 다 깨닫는 법이지만, 실제로 경험해 보지 않을 것을 상상으로 짐작하는 것과 경험하는 것은 차이가 있을 것이다. 결혼을 안 해본 사람이 상상으로 결혼생활의 희로애락을 다 짐작한다지만, 어찌 결혼의 그 깊고도 오묘한 섭리를 다 헤아릴 수 있으랴. 실제로 결혼하고 아이를 낳고 길러보지 않는 이상 결혼에 대해 안다고 말하는 것은 장님이 고끼리 만지는 것과 무엇이 다르랴?

나도 산전수전 다 겪은 것 같지만 일흔이 넘고 나서야 철이 드는 것 같다. 우리 아이들이 자라면서 그 나이에 무슨 생각을 하며, 무엇을 가장 필요로 하는지, 무엇을 싫어하는지 알지도 못했고, 알려고도 안 했다. 이제 나이 들어 손주들을 보면서 비로소 많은 생각과 반성을 하게 되니

'사람은 평생을 배워야 한다.'라는 말이 맞다. 역시 인간의 본질은 첫째 '생각' 하는 데 있고, 둘째는 배우는 데 있으며 셋째는 말을 하는 데 있는 게 아닐까?

투탕카멘 왕의 미라

1992년 어느 봄날, 우리 부부는 지중해 3개국 그리스, 터키, 이집트를 여행하고 있었다. 워낙 볼거리가 많은 나라들이라서 4박 5일의 짧은 일정이 아쉽기만 했다. 이 세 나라는 특히 고대 문명이 발달한 나라들이어서 진귀한 것이 많고, 특히 터키는 동서양의 문화를 다 가진 나라로 독특한 볼거리가 많다. 가장 기억에 남는 것은 이집트의 국립카이로박물관에서 본 투탕카멘왕의 미라와 황금가면이다. 미라와 황금가면 자체도 놀라웠지만 그것을 싸고 있는 네 겹의 황금관이 어마어마하게 크고 눈부셨기 때문이다.

고대 이집트의 왕 파라오들은 약 4700년 전부터 1천 년 동안 그들이 죽은 뒤에 머물 무덤으로 거대한 피라미드를 건설하였다. 파라오들은 자기들이 죽은 후에도 영혼은 영원히 산다고 믿었으므로 왕위에 즉위하자마자 10년~20년 동안 엄청난 공력을 들여 피라미드를 건설하였던 것이다. 그들은 영혼이 시신에 다시 찾아들 수 있도록 시신이 썩지 않게 미라로 만들었다. 또한, 살았을 때 쓰던 물건과 보물들도 피라미드에 함께 넣도록 하였다. 피라미드는 외부의 어떤 침략에도 견딜 수 있도록 거대하고도 견고하게 만들어졌고 도난당하지 않도록 입구는 비밀에 부쳤다. 그러나 파라오들의 이런 노력에도 불구하고 피라미드의 부장품들은 영락없이 도둑들에게 털리곤 하였다. 이를 견디다 못해 생각해 낸 것이 사람의 눈에 띄지 않는 곳에 비밀 무덤을 만들어 몰래 장사를 지내는 것이었다.

이 방법을 처음 생각해 낸 왕은 토트메스 1세였다. 그는 오랫동안 적당한 장소를 물색한 끝에 자기 무덤을 지금은 '왕들의 계곡'이라 불리는 이집트 남부 룩소 지방 골짜기의 벼랑 틈에 숨기라고 명령했다. 그리고 무덤을 만든 장소를 비밀에 부치기 위해 무덤 건설에 동원되었던 100여 명의 전쟁포로를 모조리 죽였고, 공사를 지휘한 왕의 신하도 죽였다. 그 뒤로 모든 파라오의 주검은 피라미드가 아니라 '왕들의 계곡'에 숨겨졌다. 그리하여 파라오의 미라들은 약 3천 년 동안 편안히 잠들 수 있었다.

이집트 왕가가 절대적으로 안전하다고 믿었던 이 비밀장소도 결국 1881년 한 미국인 골동품 수집가에 의해 세상에 알려졌다. 그가 이집트 골동 상인으로부터 몰래 사들인 옛 파피루스가 피라미드 시대 이후의 왕이 사용했던 유품으로 밝혀지자 이를 이상하게 여긴 카이로박물관이 조사에 나섰는데, 조사관은 꽤 오랫동안 추적한 끝에 주민 전체가 무덤도둑인 마을을 찾아냈다. 13세기부터 대를 이어가며 옛 무덤을 도둑질하고 살아온 쿠르나 마을. 주민 한 사람이 우연히 '왕들의 골짜기'에서 파라오의 무덤을 발견한 뒤로 마을 사람 전체가 공범이 되어 파라오의 무덤을 파헤치고 부장품들을 훔쳐 그것을 판 돈으로 살아왔다는 것이다. 1881년 7월 5일 조사관이 도둑을 앞세우고 '왕들의 계곡'을 찾았을 때 그동안 파헤쳐진 무덤 64개에는 옛 유물 즉 부장품이 하나도 없었다. 조사관은 도둑의 발길에 마구 짓밟힌 미라들만 박물관으로 옮겼을 뿐이다.

1902년 미국인 변호사 시어도어 데이비스가 이집트 정부로부터 '왕들의 계곡'을 발굴할 수 있는 허가를 받았다. 그는 12년 동안 무덤 네 군데를 발굴했으나 모두 다 도굴된 뒤여서 아무것도 찾지 못했다. 빈털터리가 된 그는 1914년에 발굴권을 영국인 귀족 조지 H. 카나번에게 넘겼다. 백만장자인 카나번은 스포츠와 모험을 즐겼으며 미술품 수집에도 관심이 많았다. 카나번은 자동차 사고로 크게 다친 뒤 요양을 위해 따뜻한 이집트에 갔다가 무덤을 발굴하는 광경을 보게 되었다. 그는 고고학적 발굴이야말로 예술품 수집과 모험을 함께 맛볼 수 있는 멋진 일이라고 생각했다. '왕들의 계곡'에서 아직 발견되지 않은 유일한 무덤이라는 투탕카멘 왕의 무덤에 관심이 갔다. 도둑들도 그때까지 이 왕의 무덤을 찾지 못했으므로, 그 무덤의 유물만은 온전히 남아있으리라고 생각했다. 카나번이 카이로 박물관으로부터 발굴을 맡아 일할 사람으로 젊은 영국인 고고학자 하워드 카터를 소개받았다.

그런데 그들이 흙을 치우기 시작한 지 얼마 안 되어 제1차 세계대전이 일어났다. 3년을 쉬었다가 1917년부터 다시 시작했지만 2년 동안 흙을 치우고 다시 2년 동안 장소를 옮겨 땅을 팠어도 투탕카멘의 무덤 입구는 찾을 수 없었다. "아직 한 군데 파지 않은 곳이 있습니다." 저 오두막은 람세스 6세의 무덤을 만들 때 일꾼들이 쓴 집인데, 람세스 6세는 투탕카멘보다 훨씬 뒤의 왕이 아닙니까. 그러니 그 밑은 아직 파본 사람이 없을 겁니다." 누군가가 말했다. 1922년 11월 3일 카터는 그 오두막을 헐었다. 카터가 무심코 일꾼들이 가리키는 곳을 들여다보니, 바위를 깎아 만든

돌계단이 보였다. 계단 열여섯 개를 파내자 출입문이 나타났다. 문의 틈새에는 투탕카멘의 도장이 찍힌 종이가 붙여진 채 봉인되어 있었다. 아직 아무도 이곳을 통과한 적이 없는 것이 확실했다. 카터가 구멍을 뚫고 들여다보니, 그 안은 돌과 자갈로 꽉 메워져 있었다. 카터는 런던에 가 있는 카나번에게 전보를 쳤다. 11월 24일 카나번이 헐레벌떡 달려왔다.

며칠 걸려 통로의 자갈더미를 치우고 나니 두 번째 문이 열렸다. 방안에 들어선 네 사람(카터, 카나번, 카나번의 딸과 사위) 앞에는 참으로 놀라운 광경이 펼쳐졌다. 황금 옥좌를 비롯한 금붙이들이 방안에 가득 차 있었고, 벽에는 화려한 벽화와 돌조각이 황금빛으로 번쩍번쩍 빛나고 있었다. 하나하나가 수천 년 전 이집트 문화를 알 수 있게 해주는 값진 문화재였다. 막 가슴이 뛰었다. 그러나 정신을 가다듬고 보니 그 방에도 미라는 없었다. '그렇다면 또 다른 방이 있다는 말인가?.' 그들은 네 군데 벽을 꼼꼼히 다시 더듬어 보았다. 그랬더니 방이 2개 더 있었다. 구멍을 뚫고 한 군데를 들여다보니, 온갖 일용품과 장신구가 꽉 들어차 있었다. 그렇다면 또 다른 방에 투탕카멘의 미라가 들어있음이 분명했다. 그들은 잠시 생각을 가다듬었다. 앞으로 보물이 얼마나 더 쏟아져 나올지 모른다. 그것들이 본디 있었던 자리를 기록하고, 목록을 만들고, 부서지지 않도록 포장하고, 연구실도 세워야 한다. 그러려면 전문가의 도움이 많이 필요하고, 몇 년이라는 세월이 더 흘러야 한다는 결론에 이르렀다.

이 소식이 알려지자, 세계 각지에서 전문가들이 달려와 12월 6일부터 본격적인 발굴이 이루어졌다. 그로부터 다섯 달이 지난 1923년 5월 13일, 1차로 유물을 포장한 상자 34개가 무덤을 떠나 카이로박물관으로 향했다. 이 유물들은 일찍이 이집트에서 출토된 유물 가운데 가장 뛰어난 것들이었다. 1924년 2월 17일 카터는 두 번째 방을 열었다. 그가 돌을 들어내고 구멍 안으로 플래시를 비추자, 금빛으로 빛나는 벽이 앞을 가로막고 있었다. 그 방이 바로 미라를 안치한 현실(玄室)이었다. 금빛 벽은 미라를 넣어둔 엄청나게 큰 겉관이었는데, 어찌나 큰지 카터는 너무 놀라 숨이 막히는 듯했다. 길이 5m, 너비 3.3m, 높이 2.73m에 이르는 거대한 나무관이 모두 순금으로 입혀져 번쩍번쩍 빛나고 있었다. 현실을 한 바퀴 둘러보니, 한쪽 벽에 문이 또 하나 있었다. 그 방에는 커다란 금빛 궤짝이 있고 그 둘레에 여신상 4개가 서 있었다. 그곳은 보물을 모아둔 창고였다.

이렇게 하여 인간의 역사가 기록된 이래 가장 큰 보물 발견이라고 일컬어지는 투탕카멘 왕릉 발굴은 무덤을 찾는 데 6년, 유물을 조사하고 옮기는 데 6년이 걸렸다. 1927년 2월 3일, 네 겹으로 된 겉관이 열리고, 550㎏이나 되는 붉은색 화강암 뚜껑을 들어 올리자 마침내 속관이 나타났다. 속관은 주검의 모습을 그대로 본뜬 인형 모양을 하고 있었다. 첫번째 속관의 뚜껑에는 아홉 살에 왕이 되어 열여덟 살에 죽은 소년 왕 투탕카멘의 앳된 초상을 새긴 황금판이 붙어있었다. 얼굴은 순금, 눈은 흑요석, 눈썹은 푸른 유리로 만들어졌고, 두 손에는 그가 이집트의 왕임을 상징하는 갈고리와 도리깨가 들려 있었다. 그러나 발굴단을 가장 감동시킨 것은 소년왕의 이마에 놓인 한 묶음의 꽃이었다. 나이 어린 왕비가 남편에게 마지막 작별 인사로 준 것으로 추측되는 그 꽃다발은 3,000년이라는 세월이 흘렀어도 꽃의 모양이 그대로 남아있었기 때문이다. 피크리스·팔랑개비국화·노박덩굴·목가지와 만다라 열매들을 소담스럽게 묶은 그 꽃다발은 소년왕이 4월 말~5월 중순 사이에 묻혔음을 방증한다.

두 번째 속관의 뚜껑에는 예복을 입은 소년왕의 초상화가 있었다. 두 번째 속관을 들어냈을 때까지도 남아있는 관이 매우 무거웠다. 두 번째 속관의 뚜껑을 열고 나서야 그 수수께끼가 풀렸다. 세 번째 속관은 2.5~3.5㎜ 두께 순금으로 만들어져 있었던 것이다. 순금 뚜껑을 열자 마침내 미라가 모습을 드러냈다. 온몸을 아마포로 칭칭 감은 얼굴에 눈부시게 빛나는 황금 가면을 쓰고 있었다. 미라를 겹겹이 싼 아마포를 풀어헤치니 그 안에 온갖 귀한 보석이 수백 개 쏟아져 나왔다.

마지막 남은 한 겹을 벗겨내고 나서야 나타난 투탕카멘왕의 얼굴은 '평화롭고 온유한 젊은이의 얼굴'이었는데 세련되고 우아했으며 우수한 골격을 지녔다. 그런데 발굴이 한창 무르익던 1923년 4월 6일 카나번이 모기에 물려 죽은 것을 시작으로 발굴에 참여했던 사람들이 하나씩 죽어 나갔다. 세계의 신문들은 그것을 '파라오의 저주'라고 불렀다. 사람들은 공포에 떨었지만, 카터는 그런 일에 주눅 들지 않고 조사를 시켰다. 1933년 독일 고고학자 게오르그 슈타인도르프는 21명의 죽음을 조사했더니 모두 자연사했거나 발굴과 관계없는 사람의 죽음, 또는 우연한 죽음이라고 발표했다.

나는 이런 이야기를 해설사로부터 듣기도 하고, 책도 찾아보고 하여 알게 되면서 우선은 놀라움을 금치 못했다. 9살에 등극하여 18살에 죽은 소년 파라오가 어떻게 그토록 엄청난 일을 했는지, 그리고 투탕카멘왕이 죽은 후 누가 그토록 알뜰하게 어린 왕의 무덤을 화려하게 만들어놓았는지 불가사의했다. 이집트가 수천 년 전에 그렇게 높은 문화를 구가했다는 것도 놀라웠고, 어쩌다가 지금은 1인당 국민소득이 3천 불이 안 되는 세계 132위의 국가로 전락했는지 궁금하기만 하다. 하기야 육천 년 이상의 긴 역사를 가졌지만, 파란만장했던 것이 이집트의 역사 아니던가? 어느 나라나 흥망의 시대가 있기 마련이지만, 이집트는 유난히 굴곡 많은 역사를 가진 나라로써 우리에게 많은 생각을 하게 한다. 우리나라도 강성한 역사가 있었고, 일본의 지배를 받은 어두운 역사도 있지만, 지금은 세계적으로 10위의 경제 대국이 되어있다는 게 경이롭고 자랑스럽다. 단지 이런 세계적인 문화재가 없다는 게 아쉬울 뿐이다.

제3부
삶의 지혜

삶의 희열을 맛보려면

우리가 경험해 보지 않은 일에 도전하려면 상당한 용기가 필요하다. 가령 한 번도 가게를 안 해본 사람이 가게를 연다든가, 국제대회를 한 번도 안 해본 학자가 국제학술대회를 개최한다든가, 외국 여행을 한 번도 안 가 본 회사원이 사장을 대신해 외국 출장을 간다든가, 임원을 한 번도 안 해 본 학생이 반장에 출마한다든가, 시의원도 한번 안 한 사람이 도지사 선거에 출마할 때는 상당한 용기가 필요하다. 이럴 때는 망설여지는 이유와 도전해 보는 이유를 각각 차분히 한번 생각해 보고, 그 결과에 대하여 최악의 경우와 최선의 경우의 수를 다 생각해야 한다. 이때 최악의 시나리오는 반드시 한번 진지하게 짚어볼 필요가 있다. 최악의 시나리오에서 크게 손해나지 않을 경우는 무조건 도전해야 한다. 만일 최악의 경우 손해를 보더라도 내가 능히 감당할 수 있고 지금의 나의 위상을 크게 위협하는 것이 아니면 긍정적으로 고려해볼 만하다. 그러나 최악의 시나리오에서 내가 감당할 수 없거나, 나의 위상이 크게 흔들릴 정도라면 도전하지 말고 다른 길을 찾아야 한다.

가장 바람직한 것은 밑져야 본전일 때다. 최악의 시나리오에서 밑져야 본전이거나 아주 조금 잃는 것이라면 반드시 도전해야 한다. 평생 도전할 기회가 자주 있는 게 아니기 때문이다.

새로운 일에 도전할 때는 이처럼 사전에 최악과 최선의 경우의 수를 다 따져 보고 신중하게 결정하되, 계산을 빨리하여 진퇴를 신속하게 분명히 하는 것이 좋다. 결단을 필요 이상으로 늦추면 지지자도 다 빠져나가고, 매우 우유부단한 사람으로 낙인찍혀 나중에 무슨 일을 도모하려고 하면 부정적으로 작용할 수 있기 때문이다. 일단 도전하기로 하였다면 일사천리로 추진하는 것이 좋다. 젊었을 때 아무것도 도전해 보지 못한다면 나중에 늙어서 후회하고, 비약할 수 기회를 잃게 되므로 때로는 용기 있는 도전이 필요하다.

우리가 가만히 앉아서 희열을 맛볼 순 없다. 좋아하는 TV 프로라도 보고, 청소라도 하고, 걷기라도 해야 한다. 물론 이런 정도의 일로는 큰 희열을 맛보기는 어렵다. 평생 잊지 못할 큰 희열, 큰 보람, 환희 이런 것을 맛보려면 좀 더 어려운 과정을 밟아야 한다. 30등 하던 학생이 1등을 한다든가, 자기가 원하는 대학의 원하는 학과에 합격한다든가, 연 매출 100억 하던 회사가 1000억을 달성한다든가, 문학 지망생이 신춘문예에 당선한다든가, 수영선수가 금메달을 딴다든가, 등산가가 히말라야 정상을 정복한다든가 하는 큰 희열을 맛보려면 남다른 피와 땀을 흘려야만 가능한 것이다. 아무튼, 큰 희열을 맛보고 싶다면 그만큼 남다른 노력과 인내와 정성이 필요하다.

설악산이나 한라산만 해도 몇 시간 엄청난 땀을 흘리지 않고는 정상에 설 수 없고 정상에 서보지 않은 사람은 정상에 섰을 때의 그 뜨거운 희열과 황홀경을 맛볼 수 없다. 이건 설명으로도 되지 않고 돈으로도 살 수 없다. 직접 가쁜 숨을 내쉬면서 주저앉고 싶은 유혹을 수없이 물리치고 끝까지 참고 올라가서 정상에 서야만 그 희열이라는 열매를 따 먹을 수 있다.

1996년에 나는 하버드대학으로 연구년을 가 있었는데, 그 대학의 학생들은 '하버드대'의 학생이 되기 위해 남다른 노력을 해야 했고 그 대학 학생의 지위를 유지하기 위해 밤을 새워 공부하는 것을 보았다. 교수들도 마찬가지였다. 하버드대학 교수가 되기 위해 이들이 흘렸을 땀을 범인으로서는 가늠조차 안 된다. 이들은 이 대학교수가 된 것이 끝이 아니다. 계속 교수직을 유지하고 승진하기 위해서는 끝없이 연구하고 질 높은 강의를 해야 한다. 세계 최고 대학의 교수라는 영예를 얻고 유지하려면 그만한 대가를 치러야 한다.

이 세상에 공짜란 없다. 그저 얻어지는 것은 없다는 말이다. 도전정신으로 목표를 세우고 필요한 만큼 노력을 해야 남이 맛보지 못하는 자기만의 희열을 맛볼 수 있다. 이러한 희열을 맛본 사람은 또 다른 희열을 맛보기 위해, 또 다른 목표에 도전할 수 있는 용기와 의지가 생긴다.

어떤 이는 왜 꼭 그런 희열을 맛보아야 하느냐고 반문할지 모른다. 이런 희열을 맛보지 못하면 삶이 즐겁지 않고 전율을 느낄 정도의 행복을 누릴 수 없다. 행복을 누리지 못하는 사람은 살아갈 의욕을 가지기 어렵다. 의욕 없이 그냥 살아야 하니 사는 게 재미없고 삶에 대한 회의가 생긴다. 이러한 삶은 끊임없이 희열을 맛보면서 행복을 느끼는 사람과는 삶의 질이 달라진다. 인간의 본질은 끊임없이 노력하고 발전하는 것이다. 이것이 동물과 다른 점이다. 인간의 이러한 본질 때문에 인류 문명이 이처럼 날마다 변하면서 엄청난 발전을 해왔다. 용기 있는 도전과 피나는 노력은 우리에게 남다른 희열과 삶의 보람을 안겨 준다. 크고 작은 희열과 보람을 맛보기 위해 어려움도 극복하고 인내도 하고 땀도 흘리는 것이다.

도전정신! 이것은 젊은이의 특권이다. 젊었을 때 도전해 보지 않은 사람은 멋있는 노후를 맞이할 수 없다. 아니, 늙어서도 무언가에 도전하고 끝없이 행복과 희열을 추구하는 삶, 이것이 멋있고 근사한 노후가 아닐까? 아무것도 도전하지 않고 발전하지 않는 것보다 도전해 보고 실패도 해보는 것이 훨씬 더 행복한 삶이 되지 않으랴?

구하라 그러면 얻을 것이다

자기가 원하는 것이 있으면 그것을 가진 사람에게서 구해야 한다. 아무 소리 없이 그냥 앉아 있다 해서 누군가 내게로 와서 내가 원하는 것을 줄 리 만무하다. 내가 원하는 그 무엇을 얻기 위해서는 때로는 엄청난 노력을 해야 하고, 간절히 기도해야 하고, 때로는 누군가에게 간곡히 부탁해야 한다. 물론 어려운 부탁을 할 때는 반대급부를 약속해야 한다. 이때 지혜가 필요하다. 상대방을 설득하기 위해 무슨 반대급부를 제안했을 때 상대방이 나의 부탁을 들어줄지 많이 생각해야 한다. 우리가 누구에게 무언가를 부탁했는데 거절을 당하면 서로의 체면이 많이 손상되고 자칫 좋던 사이가 나빠질 수 있다. 그러므로 상대방이 거절할 수 없도록 충분히 생각하고 전략을 세워야 한다.

전략은 나쁜 의미의 술수가 아니다. '현명한 방법을 찾기 위한 노력의 일환'이다. 성인이 되고 결혼을 한 자녀가 부모나 형제에게 무작정 돈을 요구해서는 안 된다. 비록 부모형제라도 충분히 설득할 수 있는 명분과 반대급부를 준비한 다음, 왜 얼마의 돈이 언제까지 필요한지 이해시켜야 하며, 이 돈을 준다면 언제 어떻게 갚을 것인지 제대로 제시해야 하고 이런 부탁을 하기 전에 부모형제에게 그동안의 은혜에 대한 감사한 마음을 말로 표현해야 한다. 그리고 이런 부탁이 염치없는 것인 줄 안다고 말해야 한다. 그래야 부모형제도 편안한 마음으로 자식과 형제를 신뢰하고 형편이 되는 한 부탁을 들어주고 싶어진다.

또한, 주위의 인물 중에 자기가 뭔가를 배우고 싶다면 정중히 찾아뵙고 평소에 이런 면에서 상대를 존경했거나 좋아했다는 것을 고백하고 상대에게서 이러이러한 것을 배우고 싶다는 말을 매우 간절하고 공손하게 해야 한다. 상대의 몇십 년간의 배움과 경험 그리고 시행착오까지 겪으며 쌓은 노하우를 불과 한 시간에 다 배우려고 해서는 안 된다. 갖은 노력으로 상대방을 감동시킬 때만 그 '노하우'를 얼마라도 얻을 수 있다. 처음에 모든 걸 배우려고 하지 말고 조금씩 인간적 유대를 공고히 하여야만 자연스럽게 상당한 노하우를 배울 수 있다.

그러나 100%를 얻으려고 하면 안 된다. 물론 100%를 주는 사람도 드물다. 그러므로 10%, 30%만 얻어도 만족할 수 있어야 하고 나머지는 자신의 노력으로 채워야 한다. 비록 30%만 얻었지만 자기가 하기에 따라서는 상대방을 능가할 수도 있다. 처음 그 10% 혹은 30%를 얻는 것은 매우 긴요하고도 유익한 것이다. 제로에서 홀로 얻으려면 몇 년이 걸리고 상당한 경비가 들어가고 많은 땀을 흘려도 될지 안 될지 모르지만 10%나, 30%라도 가지고 무엇을 시작하려면 장수가 무기를 가지고 전장에 나가는 것과 같은 엄청난 힘이 되고 이득이 되는 것이다.

만일 실직을 한 사람의 경우를 생각해 보자. 자기의 처지를 비관하고 세상을 원망하고 직장을 야속해하고만 있으면 돈도 안 생기고 성격도 나빠지고 생활은 점점 궁핍하게 된다. 그러나 부지런히 구인 광고를 보거나 책을 읽고 친구, 친지, 선후배도 만나보고 하면 아이디어도 얻고, 때론 의외로 쉽게 제2의 직장을 얻거나 창업도 할 수 있다. 세상에는 이렇게 창업을 하여 성공한 사람도 많고 제2의 직장에서 빛을 보는 사람도 많다. 비단 성경에서만 '구하라, 그러면 얻을 것이다'가 진리가 아니라 이 세상의 이치가 모두 그렇다. 구하면 얻을 수 있는 게 세상이다.

이때 중요한 것은 제2의 직장이나 창업은 최대한 자기의 적성이나, 재능이나 학벌이나, 자신의 경제 상태를 잘 따져보고 가장 적절한 것을 찾는 게 중요하다. 급하다고 이 모든 것을 무시하고 도전해서는 성공하기 어렵다. 진정으로 자기가 하고 싶은 일, 잘 할 수 있는 일을 찾는 게 중요하다. 정말로 노래를 잘 하고 노래할 때만 행복하고 노래를 위해서라면 모든 걸 희생해도 좋은 사람이라면 노래로 제2의 인생을 여는 것이 필요하다.

반대로 요리를 좋아하고 요리를 잘할 수 있는 사람이 보험 설계사를 해서는 행복할 수 없고 오래 할 수도 없으며 성공하기는 더욱 어렵다. 비록 돈을 조금 덜 벌어도 그 일을 하면서 자신이 행복을 느낄 수 있는 일을 하는 것이 지혜롭게 사는 길이다. 또한, 공부를 잘 하고 공부할 때 행복한 사람이라면, 시간이 걸리고 조금 더 힘이 들어도 공부와 관련된 직업이나 직장을 찾아야 한다.

나의 경우 정말로 공부하는 것이 제일 즐겁고 공부할 때가 가장 행복했기 때문에 도저히 형편이 안 될 때도 공부를 포기하지 않았다. 그 결과 일류대학의 교수도 될 수 있었고, 교수를 하는 동안도 내 직업이 힘겹거나 싫은 적이 없었다. 내가 가장 좋아하는 일을 하니까 매일 신나고 행복한 직장생활을 할 수 있었다. 만일 내가 그림을 잘 그리고 그림 그리기를 좋아했다면 어떻게든 노력하여 무명 화가라도 되었을 것이고 만일 노래를 잘 하고, 노래할 때 가장 행복했다면 무명가수라도 되었을 것이다.

뜻이 있는 곳에 길이 있다

우리가 일생을 살아가는 동안 단 한 번도 어떠한 어려움도 겪지 않는 사람은 없다. 잘 사는 사람은 잘 사는 대로, 못 사는 사람은 못 사는 대로 크고 작은 어려움을 겪으며 산다. 그런데 큰 어려움이 닥쳤을 때 우리는 보통 좌절하기 쉽다. 도저히 극복하지 못할 것만 같고 나 혼자만 이런 어려움을 겪는 것 같고 이젠 절망이라고 느끼기 쉽다. 그러나 '뜻이 있는 곳에 길이 있다', '하늘은 스스로 돕는 자를 돕는다.'라는 말을 확고한 신념으로 가지고 있으면 분명히 길이 보인다. 그리고 그 길을 향해 매진할 때 반드시 원하는 바를 얻을 수 있다.

나는 고등학교 졸업 후에 대학을 못가고 가사를 돕고 있었으나 결국 대학을 갔고 부모님께 약속한 대로 등록금 한 번만 지원받고 대학을 마쳤다. 대학을 졸업하고는 운 좋게 직장이라고는 없던 시절 한양대부속여고 교사가 되어 나의 사회생활이 시작되었다. 1년 후에 난 다시 대학원 진학을 결심한다. 대학원에 진학해 보니 강의를 해주는 교수님이라고는 거의 없었다. 그저 책 소개를 해주든가, 기말 리포트 주제를 준다든가 하는 것이 전부였다. 교사생활을 하면서도 석사과정을 쉽게 마쳤다. 그 뒤 다시 미국으로 유학하게 된다. 결혼하고 말할 수 없이 경제적으로 어려웠지만 유학으로 가난을 극복했다.

유학과 관련해서도 이루 말할 수 없는 우여곡절과 어려움이 있었지만 포기하지 않고 꾸준히 노력하여 결국 미국에서도 명문대에 속하는 일리노이 대학에서 언어학 박사학위를 받았다. 그 뒤 경희대학에서 고려대학으로 옮겨 와 여러 학회의 회장직을 수행하면서 여러 번 국제대회를 개최했는데, 그런 것도 순탄하게 이루어진 것은 하나도 없었다. 일단 결심하면 치밀한 계획을 세우고 노력하여 언제나 내가 초청하고 싶은 학자는 거의 다 초청해 귀중한 발표를 듣고 논문을 받아 내고 책으로 묶었다. 중간에 뜻하지 않은 어려움이 닥쳐도 포기하지 않고 밀고 나가니 결국 내가 원하는 대로 좋은 결과를 얻었다.

고려대학교에 올 때도 누구 하나 이끌어주는 사람 없었지만 3년간 시어머님 병구완하면서도 부지런히 논문을 썼기 때문에 그나마 지원할 수 있었고 운 좋게 고대 사대 교수가 되었다. 서울 시내 유수대학 중 고대 사대에서 제일 먼저 공채를 했는데, 여기에 지원하여 임용되었던 것이다. 소문으로는 당시에 수십 명이 지원했었다고 한다. 나는 고대와 아무런 연고가 없는 사람인데 오로지 공정한 심사를 한 덕에 채용되었다. 내가 한국어세계화재단에 있을 때도 비슷한 경험을 많이 하였다. 일단 뜻을 세우고 노력하면 내가 원하는 일은 모두 이루어졌다.

이처럼 뜻이 있는 곳에 길이 있더라는 평범한 진리를 터득하게 되었다. 나는 지금도 진정으로 원하는 바가 있고 그것을 향해 노력을 하면 대부분 이루어진다고 믿는다. 단지 그 길에 대한 확신이 없으니까 소신 있게 밀고 나가지 않으므로 뜻을 이루지 못한다고 본다. 이후 버클리와 하버드대 객원교수로 가는 것도 처음부터 내가 거기를 원했고 거기를 갈 수 있도록 노력했기 때문에 이루어졌다. 가만 앉아 있는데 거기서 오라고 초청해줄 리는 없지 않은가.

물론 노력해도 안 되는 일도 많다. 노력해서 안 되는 일은 빨리 포기해야 한다. 나의 노력과 의지로 될 수 있는 일은 노력하면 되지만 나의 노력과 의지로 될 수 없는 일은 빨리 포기하는 것이 좋다. 나는 포기할 것은 빨리하는 편이다. 하늘이 하는 일, 상대방의 마음에 달린 일, 원천적으로 불가능한 일은 꿈도 꾸지 않고 빨리 포기도 해버린다. 상대방의 마음을 바꾸는 것보다 내 마음을 바꾸기가 훨씬 쉽고 빠르기 때문이다. 나의 의지와 노력으로 가능한 일이라면 밀어붙인다. 종종 추진력 있다는 말을 듣는 것도 이러한 나의 성격 때문 아닌가 한다.

하나의 위대함 여럿의 아름다움

이 세상에 단 하나뿐이 아닌 것은 없다. 사람은 물론이요. 동식물도, 심지어 모래알 하나도 똑같은 것은 없기 때문이다. 기계에서 찍어내는 제품도 완벽하게 동일한 것은 없다. 그러므로 이 세상의 모든 사물은 하나밖에 없으므로 모두 존귀하다. 특히 그중에서도 사람은 높은 IQ와 창의력을 가졌으므로 더욱 존귀하다. 사람 중에서도 아이디어나 재능이 뛰어난 사람은 참으로 엄청난 일을 해낸다. 과학자, 예술가, 문인, 운동선수, 정치인, 학자, 유능한 CEO 등 정말 한 사람이 해내는 일은 상상을 불허할 정도의 위력을 발휘한다.

나는 얼마 전 등산을 하다가 오랜만에 싸리꽃을 보게 되었다. 어릴 적 시골에서 흔히 보던 꽃이어서 그땐 아무런 감흥도 없었으나 이번에는 달랐다. 싸리나무는 다른 나무들과는 달리 가운데 큰 줄기가 없이 수없이 많은 잔가지로 이루어져 있고 키도 별로 크지 않아 시간이 지나면서 계속 작은 옆 가지들을 만드는 것이다. 그리고 그 작은 가지들은 잎을 피우고 하얀 꽃을 피우는데, 가지가 많을수록 꽃이 많이 핀다. 꽃도 한 송이

한 송이는 너무도 볼품없고 초라한 작은 꽃잎을 가지고 있다. 한줄기나 꽃봉오리 하나만 보아서는 사람들의 관심을 끌 수 없는 초라한 싸리꽃이지만 많이 어울려 있으면 눈부신 아름다움을 뿜어낸다. 오래된 나무일수록 잔가지가 많고 수많은 잔가지가 꽃을 피워 한 무리를 이루어 화려한 꽃동산이 된다. 사실 라일락이나 벚꽃도 수많은 꽃봉오리들이 무리를 이룸으로써 아름다운 꽃이 된다. 한편 장미, 백합, 무궁화, 목련, 동백, 작약은 한 송이, 한 송이가 참으로 아름답고 탐스럽다. 그러나 이런 꽃들도 역시 한 송이만 있을 때보다는 여러 송이가 어울려 있을 때 훨씬 더 아름답다.

언젠가 설치미술전시회에서 폐타이어와 폐깡통들로 아름다운 작품을 만든 것을 본 일이 있다. 폐타이어 한 개나 깡통 하나일 때는 아무 것도 아니지만, 수십 개, 수백 개를 이용해 작품을 만들어 위대한 예술품이 된 것을 보고 놀라고 감동받은 적이 있다.

사람이 사는 이치도 결국 이런 것이 아닐까? 한 사람, 한 사람은 비록 평범하더라도 어우러져 무리를 이루면 큰 아름다움을 만들어낼 수 있지 않을까? 가족도 좋고, 이웃도 좋고, 친구도 좋고, 스터디그룹도 좋고, 동호인 모임도 좋다. 함께 작품을 만들거나, 공부를 하거나, 봉사활동을 하거나, 취미생활을 하더라도 여럿이서 함께 하면 화합과 양보, 협동심을 통해 큰 아름다움을 만들어 낼 수 있다. 노래나 무용도 역시 독창보다는 합창이, 독무보다는 군무가 만들어내는 아름다움에 우리는 더 큰 감동을 받는다. 또한, 혼자서는 엄두도 못 낼 일도 여럿이 함께하면 거뜬히 해낼 수 있다. 물론 한 사람의 능력은 무궁무진하다. 한 사람의 아이디어나 노력이 세상을 바꿀 수도 있고 역사를 바꿀 수도 있다. 세계 도처엔 각 분야의 영웅들이 있다. 이러한 영웅들의 활약은 위대하다고 하기에 충분하다. 뛰어난 과학자, 발명가, 예술가, 정치가, 기업인, 스포츠 선수…. 이런 영웅들로 하여 우리는 계속 희망과 행복을 느끼며 살게 된다.

따지고 보면 이들이 진정한 영웅이 되게 한 것은 수없이 많은 이름 없는 사람들의 도움과 희생과 협력으로 이루어졌다. 그렇다 해서 그 영웅들의 가치가 평가 절하되어서는 안 된다. 한 개인의 위대함은 마땅히 칭송되어야 하고 높이 평가받아야 한다. 단지 평범한 여럿이 만들어내는 아름다움에도 눈을 돌려 음미할 필요가 있고 박수를 보내야 한다는 진리를 싸리꽃을 통해 깨닫게 되었다. 아니, 영웅들도 혼자 보다는 여럿이가 함께 무언가를 할 때 더 보기도 좋고 더 큰 감동을 만들어 낸다.

할머니라는 호칭

나는 어떤 사회적 호칭보다도 '할머니'라는 호칭으로 불리는 게 좋다. 왜냐하면 '할머니'라는 이름을 얻기까지 너무나 긴 세월이 필요했고 복잡다단한 과정을 거쳐야 했기 때문이다. 우선 남자는 할머니가 될 수 없다. 또한, 여자라고 해도 우선 결혼을 해야 하고 아기를 낳아야 하며, 건강하게 길러 결혼을 시켜야 하고, 그 자식이 다시 아이를 낳아야 비로소 할머니가 되기 때문이다. 할머니가 되기까지 40년 이상의 긴 시간 동안 인고의 세월을 보내야 한다. 이기적인 남편, 술 먹고 늦은 귀가로 외롭게 기다린 밤은 또 얼마나 많았으며, 시댁 가족도 내 가족으로 받아들여 며느리로, 올케로, 형수나 제수로도 소임을 다 해야 하고, 경제적으로 아무리 어려워도 온몸으로 극복해야 한다. 아이가 배 속에 있는 동안에도 입덧 등 남자들은 도저히 알 수 없는 고통도 이겨내야 하고, 또한, 아기가 태어날 때의 그 엄청난 산고도 이겨내야 한다. 그렇게 낳은 자식이 자라서 결혼하기까지 30년 동안 남모르게 흘려야 했던 눈물을 남자들이 얼마나 알 것이며, 아기를 낳아 길러보지 않은 사람이 어찌 알 것인가?

그렇게 힘겹게 키운 자식이 결혼하여 다시 아이를 낳기까지 그 조마조마한 가슴을 어찌 다 형언하리. 특히 이 땅의 할머니들은 한국의 경제성장을 이룬 주역 중의 주역이다. 남의 딸로, 며느리로, 아내로, 어머니로, 그리고 할머니가 되기까지 호롱불에서 인터넷 시대에 오기까지 60년 이상 험난한 여정을 겪어오며 바친 희생을 이제는 인정받고 보상받아야 한다. 가난하던 시절 먹을 게 없으면 일은 제일 많이 하면서도 제일 많이 굶으며, 혼자서 온 가족의 옷을 짓고 빨면서도 자기의 옷이 제일 적고 제일 많이 헐지 않았던가?

나의 연구실이 있는 건물에는 오늘도 등 굽은 할머니가 청소를 하고 계신다. 연세가 얼마냐고 여쭈어봤더니 72세란다. 왜 이 할머니는 등이 너무 굽어 머리가 거의 무릎까지 닿도록 구부리고 다니면서도 이 험한 청소를 해야 하는가? 매일같이 이른 아침부터 와서 하루 종일 청소를 하신다. 반짝반짝 윤기가 도는 복도는 이 할머니의 눈물겨운 희생으로 이루어진 것이다. 차마 가족의 사정은 물어보지도 못했다. 그런데 어쩌면 이런 할머니조차도 부러워하는 더 어려운 할머니도 계실 거란 생각에 목이 멘다. 정말이지 내가 돈이 있다면 '할머니 재단'을 만들고 싶다. 홀로된 65세 이상의 할머니들에게 마음껏 놀고, 쉬고, 맛있는 음식도 잡수시고, 같은 할머니들끼리 모여 옛날이야기도 하고, 남자들 흉도 보고, 젊은이들 흉도 보고, 정치가 흉도 보고, 사회의 나쁜 사람들 욕도 하고 재미있는 놀이도 할 수 있는 공간을 만들어 드리고 싶다. 이분들이 살아오신 이야기를 모은 책도 펴내드리고, 삶의 지혜를 모은 책도 내드리고, 이분들의 삶을 응축한 영화도 만들어 보여드리고 싶다.

할머니들의 재주도 겨루게 하고, 취미대로 동아리를 만들어 마음껏 취미활동도 하게 해드리고, 종교 활동도 하시게 하고, 더 어렵거나 더 몸이 불편한 할머니에게 봉사하시게 해도 좋을 것이다. 정기검진도 해드리고, 치료도 해드리고, 유언도 남기시게 하고, 이 땅의 젊은이들에게 하시고 싶은 말씀도 다 하시라고 하여 세상에 알려주고 싶다. 이 땅의 할머니들이 진정 한국을 위해 헌신해 오신 것에 대하여 경의를 표하고 감사하는 큰 잔치도 베풀어드리고 싶다.

무엇보다도 우리 건물의 청소하는 할머니처럼 일흔 넘은 등 굽은 할머니가 너무 힘든 일은 안 하셔도 되게 해드리고 싶다. 내가 그런 재단을 만들면 돈 많은 사람들이 십시일반으로 기금을 마련해 어려운 할머니가 조금은 더 편안하고 즐겁게 살다 돌아가시도록 해드리고 싶다. '할머니'라는 호칭보다 더 이상 자랑스러운 호칭이 어디 있으랴. 나는 교수로 정년퇴임하고 명예교수가 된 것도 자랑스럽지만, 4남2녀의 손주를 둔 할머니가 된 것이 더욱 자랑스럽다. 할머니! 그 아름다운 이름이여! 그 이름에 하느님의 가호 있으라.

봄

겨울에는 누구나 봄을 기다린다. 적어도 봄이 올 거란 희망을 품고 산다. 이 희망은 언제나 현실로 나타난다. 사람에게 거는 기대나 희망은 실망으로 끝날 때가 많지만, 자연법칙은 다르다. 어김없이 봄이 오고 봄이 되면 언제나 새싹이 나고 꽃이 피고 날씨가 따뜻해진다. 물론 해에 따라 봄이 오는 속도나 기온은 다를 수 있지만 봄이 온다는 사실은 명명백백하다. 얼마나 신비롭고 감사한 일인가? 우리 집 마당에도 봄이 오면 개나리, 진달래, 목련, 영산홍, 자산홍, 라일락이 차례로 피어 제각기 아름다운 자태를 뽐내며 나를 즐겁게 해준다. 얼마나 고맙고 대견하며, 신기한지 모른다. 조그만 풀이나 나무 하나도 각자 맡은 바 임무를 다 하고, 자아를 실현하기 위해 온 힘을 기울인다. 사실 이런 것들이 제구실을 못하면 얼마나 쓸모없게 되고, 볼품없는 것이 될 것인가? 자기의 모양, 자기의 색깔을 제대로 나타낼 때 비로소 이것들의 존재 이유가 성립한다.

우리 사람에게 있어 봄은 언제인가? 이 꽃과 같이 자기의 정체성을 최대한 드러내고 자기의 소임을 다 하고 자기로 하여 남이 즐겁게 될 때가 아닐까? 이러한 봄은 물론 길수록 좋다. 그러나 봄이 오면 다시 여름이 오고 그다음에는 가을과 겨울이 오듯이 인간에게도 봄, 여름, 가을, 겨울이 있을 것이다. 이렇게 계절이 순환하듯 우리 인간도 순환한다. 할아버지, 아버지, 나, 나의 자식으로 순환되고 각자의 일생은 다시 사계절로 나누어 볼 수 있다. 봄부터 여름까지 우리의 인생은 클라이맥스를 맞이한다. 그러고는 어느새 가을을 맞고 겨울을 맞는 것이다. 그러나 겨울은 다시 봄을 맞이할 수 있는 희망을 품는 계절이란 점에서 또한, 소중하다.

봄이 되어도 살아나지 못하고 꽃도 피우지 못하는 병약한 꽃나무들이 있듯이 사람도 봄을 제대로 맞이하지 못하는 사람들도 있을 것이다. 내 가족, 내 이웃에 이러한 사람이 없나를 살펴서 도움이 필요한 사람에게는 도움을, 격려가 필요한 사람에게는 격려를 아끼지 말아야 할 것 같다. 꽃도 외롭게 홀로 피어 있는 것보다 여러 송이가 다 함께 피어나서 어울릴 때 훨씬 더 아름답고 보기 좋다. 진해나 여의도의 벚꽃축제에 가보라. 한 그루의 벚꽃이 주는 감동과는 비교가 되지 않는다. 사람도 더불어 집단을 이루어 상호 간에 서로 돕고 서로에게 의지하며 다 같이 우뚝 설 때 더 보기 좋다. 부부간에, 형제자매 간에, 친구 간에, 같은 직장에서 같은 팀에서 다 함께 자기들의 모양과 색깔과 능력을 최대한 발휘할 때 더욱 근사하며 멋있어 보이고 훌륭해 보인다. 즉, 혼자 맞이하는 봄보다 여러 사람과 더불어 함께 봄을 맞이할 때 더욱 신명이 나고 인생의 복락을 누릴 것 같다.

이러한 원리는 노래에서도 나타난다. 독창도 좋지만 어디 합창에 비하랴. 합창하거나 들으면 저절로 신명이 나고 가슴에서 북받쳐 오르는 특별한 감동을 받지 않는가? 태권도 시범 같은 것도 여러 명이 함께 하면 더 멋있다. 한마디로 표현하기 어려운 흐뭇함, 나 혼자가 아니라 여럿이라는 안도감, 세상의 근심·걱정을 잠시나마 잊고 즐거움 속에 파묻혀 있다는 행복감으로 우리의 가슴은 뛰고 얼굴은 상기되지 않는가.

난 노래를 매우 좋아하지만 기관지 환자라서 노래를 아예 못하게 되어 지금은 듣는 것만 좋아한다. 유명한 가수가 부르는 독창도 좋지만 여럿이 함께 부르는 합창을 더 좋아한다. 합창은 더 멋있고, 더 감동되고, 더 행복해진다. 아마 합창하는 사람들 자신들도 더 즐겁고 신나리라 짐작된다. 어느 해 봄날 어느 마을의 아주머니들이 합창단을 꾸려 무대에서 합창하는 것을 본 적이 있다. 그들이 노래 부를 때의 신나는 분위기와 행복한 표정에서 여럿이가 주는 감동을 다시 한 번 확인할 수 있었다.

올해도 어김없이 봄은 왔다. 눈더미를 헤치고 길고긴 겨울밤도 뿌리치고 이토록 눈부신 햇살과 함께 이 땅에 찾아왔다. 개나리, 진달래 앞세우고 새색시 고운 걸음으로 앳된 미소 머금고 우리 앞에 다시 나타났다. 봄보다 더 반가운 손님이 또 있으랴. 일흔여덟 번째의 봄이 유난히 반가운 이유는 무엇일까? 이제 다시 몇 번이나 더 봄을 맞이할 수 있을지 모르기 때문일까? 마지막 봄이 되더라도 올해의 봄만을 생각하자. 대자연의 신비로운 변화에 올해는 더 유난히 설레는 가슴으로 오롯이 오늘만 생각하자.

진취적인 생각이 우리의 희망이다

사회는 모든 면에서 나날이 변화하고 있다. 불과 몇 년 전만 해도 상상하지 못했던 일들이 너무나 쉽게 일어나고 있다. 학기 말에 하는 교수평가제나 일반기업이나 공무원 사회에서 현저하게 증가하는 여성의 진출이 한 예다. 주부들의 인터넷 열기나 여성들의 사관학교 입학이나 거의 모든 청소년이 휴대전화를 가지고 다닌다든지, 한국의 자동차 보유가 2천2백만 대를 넘었다든지, 도무지 믿을 수 없는 일들이 너무나 쉽게 현실로 나타나고 있다. 더구나 한국이 월드컵 4강 안에 드는 이변도 생겼으니, 우리나라의 발전이 경이롭다. 1960년대부터 시작된 눈부신 경제 발전은 외국의 경제학 교과서에서 핵심을 이루고 있을 정도로 모범적인 사례로 소개되고 있다.

그 뒤 88올림픽을 성공적으로 치러냈고 월드컵, APEC정상회담, 엑스포 모두 훌륭하게 마쳤으며, 이후에도 세계 육상대회와 아시안게임도 유치하였다. 그 밖에도 국제영화제, 비엔날레, 도자기 엑스포, 세계 꽃 박람회, 분야별 국제 학술대회 등 수없이 많은 국제행사를 성공적으로 개최해

오고 있다. 이 모두가 진취적인 생각에서 비롯되었다. 우리가 노력하지 않고 가만히 있으면 누가 우리에게 그런 기회를 갖다 줄 것인가?

세계적 기업도 기업인의 진취적인 사고에 힘입어 이루어졌다. 또한, 대학이나 자치단체들의 노력도 눈물겹다. 무한 경쟁 시대에 개인이나 단체나 모두 국제적인 마인드와 진취적인 기상으로 한발 앞선 노력을 하는 사람만이 살아남는다. 또한, 이러한 개인이나 단체나 기업이 많을수록 나라는 번영하는 것이다. 문제는 정치권이다.

누군가가 한국의 정치는 삼류라고 했던가? 정말 한국의 모든 문제는 정치권에서 발생한다고 해도 과언이 아니다. 그들이 얼마나 큰 영향력을 발휘하는지 그래서 그들이 정치를 잘못할 때 나라와 국민이 얼마나 힘들어지고 피해를 입는지 알고 있을까? 사심 없이 사욕 없이 진취적 사고와 애국심만으로 정치했던들 우린 이미 10년 전에 세계 5대 선진국에 도달하였을 것이다. 그러나 따지고 보면 그런 정치인들을 뽑은 것은 우리 국민이니 우리 각자가 반성하는 수밖에 없고 다음 선거에서는 정말 제대로 된 사람들을 정치가로 뽑아야 할 것이다.

적어도 10년, 더 나아가 100년을 내다보며 국가와 기업을 경영하고 학교를 경영하는 안목과 식견 그리고 강한 애국심으로 무장한 사람이 각 분야의 리더가 되어야 한다. 정말이지 각계각층에 능력과 비전을 갖춘 지도자들이 많이 나오고, 국민 한 사람 한 사람도 모두 진취적이고 반듯한 생각을 하는 그런 세상에서 살아보고 싶다. 1년도 좋고 한 달도 좋다. 단 한 해, 아니 하루라도 파업이니 농성이니 사고니 사건이니 하는 소리 없이 모든 국민이 웃는 행복한 날이 있었으면 좋겠다.

나는 1961년에 서울에 상경한 이후 단 하루도 농성, 파업, 데모, 사건·

사고와 같은 일이 일어나지 않는 날을 경험하지 못했다. 내 고향 예천에서 살 때는 대문도 열어놓고 살았고, 손님은 언제나 예고 없이 찾아와서 자연스럽게 함께 밥 먹고 잠잤고, 어느 한 집에 경사가 나면 온 동네가 잔치를 했으며, 가뭄이 들어 동네 한복판에 있는 우물에 물이 떨어지면 온 동네 여자들이 우리 집의 샘물을 길어 갔다.

봄이 되면 집집이 누에를 쳐서 부수입을 올렸고, 소나 돼지를 길러 수입을 올렸다. 농사를 짓는 데에도 곳곳에 조상들의 지혜가 숨어있다. 6.25전쟁 이후 극도로 가난했던 시절, 풀죽으로 끼니를 해결하면서도 자식들을 교육시켰다. 60년대에 와서는 '우리도 잘 살 수 있다'는 희망을 불어 넣어준 정치지도자가 있었다. 조용하던 동네에 새벽 5시 반이 되면 어김없이 동네마다 갓 설치한 앰프에서 '일하러 가세' 노래가 힘차게 울려 퍼지면 어른이나 아이 할 것 없이 일어나 동네 청소도 하고 국민체조도 하며 들로 나가 일을 했다. 두어 시간쯤 일하고 나서야 꽁보리밥이나 좁쌀죽이라도 아침을 먹을 수 있었다.

'근면, 절약, 저축'이란 현판이 동네 군데군데 걸렸다. 소위 '새마을운동'이라 하여 동네별로 힘을 합해 길을 닦고, 다리를 놓고, 농기구를 개량하고, 비뚤어진 논밭의 둑을 곧게 만들었다. 은행을 이용할 줄 몰랐던 국민이 한 푼 두 푼 생기는 대로 은행에 가서 저금하는 법도 배웠다. 수출이 무엇인지도 몰랐던 회사들도 수출만이 살길이라며 물건을 만들어 외국에 파는 법도 배우게 되었다. 수출 1억불 목표를 달성하고 나서 국민적인 환호를 자아내기도 하였다. 어느새 수출 10억불, 100억불, 1,000억불을 달성해 나갔다.

동네마다 전기가 들어오고 전화도 들어오고 TV도 볼 수 있고 고속도로라는 것도 생기고 아파트라는 것도 생기고 한국의 항공회사도 생기고, 제철회사도, 비료회사도 생기고 냉장고도 나오고 수세식 화장실도 나오는 등 영화 속에서나 봄직한 환상적인 일들이 불과 1,20년 사이에 일어난 것이었다. 소위 '한강의 기적'이라 불리는 일들이 연신 일어나면서 국민적 자신감과 자부심이 뭉게구름처럼 솟아올랐다. 한 정치가의 진취적인 생각과 추진력, 거기에 선천적으로 성실하고 명석한 국민, 뜨거운 교육열, 이 모든 것이 하나로 합해져 이룩한 기적이었다.

전 세계의 경제학 서적에는 가장 짧은 시간에 경제적 번영과 민주화를 이룬 국가의 모델로 한국이 크게 소개되고 있다. 그러던 한국이 지난 1,20년 동안은 가장 답답한 나라로 전락해가고 있는 형국이다. 우리같이 전쟁의 처참함도 겪고 호롱불 시대에서 디지털 시대까지 쉼 없이 달려온 세대의 입장에서 보면 지금의 한국의 자화상이 그저 안타까울 뿐이다. 다시 한번 국민이 진취적인 기상으로 새로운 희망과 꿈을 향해 힘차게 노를 저어야 한다.

아름다운 삶

오늘 몇 개의 신문에 어느 할머니가 익명으로 고려대 병원에 400억을 기부했다는 기사가 났다. 이 기부자의 말로는 자기 어머니가 남기신 유산이며, 어머니가 유언으로 재산을 사회에 환원하라고 하셨고, 자신은 자기 어머니의 유지를 받들 뿐이라고 하면서 자기 이름을 밝히고 싶지 않다고 하였다. 우선 유산을 남기고 돌아가신 어머님도 더 없이 훌륭하시지만, 그 따님 또한, 훌륭하기 그지없다. 웬만한 사람 같으면 죽을 때까지 그 재산을 움켜쥐고 탐욕스럽게 거드름을 피면서 나도 부자입네 하며 호화롭게 한번 살아보거나, 빌딩 주인이라도 되어 금력이라도 한번 가져봄직도 하건만 어머니 뜻대로 행하는 것이 여간한 용기와 효성으로는 되기 어려운 일이다. 진정 이런 삶이 아름다운 삶이며, 이런 사람들이 있어 세상은 그래도 살만해진다.

매일같이 나쁜 뉴스만 들어야 하는 현대인들은 어쩌면 하루도 마음껏 행복하지 못하는지도 모른다. 이 지구의 어디에서라도 정치, 사회, 경제, 모든 분야에서 나쁜 뉴스를 너무 많이 접해야 하는 우리는 정말 좋은 뉴스에 목말라 있다. 좋은 뉴스가 있는 날만이라도 나쁜 뉴스는 좀 전하지 않으면 좋겠다.

국민의 알 권리를 주장하는 사람들이 많지만 나는 '모르고 싶은 권리'를 주장하고 싶은 사람이다. 몰라도 좋은 것, 알수록 스트레스받는 사건·사고 소식이 뭐가 좋다고 알고 싶어 하는가. 더구나 국가의 기밀일 수 있는 뉴스는 자제하는 지혜도 필요하다. 왜냐하면, 한국 언론에 한 번 나오면 전 세계에서 알게 되기 때문이다. 언론이 깨어있어야 한다. 끔찍한 만행을 저지른 죄인들의 얼굴은 맨날 덮어씌워서 볼 수도 없게 하는 것은 완전히 사이비 언론의 횡포다. 어찌하여 가해자들의 인권은 그리 중요하고 수많은 피해자의 인권은 무시되는가? 연쇄살인범, 어린이 유괴범, 가정파괴범, 살인강도, 마약밀거래자 등 가해자를 보호해서 어쩌자는 것인가?

우리나라는 이상한 것이 한둘이 아니다. 공권력을 행사하다 죽거나 다친 군인이나 경찰은 외면하고 공권력을 무력화하고 공권력에 도전하다가 죽거나 다친 사람은 열사가 되니 공권력의 권위는 땅에 떨어지고 무법천지가 되어가고 있다. 불법 노점상, 불법 파업, 불법 폐기물 폐기, 불법 퇴폐 영업, 살해, 폭행, 사기, 마약밀거래 등 수많은 불법이 이 나라의 법과 질서를 교란해도 언론은 보도할 때 가해자의 얼굴을 가린다. 제발 언론이 바로 서면 좋겠다. 어린이 유괴, 미성년 성폭행, 성폭행 후 살해, 연쇄살인범 등 용서 못 할 흉악범들은 언론에서 절대 관대하게 다루면 안 된다. 그러면 제2, 제3의 유사한 범죄인이 나오게 하는 결과를 초래할 수도 있다.

내가 어릴 적에는 TV나, 라디오도 없어 온 세상이 어떻게 돌아가는지도 모르고 살았다. 정말 그때가 그립다. 아이들은 마음껏 마당에서 뛰어 놀았고 적당히 노동에 가담도 했고 부모에게 순종하며 친구들과 깔깔거리며 즐거운 날들을 보냈다. 지금으로 보면 소위 웰빙 음식인 자연식품만을 먹으며 여름에는 시냇가에 가서 미역을 감고 참외 수박은 시원한 샘물에 담가 놓았다 먹었다. 전기가 없으니 가전제품이라는 단어조차 없었지만 그래도 살만한 세상이었다. 그렇게 가난했어도 도둑 걱정 없었고 대문이고 방문이고 모두 열어놓고 살아도 유괴범도, 성범죄도 없었다. 자녀를 버리거나 부모를 버리는 일은 더욱 없었다. 이혼이란 단어도 거의 들어본 기억이 안 난다.

아름다운 삶을 사신 그 익명의 할머니 소식을 접하고 그렇게 할 수 있는 것이 부럽고 감사하며, 갑자기 가난했으나 행복했던 어린 시절이 문득 그리워진다. 그때의 할머니들이야말로 비록 사회에 환원할 재산은 없어도 세상을 아름답게 사는 착한 심성과 인내와 희생이라는 덕목을 사회에 남기지 않았던가? 어디 그뿐이랴? '자식의 교육'으로 대변되는 어머니들의 진취성은 결국 우리나라를 일으켜 세운 힘이 아니었던가? '아름다운 삶'이란 정신적으로나 경제적으로 사회에 뭔가를 남기고 죽는 삶이 아닐까. 아니 특별히 좋은 걸 남기지 못해도 사는 동안 남에게 고통주지 않고 주위의 사람들에게 즐겁고 따뜻한 추억만 남겨주고 떠나도 아름다운 삶이 아닐까?

책 속에 모든 답이 있다

인생의 모든 해답은 책 속에 있다. 흔히 '책'이나 '공부'라고 하면 너무 무겁게 생각하고 골치 아픈 걸로 생각하기 쉽지만, 곰곰이 따져 보면 책 읽는 것만큼 즐겁고 속 시원한 일도 없다. 대형서점에 가보라. 이 세상에서 필요한 모든 지식, 모든 지혜, 모든 가치가 책 속에 있다는 걸 확인할 수 있을 것이다.

책을 가까이하는 사람은 결국 최후의 승자가 되고 진정한 행복을 누릴 수 있다. 공부만큼 땀 흘린 만큼의 결과를 가져다주는 일도 없다. 농사를 지어도 '기후'라는 큰 변수가 있고, 장사를 해도 '고객의 마음'이라는 변수가 있고, 나라 전체의 경제적 여건이라는 게 있고, 요즈음은 세계가 모두 긴밀하게 연결되어 있어서 다른 나라의 정치, 경제, 사회적 문제가 자신의 사업에도 영향을 미치는 시대가 되었다.

책 읽고 공부하는 것은 아무런 변수도 없고 남이 빼앗아 가지도 못하니 얼마나 좋은가. 비록 몇 마지기의 밭농사를 하거나 조그만 양식 어장을 경영하는 사람이라고 해도 자기가 하는 일에 대해 얼마나 공부하느냐에 따라 결과가 달라지고 그 분야의 리더가 되느냐 낙후되느냐가 결정된다. 비록 길가에서 붕어빵을 구워 팔거나 군밤을 파는 사람이라도 공부를 하는 사람은 장래가 있다.

공부하고 궁리하다 보면 차츰 좋은 아이디어가 떠오르게 마련이고 그 아이디어에 따라 새롭게 도전하면 의외의 성공을 맛보거나 새로운 자신감을 얻을 수 있다. 마음이 울적할 때 책을 읽으면 많은 위로를 받을 수도 있고 지금까지 자신의 불행만 생각했지만 세상에는 자신보다 더 불행한 사람도 많다는 걸 알게 되면서 주어진 여건에 감사할 줄 알게 된다. 별로 웃을 일이 없는 사람도 책을 읽고 웃을 수 있고, 재테크라고는 할 줄 모르는 사람이 책을 읽고 재테크의 고수가 될 수도 있다. 서점에 가면 온갖 분야의 책이 다 있으므로 자기에게 필요한 책도 사고 잘 모르겠으면 점원의 도움을 받아 정말 자기가 알고 싶은 내용의 책을 얼마든지 살 수 있다.

몇 년 전에 내가 『한국문화론』을 쓸 때 한국의 놀이문화에 관해 써야 하는 대목에 이르렀다. 그런데 내가 놀아본 몇 가지와 어릴 때 본 동네의 남자아이들이 놀던 몇 가지 놀이 외에는 아는 것이 없었다. 서점에 가보았다. 서점에 가니 수백 가지의 한국의 놀이에 관한 책이 여러 권 있음은 물론이고, 한국문화 전반에 관한 책도 여러 권 있었으며, 미술사나 음악사뿐만 아니라 요리에 관해서도 주제 별로 없는 게 없었다. 나는 배고픈 사람이 밥을 먹듯 허겁지겁 신나게 책을 사 와서 집필을 중단하고 책을 읽은 다음 핵심적인 내용만 뽑아서 인용한 적이 있다. 만일 내가 재테크를 위해 서점에 갔다면 그 또한, 필요한 책을 다 살 수 있었을 것이다.

우리나라 책값은 다른 물가에 비해 유난히 싸다. 웬만한 책은 1, 2만원을 넘지 않는다. 시집은 몇천 원이면 살 수 있고 소설도 만원이면 살 수 있으며 교양서적이나 일반인을 위한 특정한 전문분야 책도 2, 3만 원이면 살 수 있다. 책은 재미, 지식, 정보, 지혜, 교훈 등 이 세상을 살아가는 데 필요한 모든 내용을 담고 있다. 그러므로 세상을 살아가면서 봉착하는 수많은 문제에 대한 해답은 책을 통해 얻을 수 있다. 우리 모두에게 확실하게 스승이 되어 주는 것이 책이다. 책을 읽는 사람은 어지간해선 좌절하지 않으며 좀체 탈선도 하지 않는다. 어떻게 살아야 하는지 배웠는데 좌절하고 탈선할 이유가 없기 때문이다.

내가 대학 시절에 읽은 책 중에서 내게 영향을 준 말을 꼽는다면, 괴테가 '가장 유능한 사람은 가장 배우기에 힘쓰는 사람이다.'라고 한 말과, 칸트가 '나는 해야 한다. 그러므로 나는 할 수 있다.'라고 한 말, 정다산이 '우리에게는 모두 허물이 있으나 서둘러 힘써야 할 일은 오직 허물을 고치는 것이다.'라고 한 말, 슈바이처 박사가 '2, 30대까진 배우고 40대부터는 일하고, 40대까진 무얼 얻을까를 고민하되, 50대부터는 무엇을 남길까를 고민하라.'라는 말들이다. 이 명구들은 내가 인생을 사는 데 크게 도움이 되었던 말들이다.

요컨대 우리가 어떤 어려움이나 고민에 처했을 때 책과 벗하는 게 가장 현명하고 가장 확실한 길이다. 책 속에 인생의 갈 길과 지혜가 담겨있고 모든 의문에 대한 답이 있다. 책의 가치와 소중함과 유용함은 아무리 강조해도 지나치지 않다.

두 얼굴

요즘 우리 사회를 보면 찡그린 얼굴과 웃는 얼굴 두 개의 얼굴을 동시에 지닌 마술사를 보는 것 같다. 옛날에 비해 자원봉사자도 늘었고 기부문화도 더 강화되었고 나라에서 주는 복지 혜택도 분명히 많아졌다. 내가 지나온 세월에서는 볼 수 없었던 일이 참으로 많이 일어나고 있다. 교실 하면 으레 콩나물시루였고 도시락은 양은 사각도시락에 밥과 반찬이 칸막이도 없이 함께 담겨있었는데 그걸 난로 위에 얹어서 데우면 냄새가 교실에 가득하고 반찬의 양념이 밥에 배여 맛이 없어도 맛있게 먹을 수 있었다. 학교급식이라는 단어 자체가 존재하지 않았어도 행복했다. TV도 없고, 전화도 없고, 자가용이 없어도 범죄가 별로 없었다. 기껏해야 콩서리, 닭서리 정도가 다였다.

남녀차별이 지금보다 훨씬 심했고, 부모들은 아이들에게 지금의 십분의 일도 정성을 쏟지 않았다. 정확하게 말하면 아이들한테 마음을 쓸 여유가 없었다. 부모 봉양이 우선이고, 농사를 짓든 생선을 잡든 장사를 하든 남녀 구분 없이 일을 많이 해야 했고, 밤에는 베를 짜거나 새끼를

꼬아야 했고, 그래도 저녁은 굶는 때가 많았으니 자식 돌볼 여유가 어디 있겠는가. 그래도 아이들이 엇나가지 않고 잘 자랐고, 이혼이나 성폭행 같은 것은 더욱 없었고, 지능적인 범죄도 없었다.

요즘은 학교에서 밥도 주고 교실은 2, 30명이 마음껏 넓게 앉고 학교를 파하면 곧장 학원으로 달려간다. 어르신들은 공짜로 지하철을 타고, 여성이 아기를 낳으면 출산 휴직이니 뭐니 하며 정부에서 아는 체를 하고…. 매일 같이 이웃돕기, 장애자 돕기, 어린이 가장 돕기 성금 모금을 하고 있다. 그런데도 온갖 범죄가 판을 친다. 어린이 유괴에 이어 어린이 성폭행, 집단 따돌림으로 아이들을 죽음으로 내몰고, 보이스피싱 같은 범죄에서, 인터넷 해킹까지, 몇십억, 몇백억, 심지어 몇천억 원의 횡령이나 불법 대출, 불법 전용 등 일반 서민은 상상도 할 수 없는 천문학적인 액수가 불법으로 왔다 갔다 한다.

모든 연령대가 나름대로 행복하지 않은 이유를 다 가지고 있다. 모든 계층과 이해집단이 모두 불행한 이유만 꼽는다. 참 이상하다. 옛날에 비하면 잘 먹고 잘살고, 자가용 타고, 방송 보고, 휴대폰을 지나 스마트폰을 손에서 놓지 않고 살고 있는데도 왜 이리 아우성인가. 가질 것 다 가지고 모든 문화생활 넘치도록 하고 사는데, 왜 행복하다고 하는 사람이 없는 것인가? 국가의 위상도 엄청나게 높아졌다. 세계 최빈국에서 상위 1, 20개국에 드는 국가가 되었고 세계적인 기업들이 줄지으며, 한류가 세계를 휩쓸고 있고, 문맹은커녕 고등학교 졸업생의 80% 이상이 대학을 가는 세계 대학 진학률 1위를 하며 한국을 방문하는 외국인 관광객이 천만 명에 달한, 남이 부러워하는 나라가 되었다. 그런데 우리 국민은 불평, 불만, 불신의 3불에 시달리고 있으니 누구를 탓해야 하는가? 때론 정치를, 때로는 언론을, 남자는 여자를, 여자는 남자를, 어른은 아이를, 아이들은 어른을 탓해보지만, 어느 누가 진정으로 우리 자신을 불행하게 만드는 주범이라고 할 수 있단 말인가.

모든 국민이 훈훈한 이야기, 따뜻한 이야기, 뭉클한 이야기에 목말라 한다. 어디에선가, 누구에게선가 위로받고 싶고, 격려받고 싶고, 칭찬받고 싶어 하는 것이다. 한국인은 선천적으로 흥이 있다. 그러므로 생태적으로 음악을 좋아한다고 할 수 있다. 그러니 공영방송에서 매주 열린 음악회도 하고 '나가수'도 하고 복면가왕도 하고 어디에선가 매일 콘서트를 하고 일요일이면 노래자랑대회를 하는데 사람들이 구름처럼 모여든다. 최근에는 트로트 열풍이 일어나고 있다.

우리 스포츠 선수가 세계를 제패하면 환호하고 덩실덩실 춤을 춘다. 매일 같이 기쁜 소식만 듣고 싶은데, 슬픈 소식과 분노할 소식도 날아들고, 걱정할 소식도 날아오니 매일 국민이 우울증에 시달리는 것이다.

요즘은 소위 세계화 시대여서 다른 나라의 경제 사정이 나빠지고 정국이 혼란해지면 금방 증권시장에 영향을 미치니 이젠 지구가 함께 몸살을 앓는 지구촌 시대가 되었다. 그래도 우리는 어떻게든 마음을 추스르고 몸을 추슬러 누구를 위하든지 살아야 하는 이유, 힘을 내야 하는 이유, 희망이 있는 이유, 행복한 이유를 찾아내야 한다. 가족을 생각해서도 좋고, 나라를 위해서도 좋고, 연인을 위해서도 좋고, 자기 자신을 위해서도 좋다. 세상을 긍정적으로 보는 것이 우리가 모두 살길이다.

절망의 순간에도 아주 조금만 생각을 달리해도 살아갈 의욕이 살아날 수 있다. 사랑하는 한 사람만 생각해내도 살 희망은 샘솟는다. 그렇지 그렇고말고. 한 사람이면 족하지. 물론 다다익선이지만 단 한 명을 위해서도 우린 살아갈 힘을 얻는다. 그리고 나를 사랑해주는 한 사람만 있어도 살맛 난다. 가족이건 친구건 연인이건 이웃이건 동료건 단 한 명만 있어도 극단적인 선택은 안 할 수 있고 세상이 끝날 것 같은 위기를 느끼지 않을 수 있다. 어느 유명한 시인은 감방 안에서 식사도 거부하고 삶도 거부하면서 턱밑까지 올라온 죽음의 준비를 하고 있었는데 우연히 조그만 창틈으로 보이는 들꽃을 보고 생명의 신비와 생명의 소중함을 깨닫고 그때부터 밥도 먹고 감방 안에서나마 뜀뛰기를 하며 살아야 할 이유를 매일 생각했다고 한다. 형기를 마치고 귀가해서는 생명운동에 뛰어든 이야기를 방송을 통해 들은 적이 있다. 나는 그 이야기를 감동적으로 들으며, 살아있다는 것이 진정 축복이고 아름다움이란 생각을 하게 되었다.

찡그린 얼굴과 웃는 얼굴 두 개 중 되도록 웃는 얼굴을 많이 보고 싶다. 아무리 어려워도 사는 것이 선이라는 것, 사는 것이 승리하는 것이라는 것, 이왕 사는 거라면 무언가 주위의 사람들과 함께 웃을 수 있는 일을 만들고 살자고 외치고 싶다. 나보다 어려운 이들에게 베푸는 삶이야말로 바로 웃는 얼굴을 만드는 것이라고.

한라산 등반기

1986년 5월 어느 날의 일이다. 나는 학부 3학년을 인솔하여 제주도 수학여행을 간 일이 있었다. 그날따라 다른 급한 일이 있어 학생들과 조교는 먼저 보내고, 나는 몇 시간 뒤에 Y라는 대학원생 한 명과 비행기로 갔다. 현지에 도착해보니 학생들은 이미 한라산을 가고 없었다. 그래서 간단히 점심을 먹고 다른 남자 조교와 함께 우리도 한라산으로 향했다. 한참 올라가다 보니 우리 학생들이 이미 내려오고 있었다. 반갑게 인사를 나누고 나서, "자네들은 먼저 내려가서 다른 데 구경하고 숙소에 가 있어. 그러면 우리가 빨리 한라산을 다녀올게."라고 하고 우리 일행 3명은 계속 올라갔다. 그런데 내려오는 사람마다 "지금 올라가면 너무 늦으니 포기하라"라고 하는 게 아닌가? 아니 아직 오후 2시 조금 넘었는데 무슨 소린가? 하면서 의기양양하게 올라갔다. 막상 한라산 꼭대기 바로 산정 아래 있는 곳에 도착해서 보니 백록담을 바로 올라가는 길을 폐쇄하고 우회해서 돌아가도록 해놓았다. 거기서 물러설 수는 없었다. 셋이서 부지런히 올라가다 보니 어느새 내려오는 사람은 끊기고 넓고 드높은 한라산을 우리 셋이서 다 차지하고 온통 보랏빛 세상을 만든 철쭉을 보며 재미있는 이야기도 하면서 계속 올라갔다. 그런데 처음에 한두 시간 돌면 되겠지 하고 용감하게 올라갔던 우리가 시행착오를 하고 있다는 것을 차차 깨닫게 되었다. 가도 가도 한라산 정상은 멀어만 가고 있었기 때문이다. 정말 이렇게 멀리 몇 시간을 돌아가도록 길이 나 있을 거라고는 생각하지 못했다. 왜 사람들이 지금 올라갈 수 없다고 말렸는지 그때서야 알았다. 어느새 시간은 오후 네 시 반을 가리키고 있었다. 같이 가던 제자들이 포기하자고 졸라댄 것도 무리가 아니었다. 그러나 나로서는 도저히 포기할 수 없었다. 서울에서 여기까지 와서 백록담을 보지 않고 간다는 건 말도 안 되고 이미 몇 시간을 올라온 것이 억울하기도 하며 또 우리 제자들에게도 무언가를 보여주어야 한다는 어쭙잖은 직업의식이 발동했다. 그리하여 포기하자는 제자들의 말도 일축하고 계속 올라갔다. 그때였다. Y가 이제 더는 못가겠다고 주저앉는 게 아닌가? 난처했다. 잠시 생각에 잠겼던 나는 한 번 더 강한 직업의식 내지는 사명감 같은 것이 발동하면서 어떤 일이 있어도 끝까지 올라갔다 와야 한다는 생각이 들었다. 그래서 Y보고 "그럼 너는 여기서 쉬고 있어. J와 나는 빨리 올라갔다 내려올테니까"라고 하고는 걸음을 재촉하였다. J는 아무 말도 못 하고 나를 따라올 수밖에 없었다. 그런데 가도 가도 정상이 보이지 않자 이번에는 J가 '선생님, 이젠 할 수 없으니 그만 내려가시지요.' 하면서 포기하자고 자꾸만 졸랐다. 그럴수록 내 걸음은 더 빨라졌다. 나중에 그 친구가 "그때부터 선생님은 아주 뛰어 올라가시던데요."라고 할 정도였다.

거기서 한술 더 떠서 나는 J에게 한마디 하는 것도 잊지 않았다. 'J야!, 이것이 바로 학문하는 길과 같은 것이란다. 포기하고 싶을 때가 수없이 있어도 참고 미련하게 올라가야만 하는…. 그러고 나면 언젠가는 정상이 나오기 마련이고 그때의 그 희열은 정상에 올라와 보지 않은 사람은 도저히 맛볼 수 없는 거지!' 어느새 세월이 흘러 대학교수가 된 그가 그때의 일을 기억할는지 모르겠다. 어떻든 나는 어디서 그런 힘이 나왔는지는 나 자신도 모를 일이었다.

원래 허리가 시원찮아 맨 처음 산에 올라가기 시작할 때는 학생들에게 많이 뒤처졌고, "너희 먼저 올라가. 나는 도중에 포기할지도 모르니까." 라고 했었다. 어느새 해가 기울기 시작할 무렵 드디어 산정이 눈앞에 들어왔다. 막 힘이 생기기 시작했다. 그러나 아뿔싸! 기쁨은 잠시. 정상까지는 매우 가파른 계단이 아닌가? 보아하니 천 계단도 넘어 보였다. 나는 호흡이 짧고 허리가 좋지 않아 유난히도 계단에 약했기 때문에 속으로 당황하지 않을 수 없었다. 그렇다고 여기서 그만둘 수는 없지 않은가? 고지가 바로 저긴데….

J 보고 먼저 올라가라 하고 난 내 페이스를 조절하였다. 딱 50계단이 나의 한계였다. '내가 50계단도 못 올라가고서야 어찌 교수를 할 수 있으며, 한 남자의 아내와 3남매의 엄마 노릇을 할 수 있을 것인가?' '50계단만 생각하자'라고 죽을힘을 다해 50을 세고 나서는 1~2분씩 쉬고 또다시 50계단. 이렇게 하여 결국 산정에 올랐다.

눈 아래 펼쳐지는 백록담의 정경! J와 감격의 포옹을 하고 야호도 하고 서둘러 내려와야 했다. 그때서야 도중에 남겨둔 Y가 생각났다. 갑자기 걱정되기 시작하였다. 철쭉으로 수놓은 한라산 전체를 우리 셋이서 차지했다는 감격도 걸음을 옮겨 놓을 때마다 물밀듯 밀려오고 남이 다 안 된다는 시간에 올라와서 기어코 산정을 정복했다는 뿌듯한 희열도 있었지만 Y 걱정이 앞섰다. 또다시 뛰다시피 하여 내려왔더니 Y가 눈에 보이지 않았다. 분명히 앉아 있어야 할 자리에 Y가 없는 게 아닌가? 그때야 정신이 번쩍 들었다. 이거 누구한테 납치라도 된 게 아닌가? 아파서 병원에 간 건 아닌가? J와 나는 교대로 Y의 이름을 부르며 걸음을 재촉하였다. 드디어 산장이 멀리 눈에 들어왔고 이어서 Y가 눈에 들어왔다. 안도의 한숨이 나왔다. 정말 잃었던 자식을 찾은 기분이었다. 힘껏 그를 불렀다.

그도 "선생님" 하며 힘차게 화답하며 나에게로 달려오고 있었다. 우리는 얼싸안고 마음껏 울었다.

"선생님, 저는 일생 이렇게 철저하게 외로워 보긴 처음이었어요. 세상에서 혼자 버려진 느낌이었으니까요. 날은 저물었는데 짐승들만 왔다 갔다 하니 무서워 죽을 뻔했어요." 하며 아기처럼 울고 있었다. "그래, 미안해, 나도 그렇게 멀 줄은 몰랐지 뭐야?", "그러니까 이제부터 대열에서 낙오되면 안 되겠지?" 마음은 몹시도 아프고 안쓰러웠지만 나는 철저하게 인정머리 없는 딱딱한 훈장티를 냈다. 셋이서 화기애애하게 내려오는 것도 잠시, 어느새 날은 저물어 한 치 앞이 보이지 않게 되었다. 어쩌면 국립공원이라는데 외등 하나도 없는지 정말 적막강산이었다. 수없이 넘어지며 굴러떨어지며 거의 구르다시피 하면서 Y와 손을 잡았다 놓았다 하며 정신없이 내려왔더니 드디어 버스 타는 데까지 내려왔다.

버스가 끊긴 지 오래였다. 그러나 하느님은 역시 무심하지 않으셨다. 정류장 식당에 물건을 실어다 주고 막 떠나려는 봉고차 한 대가 있지 않은가? 너무 반가워서 제자들 보고 어서 가서 좀 태워달라고 부탁하라 했더니 '선생님, 5천 원씩 내라는데요.' 하는 게 아닌가? 순간적으로 나는 또 훈장이 되고 말았다. '그래? 알았어, 내가 만나보지.' 하고는 젊은 기사를 보고 "세상에 이런 상황에서 빈 차로 내려가느니 당연히 태워 주어야지, 가난한 학생들보고 돈을 내라니요? 이 세상 어느 나라를 가도 이럴 때 외국인이라고 해도 돈을 요구하는 사람은 없을 거요."라고 호통을 쳤다. 그랬더니 미안하게 됐다면서 타란다. 정말 천우신조로 큰길까지 내려올 수 있었다. 내릴 때 제자들은 그냥 내리게 하고 나만 조금 사례를 했더니 내려와서 90도 절을 하고 갔다. 이렇게 하여 10시가 넘어서야 겨우 학생들이 기다리는 여관으로 올 수 있었다. 지금 생각해도 너무 즐겁고 잊을 수 없는 추억이지만 나중에 나는 반성했다. 제자들에게 깜깜한 산을 구르다시피 내려오게 한 건 정말 미안한 일이고, 지금 생각해 보니 너무나 위험한 일이었다. 뒤늦게 '아차' 하는 생각이 들면서 가슴을 쓸어내렸다. 다행히 그 일이 있은 이후 Y는 정신적으로 훨씬 강인해졌고 신체적으로도 더 튼튼해진 것 같았다. 두 번째 아기를 뱃속에 가지고도 훌륭한 박사학위 논문을 써낼 정도였다. 지금은 어엿한 일류대학 교수로 자기 분야에서 우뚝 서 있으니 나의 감회는 이루 말할 수 없다.

백두산 천지

1989년 9월 21일 나는 샌프란시스코에서 홍콩행 비행기를 탔다. 홍콩에서 다시 비행기를 갈아타고 중국 대련에 내렸다. 여기서 마중 나온 교수를 만나 다시 심양까지 가서, 거기서 기차로 다시 장춘으로 갔다가 장춘에서 다시 비행기를 타고 연변에 내렸다. 이때는 미국 샌프란시스코를 떠나온 지 8일째가 되는 9월 29일 낮이었다. 당시 한국 이중언어학회 회장이었던 나는 원래 그해 여름에 중국에서 중국조선어학회와 공동으로 국제대회를 개최하기로 합의를 한 바 있었으나, 그해 6월에 천안문 사태도 있었고, 양측의 이견도 있고 하여 다음 해로 연기해 놓은 터였다.

당시만 해도 아직 중국과 우리나라는 수교도 안 되어 있었고, 또 중국 조선어학회 회장인 최윤갑 교수 집에 전화가 없었으며, 연변대학에 팩스가 한 대 있었으나 통신이 잘 안 되었다. 구체적인 사항에 대한 협의가 너무 어려웠으므로 버클리 교환교수로 와 있는 동안 내가 직접 중국을 다녀오는 것이 안전할 것 같아 중국행을 결심했는데 막상 와보니 연변의 교통이 이토록 안 좋을 줄은 상상도 못 했다.

몹시 지치긴 했으나 일정상 그날 저녁부터 이튿날 저녁까지 최윤갑교수, 최희수 교수, 이득춘 교수, 조선족어문소조 안운 주임, 최길원 교수, 주성근 교과서 출판사 사장, 민족교육연구소의 강영덕 소장 등과 마라톤 회의를 하고 국제대회의 일정, 방법, 주제, 경비 등에 관한 모든 안건에 합의를 보았다. 말하자면 역사적인 순간이었다. 즉 사상 처음으로 한국의 학회와 중국의 학회가 공동으로 국제학술대회를 연변대학에서 개최하기로 합의를 함으로써 한중학술교류의 첫 장을 여는 것이었다. 그리고 1990년 7월에 225명이 참가하는 국제대회가 열렸고 두 권의 논문집이 나왔다. 이 논문집은 우리나라에서 발간된 최초의 한중 공동 학술논문집이었고, 더구나 중국에서의 한국어연구와 한국어학의 현주소를 파악하는 첫 작업이었다.

그건 그렇고 어떻든 협의가 끝난 다음 나는 내일은 백두산엘 가고 싶으니 좀 도와달라고 했다. 그랬더니 불가능하단다. 왜냐하면, 백두산은 지상의 기온과는 너무 달라서 9월이면 눈이 올 때가 많으므로 9월 1일부터 입산 금지 기간이기 때문이란다. 그렇다고 쉽게 물러설 내가 아니었다. "나는 두 가지 목적을 가지고 그 멀리 미국에서 일주일 이상 걸려 여기까지 왔다. 물론 국제대회를 성사시키는 것이 일차적인 목적이었지만, 두 번째는 백두산을 보러 왔다. 백두산에 갔다가 신선이 되어도 좋다. 난 어떤 일이 있어도 가야겠다."라면서 억지를 썼다. 중국 측 교수들이 기가 막혔을 것은 불문가지이다. 어떻든 나의 이 억지를 어쩔 수 없었던지 그 이튿날 아침 8시까지 차를 대기시킬 테니 준비하고 있으란다. 난 몹시 피곤해 있었을 텐데도 설레는 마음에 잠이 잘 오지 않았다.

아침에 일찍 일어나 서둘러 아침을 먹고 (아침이라야 흰죽과 아무것도 안 넣은 맛없는 빵과 오이장아찌가 다였지만) 호텔 정문에 나갔더니 봉고가 한 대 기다리고 있었다. 다른 선생님들은 모두 바빠서 못 따라가고 최희수 교수와 안주임만 동행을 하겠단다. 젊은 기사가 "제가 잘 모시겠습니다." 하면서 열심히 운전하였다. 연변에서 가깝다고만 알고 있던 나는 당황하지 않을 수 없었다. 연변에서 백두산 입구 호텔까지만 해도 비포장도로를 8시간이나 달려야 했다. 포장이 안 된 건 물론이고, 그나마도 노면이 너무 울퉁불퉁해서 봉고가 껑충껑충 뛰는데 정말 허리가 끊어질 것만 같았다. 그렇다고 되돌아가자고 할 수도 없지 않은가.

더욱 난처한 일이 일어났다. 검문소에 걸린 것이다. 입산 금지 기간이기 때문에 더 이상 들어가면 안 된다는 것이다. 난처했으나 포기할 수도 없었다. 또 한 번 떼를 썼다. "나는 백두산을 보려고 미국에서 무려 8일 걸려 여기까지 왔다. 먼빛으로라도 백두산을 한번 보고 가야겠다. 가다가 날씨가 너무 나쁘면 즉시 돌아올 테니 갈 수 있는 데까지만 가게 해 달라."라고 열심히 애기하는 것을 안주임이 감정까지 그대로 넣어 통역을 했다.

조금 있으면 소장이 올 테니 그때까지만 기다리란다. 한 30분쯤 지났을까? 드디어 훤칠하게 잘 생긴 30대쯤 되어 보이는 제복 입은 신사가 나타났다. 이름표를 보니 박씨였다. 틀림없이 조선족일 거라는 생각이 들어 혹시 조선족 아니냐니까 그렇단다. 본관이 어디냐고 하니 밀양이란다. 이제 됐다 싶었다. 나의 신분과 연변에 오게 된 동기며, 백두산을 꼭 보고 싶다는 애길 하면서 나도 밀양박씨라고 했더니 "종씨군요." 하면서 허가서를 써주었다. 몇 번이나 고맙다는 말을 하고 기사보고 서둘러 달라고 했다. 해가 뉘엿뉘엿해서야 겨우 장백산 호텔에 도착했는데, 그때는 이미 눈이 제법 와 쌓여 있었다. 나중에 안 일이지만 연변에서 내가 하도 떼를 쓰니까 검문소까지만 갈 예정이었단다. 어차피 검문소에서 막을 테니 운전기사보고 거기까지만 갔다 오라고 했다고 하며, 안주임이 양복에 구두를 신고 온 이유도 설명이 되었다. 그만 내가 검문소 사람들도 설득해서 허가서를 받아 내니 안주임과 기사는 몹시 당황했다고 한다.

장백산 호텔에 자면서 계속 기도를 했다. 제발 내일은 백두산을 보게 해달라고. 아침에 일어나보니 햇볕이 쨍쨍 내리쬐고 있는 게 아닌가? 역시 하느님은 언제나 내 편이시다. 산 쪽으로 차가 달리면서 차창 너머로 들어오는 경치는 그야말로 숨 막히는 절경이었다. 마침 계절이 바뀌는 때라 파랑, 초록, 노랑, 갈색, 빨강 색의 잎들이 형형색색 햇빛을 받으며 눈 속에서 얼굴을 내미는데 이런 게 바로 선경이 아닌가 싶었다. 호텔에서부터 두 시간 가까이 더 달리고 나서야 기사가 차를 세우며 "이제부터는 걸어가야 합니다."라고 하며 "저기 보이는 산이 장백산(백두산)입니다."라고 했다. 아! 눈 앞에 펼쳐지는 하얗게 눈 덮인 백두산! 인적 하나 없이 온통 눈으로 뒤덮인 백두산을 우리 일행 네 사람이 온통 다 차지하고 볼 수 있다는 그 감격은 이루 형언할 수가 없었다. 녹고 있는 눈을 밟으며, 개선장군이 된 기분으로 신나게 올라가고 있었다.

그때였다. 눈이 쌓인 길 위에서 모락모락 김이 피어오르는 게 아닌가? 바로 백두산의 그 유명한 온천물이었다. 손을 대보니 뜨거웠다. '달걀을 삶아 먹는다는 바로 그 온천이구나'. 원하면 온천에서 목욕도 할 수 있다지만 그럴 시간도 없고, 마음도 내키지 않아 그냥 산을 향해 계속 올라가는데 언뜻 고개를 들어보니 안주임이 엉금엉금 기어서 올라가는 게 아닌가? 양복을 입고 구두를 신고 온 탓에 미끄러워 제대로 서서 걸음을 걸을 수 없었다. 그때의 미안함과 민망함을 어찌 다 말로 표현하리?

다시 또 나를 당황하게 한 것은 천지로 올라가는 길이 없다는 것이었다. 그냥 돌무더기를 기어 올라가야 하는 것이었다. 세상에! 백두산 천지를 올라가는 길이 닦여져 있지 않다니? 그런 데를 평소에 사람들이 그냥 다니도록 내버려 두다니? 한국이나 미국에서는 상상도 못할 일이었다. 눈은 와서 미끄러운데 몇십 미터나 되는 높이의 돌무더기를 재주껏 기어 올라가야 하는 것이었다. 그렇다고 여기서 포기할 수도 없지 않은가? 입에서는 연신 "하느님, 주님. 살려주십시오."가 절로 나왔다. 그래도 젊은 기사는 잘도 올라갔다. 나는 기사 뒤를 따라 죽을힘을 다해 넘어지고 미끄러지면서 다 올라가서 보니 최교수, 기사, 나는 다 올라왔는데, 안주임은 아직 중턱을 기어 올라오고 있었다. 구두를 신었으니 오죽했으랴? 일단 돌무더기를 다 올라가고 보니 폭포가 눈에 들어왔다. 말로만 듣고 사진으로만 보던 그 백두산 천지 폭포였다. 폭포가 그렇게 크고 물이 맑을 줄은 몰랐다. 그 경황 중에도 한두 장 사진을 찍고 다시 올라갔다.

이번에는 또 아슬아슬한 장면이 나타났다. 엄청나게 큰 바위 밑을 지나가는데, 고개를 들어 언뜻 쳐다보니 바위 끝마다 몇 미터씩 될법한 고드름이 주렁주렁 달린 게 아닌가? 만일 한 개라도 떨어져 머리 정수리에 꽂힌다면 그대로 즉사할 것 같은 형국이었다. 순간적으로 내가 정말 여기서 신선이 되는 게 아닌가 싶었다. 그다음 미끄럽고 위험한 오솔길을 얼마나 걸었을까? 땅만 보고 걷다가 문득 고개를 들어 앞을 보니 아! 꿈에도 그리던 백두산 천지가 아닌가? 백두산 천지가 이렇게 크고 아름다울 줄이야! 물도 그토록 맑은 물은 난생처음 보는 것이었다. 날씨도 구름 한 점 없이 맑고 너무나 따뜻해서 입고 간 외투를 벗어야 했다.

사방을 둘러보니 천지를 동그랗게 싸고 있는 바위와 나무들이 하얗게 눈에 덮여있고 천지는 더없이 곱고 맑은 에메랄드빛이 어우러져 그야말로 환상적인 신비경을 연출하고 있었다.

아, 내가 이 순간을 위해 47년을 살았구나! 어쩌면 아무도 보지 못했을 눈 덮인 백두산과 천지! 이토록 태고의 아름다움을 보게 될 줄이야? 너무도 쾌청한 날씨에 온 천지가 하얀 눈으로 뒤덮여 더없이 깨끗하고 아름다운데 맑고 파아란 천지가 끝도 없이 펼쳐져 있으니 마치 구름을 타고 낙원에 올라온 느낌이랄까? 천지 물을 수십 번 손으로 퍼먹고 나니 적어도 그 순간엔 이젠 죽어도 아무 여한이 없을 성싶었다.

문득 그리운 사람들의 얼굴이 스쳐 지나갔다. 남편이랑 같이 왔으면 얼마나 좋았을까? 부모님들께도, 아이들에게도, 제자들에게도 이런 걸 보여주면 얼마나 좋아했을까? 그다음은 형제, 친구, 동료 할 것 없이 줄줄이 그리운 사람들 생각이 나면서 나 혼자만 이런 걸 본 것이 너무나 아깝고 미안하다는 생각이 들었다. 같이 온 최교수와 안주임 그리고 운전기사도 연신 입가에 웃음을 지으면서 자기들은 평생 이곳에 살았지만 이런 천지 모습은 처음이라며 황홀하다 했다.

올 때까지의 고생도 어느덧 다 잊어버리고 정말 천당에라도 와 본 기분으로 몇 장 기념 촬영을 하고 곧바로 내려왔다. 물론 내려올 때의 어려움도 엄청났지만, 천지의 비경을 보고 난 후라 그저 기분이 날아갈 듯했다. 이듬해, 또 그 이듬해에도 국제회의 관계로 연변엘 갔고 백두산에 갔지만 한 번은 날씨가 너무 나빠 천지를 아예 보지 못했고 그다음 번엔 전혀 다른 길로 지프차로 거의 산정까지 올라가서 천지를 산 위에서 아래로 내려다보는 것이어서 처음에 바로 앞에서 보고 손으로 물을 퍼먹을 수 있었던 천지와는 전혀 비교되지 않았다. 지금 생각해도 40대 때의 그 용기와 억지가 가상하고 자랑스럽다.

가우디의 건축 정신

구엘 공원은 세계적인 스페인 건축가 안토니오 가우디가 (Antonio Gaudi Cornet, 1852-1926)가 설계한 구엘 백작의 집이 있는 공원으로 유명한 곳이다. 뛰어난 건축가 가우디와 돈 많은 구엘 백작이 만나 전 인류에게 꿈과 희망, 그리고 즐거움을 선사하는 불후의 명작을 남겨 놓았다. 가우디의 작품세계는 어느 특정한 분야나 양식의 테두리 안에서 이루어지고 있는 전통적인 체계로는 분류하기가 어려우며, 특정한 스승에게서 사사 받은 제자라고도 할 수 없는 독자적이고 독창적인 것이다.

가우디의 건축 작품은 시대와 양식을 초월하고 있다. 그는 회화, 조소, 건축을 모두 종합한 총체적인 건축 작품을 바르셀로나의 곳곳에 남겨놓았는데, 그의 작품은 예술과 자연의 합일을 이루고 있다. 하늘, 구름, 물, 바위, 나무, 동물이나 산과 같은 자연의 여러 가지 모습에 대해서 그의 예리한 관찰력과 자유분방한 상상력, 남다른 창의력, 명석함과 손재능까지 예술가가 꿈꾸는 모든 능력을 선천적으로 가졌고, 거기에 노력까지 곁들여 감히 누구도 흉내낼 수 없는 걸출하고 독보적인 작품들을 남긴 것이다. 그는 남다른 분석력, 종합력, 응용력, 창의력, 상상력까지 고루 갖춘 천재적인 인물로 이 능력들을 건축에서 극대화한 것으로 보인다.

가우디는 카탈루냐의 조그만 시골집에서 관찰할 수 있었던 자연의 아름다움에 감명을 받아서 자연의 아름다운 모습을 건축에 구현하고자 하였다. 그는 어릴 적부터 다리가 불편해 주로 집에서 자연을 관찰하고 거기서 얻은 영감을 나중에 건축에 몽땅 쏟아부었다. 결혼도 하지 않았고, 글도 많이 쓰지 않았으며 여행도 별로 하지 않았다. 가우디의 건축 양식은 매우 시적이라는 평을 받았지만, 개인적으로 시를 좋아하지는 않았다고 한다. 그의 사상은 항상 건축을 통해서만 표현되었다. 1969년 이후 그의 17가지 건축 작품이 스페인의 국립문화재로 지정되었고, 이중 7개가 세계문화유산으로 등재되었다. 이중에서 가장 유명한 것이 구엘 공원과 성가족교회(Sagrada Familia)다. 가우디의 건축물은 하나하나가 제각기 다른 특징을 가지고 있으며, 다른 것과 유사한 면을 전혀 찾아볼 수 없다. 그의 건축 작품은 외면뿐만 아니라 내부까지도 치밀한 정성을 들여 모든 부분이 뛰어난 예술품이다. 천장이나 창틀, 문고리는 물론, 심지어 그 건물에 들어가는 길바닥과 담장 하나에도 그의 예술혼이 들어가지 않은 곳이 없는 총체적인 건축을 추구한다.

나 같은 범인으로서는 도저히 꿈에도 상상할 수 없는 아름답고도 신비스러운 유적 앞에서 감탄과 감동으로 입을 다물지 못했다. 그가 살았던 당시와 직후의 건축가들은 그의 사상을 제대로 이해하지 못했으나 1952년 그의 탄생 100주년 기념 전시회를 계기로 많은 건축평론가와 이론가들이 가우디 건축의 가치를 재발견하게 되었다고 한다. 가우디의 작품은 모방하기가 거의 불가능하여 수많은 모방이 있었지만 모두 실패로 돌아갔다. 가우디에게서 우리가 배울 수 있는 교훈이 있다면 어떤 문제에 봉착했을 때 어떠한 사람의 해결책을 모방하는 것이 아니라, 대자연에서 영감을 얻고, 대자연의 이치 속에서 다양한 해결책을 찾을 수 있다는 것이다.

가우디는 자연 속에서 경이로운 구조를 발견하고 그것을 건축에 구현하려고 했기 때문에 늘 새로운 양식을 찾아냈고, 이것은 그의 예술의 원동력이 되었다. 따라서 그의 작품은 참신하면서도 친숙하고 따뜻하고 아름다워 그의 시대는 물론 지금도 우리에게 환희를 맛보게 한다.

가우디의 한 말 중에 "독창성이란 것은 근본으로 돌아가는 것이다."라는 것이 있는데, 이는 모든 것의 근원은 신이 창조한 자연이라는 것을 의미한다. 그는 순환의 원리를 건축에 적용한 것일까? 직선이 없이 대부분 곡선으로만 이루어진 그의 빼어난 건축물을 보면서 한없이 행복해지고 전율을 느낄 정도로 감동을 받는다.

그의 대표작 중의 하나인 구엘 공원의 최고 걸작은 타일을 모자이크식으로 구불구불하게 용이나 뱀의 모양처럼 만든 거대한 벤치인데, 길이가 세상에서 가장 길다고 한다. 가지각색의 타일을 발라 만들었으므로 비가 온 뒤에는 더욱 깨끗하고 아름답다. 이 의자를 제작할 때 사람이 앉은 상태에서 석고를 떠서 설계하였으므로 인체공학적으로 딱 맞게 설계되어 있어 앉으면 소재가 세라믹인데도 매우 편안한 느낌을 준다. 눈으로 볼 때는 화려하면서도 부드러운 곡선이 사람의 마음을 매우 평화롭게 해주며, 앉으면 행복감이 솟아올라 마치 동화 속이나 천당에 온 것 같은 느낌을 받는다. 원래 60가구의 고급 전원주택을 지을 계획이었다니 아마도 이 주택에 사는 모든 사람들과 방문객이 앉고도 남도록 긴 의자를 설계한 듯하다. 구엘공원에는 가우디가 20년간 아버지와 살았던 집이 있는데, 현재는 가우디 박물관으로 사용되고 있다. 경비원들이 사용할 예정이었던 2채의 집은 동화에서나 나올 법한 아름다운 모습이다. 그 앞으로는 알록달록한 타일 조각으로 만든 도마뱀 분수와 그리스 신전을 모티브로 삼은 시장이 있고, 시장의 지붕 위에 그 벤치가 놓여 있는 것이다. 이름이 시장이지 마치 화려한 신전에 들어가는 것 같은 모습이다. 아름다운 기둥들과 계단이 기막히게 아름답다. 구석구석 한군데도 허술한 데가 없는 이 공원은 가우디의 위대한 건축정신을 느끼기에 충분하다. 특히 구엘 공원은 화려하고 아름다운 타일을 이용한 작품이 많은데, 스페인의 뛰어난 도자기 기술이 잘 드러나고 있다.

원래 영국의 고급 전원주택지 같은 모습으로 60가구를 건설할 예정이었지만, 구엘의 죽음으로 3가구밖에 짓지 못한 것이라 한다. 아마 이 전원주택이 다 지어져서 모두 입주했다면 이곳에 사는 사람들은 마치 천당에서 사는 기분이었을 것 같다. 공원 전체가 거대한 예술품으로서, 흙 한 줌, 돌멩이 하나도 모두 뛰어난 예술품이 되어 있기 때문이다.

가우디가 1882년부터 시작하여 평생 지었고, 지금도 공사 중이며, 앞으로도 100년이 걸려야 완성한다는 '성가족교회(Sagrada Familia)' 역시 또 하나의 기념비적 작품이다. 그의 탁월한 디자인 능력과 예술혼 그리고 가톨릭 신앙심이 모두 성가족교회에 집대성되었다. 이 교회는 하늘을 찌를 듯 솟아오른 옥수수 대궁 같은 여덟 개 탑으로 특징지어 있고, 네 개의 탑이 다 세워지면 12사도를 상징하는 12개의 탑이 된다. 중앙에는 170m 높이의 대형돔이 들어서도록 설계되었다. 구조는 크게 3개의 파사드(건축물의 주된 출입구가 있는 정면부)로 이루어져 있다. 가우디가 완성한 파사드는 그리스도 탄생을 경축하는 '탄생의 파사드'다. 나머지 두 개의 파사드는 '수난'과 '영광'의 파사드라고 한다. 수난의 파사드는 1976년에 완성되었고, 영광의 파사드는 아직 착공도 되지 않았다.

우리나라 같은 '빨리빨리 문화'로는 도저히 감당하기 어려운 과제지만 스페인 사람들은 서두르지 않고 완벽하게 완성하기 위해 노력하고 있다. 내가 살아생전 완성된 교회를 볼 가능성은 없지만 이 교회의 건축 규모나, 건축미, 건축 정신, 하느님에 대한 인간의 정성 이 모두가 나에게는 참으로 잊지 못할 감동이 되었다. '백문불여일견(百聞不如一見)'이라는 말은 이럴 때 필요한 말이 아닐까 싶다. 아직 안 가본 사람은 꼭 한번 가보라고 권하고 싶다.

외국 여행을 많이 해본 내가 추천하는 세계적 명소는 이들 가우디의 작품과 함께 런던의 웨스트민스터 사원, 파리의 루브르박물관, 캄보디아의 앙코르와트, 로마의 바티칸 성당, 미국의 그랜드캐니언과 스미소니언 박물관, 나이아가라폭포, 도시 전체가 유네스코 문화재인 이스탄불의 지하저수지와 톱카프 궁전 등 많지만, 딱 두 개만 말하라고 한다면 가우디의 성가족교회와 구엘공원을 꼽고 싶다.

정말 다시 태어난다면 건축가가 되고 싶다. 예술적 재능이라고는 전무한 나지만 또 누가 알겠는가. 다음 생에는 내가 이토록 경탄해 마지않는 가우디의 예술적 재능의 만분의 일이라도 타고날지. 아무튼, 초인적인 능력과 자연에서 얻은 영감으로 지었다는 건축물에서 느껴지는 가우디의 건축 정신을 다른 분야에서도 아주 조금이라도 응용해 보면 어떨까? 이런 위대한 건축물들을 문화유산으로 가진 스페인이 마냥 부럽다.

제4부
내 사랑 한글

내가 만난 시인들

나는 시를 꽤 좋아한다. 이미 초등학교 때부터 시를 좋아하는 기질이 나타났다. 나 혼자만 알고 있고 혼자 즐긴 일이 하나 있었으니, 그건 동시를 보면 무조건 외워버리는 것이 습관이 되었다. 그 뒤 중고등학교를 거쳐 대학에 이르는 동안에도 시를 좋아하는 습관은 버리지 못해, 백일장에 나가 우수상이나 가작을 받고 떨어져도 창피하지 않고 그냥 참가한 자체가 즐거웠던 기억이 난다.

대학에 들어가서 처음 만난 시인은 양명문 시인이었다. '명태'로 대표되는 양명문 시인은 너무나 멋있는 신사였다. 음성도 내가 동경하는 시인의 음성 그대로였고, 그의 첫 강의 내용도 너무 좋았다. 강의 요지는 '인생을 긍정적으로 보고 문학에서도 긍정적인 면을 묘사하라.'라는 내용이었다. 이 시인의 첫 강의는 비교적 '모범생'이었던 나에게 더욱 모범적인 삶을 살게 하는 데 영향을 미치지 않았나 한다.

그 뒤 내가 만난 시인은 '공초선생'으로 불린 오상순 시인이었다. 사실 만났다고 이야기하기도 민망한 만남이었다. 1961년 내가 만난 그 분은 이미 머리가 희고 벗어진 60대 후반의 노시인이었는데, 명동의 '청자' 다방에 가면 그 분을 뵐 수 있다는 정보를 얻고 친구들과 함께 그 다방에 가서 당시에 제일 비쌌던 쌍화차를 사드리고 이런저런 말씀을 들었던 기억이 난다. 그분은 가정도 없고 거의 스님 같은 생활을 하시며, 낮에는 주로 그 다방에 찾아오는 젊은 시인들이나 학생들을 만나 환담하는 것으로 소일하시며, 밤에는 절에 가서 주무신다고 하였다. 거기서 만난 젊은 이들의 즉석작품을 받으셨는데, '청동산맥'이라는 두꺼운 노트를 갖고 다니시며, 우리의 어설픈 시를 모두 거기에 쓰도록 하셨다. 당시에 그 '청동산맥'이 이미 몇 권이라 하였는데, 지금쯤 그 자료가 나온다면 매우 흥미 있는 자료가 될지도 모르겠다. 어쩌면 거기에 실렸던 사람 중에 현재 매우 유명한 시인도 분명히 있을 것 같다.

내가 두 번째 그분을 뵈올 때는 꼭 사인을 받아오리라고 작정을 하고 아예 새 노트를 한 권 사서 무슨 말씀이라도 좋으니 한 줄 써달라고 졸랐다. 그때 그분은 '空'이라는 한 글자만 써주시고 사인을 해주셨다. 다른 사람들이 계속 찾아오는 바람에 나는 그 뜻도 제대로 여쭤보지 못한 채로 세 번째, 네 번째 찾아갔을 때는 결국 뵙지 못했다. 나중에 들으니 쓸쓸하게 돌아가셨다고 하여 슬펐다.

세 번째 만난 시인은 김남조 시인이었다. 김남조 선생님은 당시 우리의 우상이었다. 출중한 외모에 갈고 다듬어진 말씀 하며, 그 특유의 낮은 톤이면서도 매력적인 음성하며, 선하면서도 매혹적인 눈빛 그리고 언제나 긴 한복 스타일의 독특한 의상과 위로 걷어 올린 헤어스타일에 이르기까지 '우아함' 그 자체였다. 물론 강의는 언제나 차분히 시를 읊는 듯한 분위기였지만 누구 하나 불평하는 학생은 없었다. 지나놓고 보면 무엇을 배웠는지 하나도 기억나지 않은 그런 수업이었지만, 그 멋있는 모습과 나긋나긋한 음성에 홀리다 보면 어느새 시간이 다 되었다. 나중에 대학원에 입학하여 선생님께서 내신 시집에 사인해 주시니 감개무량하였다.

네 번째 만난 시인은 정한모 선생님이었다. 당시 서울대학교 교수셨던 정한모 선생님은 비로소 시에 대한 '학문적 안목'을 키워주셨던 것 같다. 강의가 매우 체계적이고 논리적이며 학구적이었다. 그때야 비로소 나는 뭔가 답답하던 가슴에 시원한 바람을 느꼈다. 아마 대학원에서 시를 전공하겠다고 한때 마음먹었던 계기가 되지 않았나 싶다.

학부를 졸업하기 전에 또 한 사람의 시인을 만나게 되는데 그가 바로 신경림 시인이다. 대학 4학년 때 소위 6.3데모가 전국을 강타하여 일찌감치 휴교령이 내려지면서 6월 초에 이미 방학에 들어가게 되었다. 그때 난 가정교사를 하고 있었기 때문에 고향에도 못 가고 서울에 있던 중 우연히 신문에서 편집기자를 모집하는 광고를 보게 되었다. 지금은 폐간되고 없지만, 당시는 초중고 교장선생님들이 주로 구독하던 《교육평론》이라는 월간잡지사였다. 내 이력서를 본 사장님은 책상 서랍을 열더니 무슨 종이를 꺼냈다. 그러더니 '이거 읽어 볼 수 있겠어요?' 하며 내민 것은 한자 시험 종이였다. 몇 년을 썼는지 이미 많이 닳고 빛바랜 시험지로 모두 100문제로 된 한자 단어였다. 그런데 그 단어들은 '살균(殺菌)', '상쇄(相殺)' 등에서 '殺'과 같이 단어에 따라 달리 발음되는 특별한 한자를 모은 것이었다. 100 문제를 하나도 빼놓지 않고 물었고, 난 단 한 개도 틀리지 않고 대답을 하였다. 그랬더니 '미쓰 박, 내일 10시에 필기시험 보러 오세요.'라고 했다.

이튿날 다시 잡지사에 갔을 때는 15명 정도가 필기시험을 보러 대기하고 있었다. 기사문 작성과 상식 등의 문제였다. 결국 세 명이 뽑혔는데 그 중의 한 명이 신경림 시인이었다. 나보다 몇 살 위인 신 시인은 이미 결혼도 했고 휘문출판사에 있다가 이리로 스카우트된 분이었다. 그날 저녁 환영회를 하는 자리에서 사장님은 "내가 이 잡지를 시작한 지 20년 되었고, 그 20년 동안 똑같은 한자 시험을 봤는데 100점을 받은 사람은 미쓰박이 처음이었어요. 사실 신경림군과 미쓰정은 각각 휘문출판사와 ≪여원≫에서 이미 능력을 인정받은 사람들로서 원래 이 두 사람만 뽑을 예정으로 되어있었는데, 미쓰박이 100점 받는 바람에 할 수 없이 한 명을 더 뽑게 되었어요."라는 것이다. 그런데 왜 학교를 그만두고 취직을 하느냐고 물었다. 할 수 없이 나는 죄송하다고 하고 "실은 학교가 일찍 방학하는 바람에 두 달만 경험 삼아 하려고 했다"라고 하니 어이없어하면서 "그러면 하는 날까지 하다가 졸업하고 다시 와요"라고 했다. 난 난생처음 '기자'라는 이름으로 교육현장을 취재하여 글로 쓰면서 매우 신나는 방학을 보내게 되었다. 취재도 하고 신경림 시인 옆자리에서 함께 교정도 보고, 이런저런 얘기도 하였다. 당시 신경림 시인은 매우 궁핍한 환경을 자주 얘기하면서 야간에는 학원에 나가 영어 강의도 한다고 했다. 문학 얘기는 별로 하지 않았지만 잘못된 세상에 대한 비판과 현실에 대한 비관을 많이 한 기억이 난다.

숙대 졸업 후 한양여고 교사 시절에는 박정희 시인을 만났다. 그녀는 당시 국어과목 동료로서 비교적 가까이 지냈는데 자세한 내막은 잘 모르겠으나 무엇인가 매우 고민이 많은 듯하였다.

1년 뒤 난 대학원에 입학하게 되었는데 당시는 어학, 문학 구별해서 학생을 뽑지 않았고 강의도 따로 하지 않았다. 모두 다 같이 어학과 문학 공부를 하면서 논문을 쓸 때 비로소 어학과 문학이 갈라지는 형국이었다. 사실 학생도 국문과에는 나 혼자였다. 3년 선배 한 분이 있었고 3년 후배가 한 명 있을 정도로 대학원생이 드물었다. 학부를 졸업하고 곧바로 한양여고 교사가 된 나는 졸업 1년 후에 대학원 시험을 보게 되었는데 당시 전교에서 수십 명이 시험을 보았으나 단 6명만이 합격하였다. 함께 합격한 6명 중 한 명이 현재 숙명여대 최고의 총장으로 칭송되는 이경숙 총장이고, 또 한 사람은 학덕을 겸비한 한정신 대학원장이다.

1966년 당시만 해도 대학원에서 제대로 된 강의를 해주시는 분은 거의 안 계셨다. 한두 번 정도 얼굴 보고 기말에 리포트를 내면 학점이 나왔다. 따라서 당시 여고 교사를 하던 나는 대학원 다니는 것이 거의 부담되지 않았다. 당시 유일하게 제대로 매주 수업을 해주시던 교수님은 중앙대 문리대 학장을 하시던 백철 선생님이었다. 당시엔 여러 대학 대학원생들이 모여서 함께 강의를 받는 것이 보통이었는데, 그때 함께 공부했던 문인에는 임헌영 평론가가 생각난다. 백철 선생님은 포프의 시론을 원서로 할 정도의 외국어 실력도 있고 매우 엄격하게 강의 시간을 준수하셨다. 아마 대학원의 문학수업에서 그나마 제대로 공부해 본 유일한 강의였다.

그러나 나는 석사 2학기에 전공을 문학에서 어학으로 바꾸게 되는 결정적인 계기를 맞이한다. 한국에서 최초로 '의미론' 저서를 내고 대학에서 '의미론'이라는 과목도 개설한 이을환 선생님 강의 시간에 강의는 안 해주시고 대신 책 한 권을 소개해 주셨는데, 그 책이 바로 하야카와(Hayakawa)가 쓴 『Language in Thought and Action』이었다. 한글로 번역되어 『의미론』이란 이름으로 나온 책이었다. 그 책이 나의 운명을 송두리째 바꿔버린 책이 될 줄은 나 자신도 알 리 없었다. 평소에 문학만 좋아하던 나였지만 코지브스키(Korzbsky)를 창시자로 하는 일반의미론 관련 책이었던 이 책을 읽고는 그만 이 책의 이론에 빠지고 말았다. 결국 석사논문도 어학 쪽으로 쓰게 되었고 그것이 나중에 내가 미국 유학을 할 때 언어학을 전공하게 되는 결정적인 계기가 되었다.

전공이 바뀌면서 난 자연스럽게 시와는 멀어지게 되었다. 나는 1969년 말에 미국 유학길에 오르게 되었다. 미국의 유수한 대학의 하나인 일리노이대학 언어학과에서 박사학위를 받고 귀국하자마자 난 운 좋게도 경희대학교 문리대 국어국문과 교수가 되었다. 그때 우리 학과에는 소설에 황순원 교수가 있었고, 시에 조병화 교수가 있었다. 페미니스트인 조교수는 우리 여교수 몇 명을 매우 총애했다. 화학과, 영문과 여교수와 나를 가끔 불렀다. 조병화 선생님 연구실에 가면 미술작품이며 미술도구로 방이 꽉 차 있었다. 한창 시를 많이 쓰던 시절이라 거의 매년 시집을 줬다.

나의 경희대학교 제자 중에는 류시화, 박덕규, 하재봉, 김종회, 박남철 시인이 있다. 류시화의 본명은 안재찬인데 나중에 류시화라는 필명으로 활동하여 대단한 시인이 되었다. 나중에 몇십 년 뒤에 만난 김종회는 경희대 교수 겸 유명한 평론가가 되어있었다.

3년 뒤 나는 고려대학교 국어교육과 교수로 자리를 옮기게 되었는데, 그때 만난 시인이 오탁번 시인이다. 오탁번 시인은 신춘문예 3관왕답게 시와 소설을 상당히 잘 쓴다. 그는 27년간 나의 동료로 매우 가까이에서 지내며 서로가 아주 잘 알고 친한 사이이다. 머리가 매우 명석하고, 생활력도 강하고, 수준 높은 농담도 잘 하시는 분이다. 부인도 김은자 시인으로 매우 다복한 가정을 이루고 있다.

이후 알게 된 시인은 영문과의 김종길 시인과 국문과 최동호 시인이다.

김종길 시인은 격조 높은 시인이고 최동호 시인은 다방면으로 능력 있는 시인이다. 딱 한 번 가까이에서 뵌 분이지만 나의 시적 배고픔을 채워주시는 분으로 서정주 시인이 있다. 서정주 시인은 우리 국교과에서 초청하여 특강을 하신 적이 있는데, 특강 전과 후에 당시 학과장이던 나의 방에서 차 대접을 하며 조금 더 가까이에서 뵙게 되어 기뻤다. 그토록 아름다운 시를 쓰는 시인치고는 매우 충격적일 만큼 탁한 음성의 소유자라는 데 놀랐던 기억이 난다. 내가 알았던 대부분의 시인들은 음성조차도 매우 수려한 데 비해 서정주 시인은 매우 뜻밖이었다.

그 뒤 나는 세 사람의 시인을 더 알게 되었다. 시와 소설을 동시에 쓰는 부산대학교의 김정자 교수와 서울교대 이희숙 교수, 시조시인인 김민정 시인을 알게 된 것은 행운이다. 이들은 영혼이 맑고 아름다운 사람들인데 정말 사람과 작품이 동일시되는 매우 따뜻하고 아름다운 시들을 써서 나를 행복하게 해준다.

나는 정년퇴임 후 시로 등단했으나 우연한 계기로 소설을 쓰게 되었다. 시집은 한 권밖에 내지 않았지만, 장편 4권, 소설집 한 권을 낸 상태다. 이걸 계기로 숙대문인회 회장이 되었는데, 물론 그전에도 알고 있긴 했지만, 숙문회 일을 하면서 좀 더 가까이에서 자주 만난 추은희, 허영자, 김윤희, 신달자 시인을 알게 되어 기뻤다. 특히 허영자 시인은 나의 3년 선배로 워낙 유명하신 분이지만, 가까이에서 뵈니 그 뛰어난 인품에 존경심이 더욱 일어난다. 신달자 시인은 나의 동기생으로 다방면으로 맹활약 중인 유명 시인이다. 물론 여러 선후배도 알게 되었다. 특히 김정희 시조시인은 시조 작품도 많이 내셨지만, 진주에서 시조문학관을 운영하시며 대단한 활약을 하고 계시는 자랑스러운 선배님이다.

등단 이후 내가 이사로 있는 국제PEN한국본부의 손해일 이사장님을 알게 된 것도 큰 행운이다. 손 이사장님은 시인으로서뿐만 아니라 단체를 이끄시는 지도력도 탁월하시고, 높은 인격의 소유자로서 내가 존경하는 분이다.

난 지금도 틈이 나면 시를 읽는다. 시는 간결하고 군더더기가 없어서 좋다. 소설처럼 장황하지 않아서 좋다. 시는 함축미와 간결미, 번득이는 통찰력과 정곡을 찌르는 그 적확함이 좋다. 시를 읊어보면 음악성이 느껴지는 것도 좋다. 시는 나에게 큰 위안이다.

배차꽃이 노리다

1960년 고등학교를 졸업하고 아버지 선거 돕는다고 고향에 머물러 있던 일 년 동안 나는 참으로 많은 경험을 했다. 우선 선거라는 큰일 치르는 일부터 낙선했을 때의 참담한 현실을 체험했다. 당선과 낙선은 불과 몇백 표 혹은 심지어 몇십 표 차이지만, 결과가 가져오는 후속 현실은 하늘과 땅 차이이다. 나는 당선과 낙선의 두 가지 경험을 다 해 보았으므로 누구보다 그 차이를 실감할 수 있는 사람에 속한다. 선거에 낙선한 집은 경제적인 어려움부터 정신적인 위축까지 몇 년 내내 초상집이 되는 것이다. 더구나 4.19를 촉발한 3.15 부정선거로 낙선한 우리 아버지의 억울한 낙선에 대한 울분은 이루 말할 수 없었다. 나는 그 울분을 삭이고자 더욱 열심히 일했다. 빨랫방망이 소리도 유난히 컸을 것이다.

한편 이 기간에 나는 신체적으로 동급생보다 유난히 작고 허약했던 소녀에서 건강하고 어엿한 숙녀로 변했다. 부엌일은 기본이고, 콩 심고, 김매고, 뽕잎 따다 누에 치고, 돼지도 기르고 소도 길렀다. 일군들이 목화나무를 베서 단으로 묶어 죽 줄을 세워 놓으면 무명도 따야 했다. 끝이 보이지 않는 긴 줄에 때론 한숨도 쉬고, 때론 하늘을 쳐다보면서 시시각각 변하는 구름을 보며 눈시울을 적시기도 했다. 그래도 밤이 되면 즐거운 일이 기다리고 있었다. 소설책 읽는 일이었다. 난 속독을 하는 편이고 책을 손에 들면 마지막 쪽까지 보지 않으면 잠을 못 자는 이상한 습성이 있었다. 아무리 두꺼운 소설이라도 하룻밤 새 다 읽어버리니, 책이 계속 부족했다. 일을 그토록 많이 하는데도 시간이 남았다.

글을 모르는 어르신들이 군대 간 아들에게서 온 편지를 읽어달라고 하면 읽어드리고 대신 답장을 써드리는 일은 매우 즐거운 일이었다. 심심치 않게 이런 일이 생겨 무료한 시간을 메워주기도 하였다.

그러던 어느 날이었다. 당시 경북대학에 다니는 동네 청년이 우리 집에 찾아와 나보고 '4H 운동에 참여하지 않겠느냐?'라고 물었다. 부모님은 별로 달가워하지 않으셨지만 결국 그는 회장이 되고 나는 총무가 되었다. 모임을 주선해 보니 3, 40명의 회원이 구성되었다. 우리는 이른 아침에 골목길을 쓸기도 하고, 장날이면 무거운 짐을 들고 오는 어르신들의 짐을 들어드리기도 하고, 때로는 일손 부족한 밭일을 거들기도 하고, 벼 수매 때는 대신 계산을 해주기도 하였다. 세금 고지서가 나오면 읽어드리고 세금 내는 일을 도와드리기도 하였다. 물론 동네의 경조사 때는 앞장서서 일을 했다.

우리의 가장 큰 과업은 글을 모르는 동네 어른들에게 한글과 수학을 가르치는 일이었다. 한국의 초등학교 의무교육은 1948년 헌법이 제정·공포되고, 1949년 12월 교육법이 공포되었으며, 1952년 교육법시행령이 제정되고 본격적인 의무교육은 1954년부터 실시되었으므로 이보다 훨씬 전에 태어난 분 중에는 학교 교육을 받지 못한 어르신이 상당히 많았다.

저녁을 먹고 나서 마을회관에서 저녁 7시부터 두세 시간씩 한글 교육과 수학 교육을 했다. 나는 한글 교육을 맡았다. 우리가 한글 교실을 여니 남녀어르신이 30대부터 60대까지 5, 60명이나 모였다. 그런데 책을 읽어주고 따라 읽게 하다가 나는 그만 터져 나오는 웃음을 주체하지 못할 때가 많았다. 나뿐 아니라 온 교실이 곧잘 웃음바다가 되곤 했다.

내가 '배추꽃이 노랗다.'라고 읽어주고 그대로 따라 읽게 하면 젊은 사람들은 대부분 내가 읽어주는 대로 따라 읽지만, 연세가 높으신 분들은 '배차꽃이 노리다.'라고 읽었기 때문이다. 글자와 상관없이 평소에 쓰던 사투리를 그대로 발음하는 것이었다. 모두가 한바탕 웃고 나서 다시 '여름밤에는 모기가 윙윙거린다'라고 읽어주고 따라 읽으라고 하면

'여름밤에는 모구가 잉잉칸다'라고 하고

'아저씨, 안녕하세요?'라고 읽어주면

'아재요, 안녕하시이껴?'라고 읽는 분이 또 여럿이 나온다.

또다시 교실은 한바탕 웃음꽃이 피었다. 그들은 평소에 표준어를 한 번도 구사해 본 적이 없으므로 글자와는 상관없이 평소에 말하던 대로 따라 읽는 것이었다. 이렇게 웃으며 수업을 하다 보면 한두 시간이 금방 지나갔다. 읽기가 끝나고 쓰기 수업을 할 때는 여러 명의 4H 회원들이 일일이 그들이 쓴 것을 봐주고 고쳐주고 하는 식으로 수업을 진행했다. 수업이 끝나면 그들이 싸오신 고구마나 옥수수를 나누어 먹고 헤어지기도 했다. 두세 달이 지나니 그들은 한글을 다 깨쳐 군대 간 아들한테서 온 편지도 읽고, 부고도 읽고(그땐 전화가 없었으므로 부고는 주로 전보로 왔다), 아들한테 답장 쓴 것을 보여주며 자랑스러워하는 걸 보면 매우 흐뭇했다.

참으로 순수하고 정겹던 시절이었다. '이웃'이 있었고 '정'이 있던 시절이었다. 이후 세상은 너무도 많이 변했고 그분들은 모두 저세상 사람이 되었다. 그 자손들은 대부분 도회지로 나가 공부도 하고 직장도 가졌으며 모두 휴대전화를 가지고 언제 어디서나 전화도 하고 문자도 보낸다.

문득문득 그 시절이 파노라마처럼 펼쳐져 감상에 젖게 한다. 내 나이 이미 그 시절 그 어르신들보다 훨씬 더 늙고 보니 일 년에 한두 번 고향에 갈 때마다 감회가 새롭다. 마침 오빠 내외가 귀향하여 살고 계시니 고향 가는 발걸음이 즐겁고 경쾌하다. 동네의 인구가 몇 분의 일로 줄어있고 아는 얼굴보다 모르는 얼굴이 훨씬 더 많아졌으며, 집집이 마당에 자동차가 세워져 있으니 격세지감을 느끼지 않을 수 없다. 가난하게 살던 그때 그 시절이 참으로 그립고 천진하게 웃으시던 그 어르신들이 그립다.

나의 짝사랑

나에겐 짝사랑이 하나 있다. 낮이나 밤이나 뇌리에서 떠나지 않는 나의 애인은 보면 볼수록 아름답고 생각하면 생각할수록 소중한 '한국어'이다. 대학에서 국어국문학을 전공했고 국어학을 가르쳤던 나의 직업상의 이유로 나의 생활은 한국어와 떠나서는 생각할 수 없다. 꿈도 희망도 한국어와 관련된 것이 많다. 가령 누가 나보고 "당신 꿈이 무엇이요?"라고 묻는다면 "우리 한국어가 지금의 영어만큼 국제적인 지위를 얻는 것이요."라고 대답할 정도다.

이러한 나의 국어에 대한 사랑은 자연스럽게 학기 초 첫 강의 시간엔 으레 우리 과 신입생들에게 '사람을 가장 사람답게 해주는 것은 언어이며, 한국인을 가장 한국인답게 해주는 것은 한국어입니다. 한국인으로서 한국어를 전공하여 한국어를 가르치거나 연구하거나 한국어를 이용하여 글을 쓰는 일보다 더 떳떳하고 자랑스러운 일이 어디 있겠습니까? 여러분은 이 점을 명심하고 한국어 교육 전공 학도로서의 자부심과 사명감을 가지고 열심히 공부해야 할 것입니다.'로 시작하고, 운동권 학생들의 거친 구호와 비논리적이고 비현실적인 주장을 보면서도 정치사회적 차원이 아닌 국어학적인 차원에서 국어사용의 잘못됨을 지적하곤 했다.

국어학교수로서의 나의 국어사랑은 국어학 관련 강의와 국어에 관한 논문이나 책을 쓰는 일에 머무르지 않고, 중국에 있는 200만 우리 동포들의 한국어 보존 현상을 기뻐하거나 소련과 일본에 있는 동포들의 한국어 유실현상을 안타까워하며, 북한의 언어이질화현상을 염려하고, 또한, 이런 문제에 대한 글을 쓰는 것으로 이어진다.

또한, 지금과 같이 연구년으로 미국에 있게 되면 온갖 심리언어학적인, 사회언어학적인 이론을 앞세워 재미동포 2세들의 한국어 학습의 중요성과 필요성을 역설하고, 틈만 나면 한글학교의 현황을 파악하며 미국대학의 한국어 프로그램을 조사한다. 나에겐 통일문제도 국어통일문제로, 한국의 국력신장도 한국어의 세력 신장으로 대치된다.

몇백 년간 나라를 잃고 세계 각국에 뿔뿔이 흩어졌던 이스라엘 민족이 오늘과 같은 부강한 나라를 이룬 것도 악착같이 자기들의 언어를 지켰기 때문이며, 중국이나 소련이 그 수많은 소수민족과 방언을 가지고도 강력한 나라를 만든 것은 언어를 통일하여 국민을 결속했기 때문이다. 중국인은 세계 어디에 가 살아도 그들의 언어를 배우고 지킨다는 사실과 또 미국과 일본도 그들의 생산제품 못지않게 그들의 언어세력 확장에 얼마나 심혈을 기울여 왔나를 알 필요가 있다.

우리 한국어는 남북의 7500만 명이 사용하는 언어이고, 해외동포 750만 명을 넣으면 8000만 명이 넘으므로 언어사용 인구 수로 볼 때 세계 10위권이다. 특히 한국은 경제적으로도 국제사회에서 주목받는 국가 중 하나로 부상되었음은 다 아는 바다. 따라서 세계 각국의 고등학교에서 배우는 외국어에 한국어가 포함되고 세계명문대학에 한국어과가 생기는 것은 결코 우연이 아니다.

한 가지 애석한 일은 한국어를 모르는 재미교포 2세가 많다는 사실이다. 아무리 미국 시민으로 별 불편 없이 산다고 해도 영어만 잘하는 경우보다는 영어와 한국어를 똑같이 잘할 수 있는 이중언어인이 될 때 오히려 더 유능하고 유용한 사람이 되고, 개인적으로도 더 행복해질 수 있는 것은 너무도 분명하다.

사람은 누구든지 몇 개의 언어를 배울 수 있는 선천적인 능력을 타고 났다. 그러므로 어릴 때부터 환경만 만들어 주면 몇 개의 언어를 통달할 수가 있다. 한국인도 예외가 아니다. 아니 한국인은 세계 어느 민족보다도 더 우수하고 부지런하므로 부모가 마음만 먹으면 자녀들을 이중언어인으로 만드는 것은 문제가 아니다. 한국어와 영어 이중언어인으로서 한국의 국위를 선양하고, 국력을 신장하며 한국의 문화영토를 확장하는 선구자로서 재미교포에게 거는 기대가 실로 크다.

한국인이여! 한국어여! 그대 이름에 영광 있으라!

한글이 위대한 이유

"야, 역시 한글이 세계 최고다.", "난, 그럴 줄 알았어."

2009년 10월 5~8일까지 서울에서 제1회 문자 올림픽, 즉 세계문자대회가 열렸는데, 자국 고유의 문자가 있음을 인정받은 16개국 17개 언어를 대상으로 그 우수성을 입증하기 위한 열띤 경쟁을 벌였다. 한국어, 일본어, 중국어, 그리스어, 이탈리아어, 인도어, 라오스어, 태국어, 미얀마어, 캄보디아어, 히브리어, 아라비아어, 스리랑카어, 몽골어, 아르메니아어, 이집트어 등이 경쟁하였다. 참고로 영어, 독어, 불어 같은 것은 라틴어에서 파생된 언어로서 고유민족어로 인정되지 않는다.

이 대회에서 문자의 우수성을 판가름하는 기준으로 다음과 같이 6가지를 들었다. 문자의 탄생 시기, 글자 수, 사용의 편리성, 학습의 용이성, 발전 잠재력, 얼마나 다양한 소리를 담을 수 있느냐 등 여섯 가지 기준에 따라 심사한 결과 한글이 모든 분야에서 1위를 하였고, 그리스어가 2위를 차지하였다. 제2회인 2011년에는 한글과 그리스어 외에 영어를 비롯한 파생어 28개 언어가 다시 경합하여 역시 한글이 다시 1위를 하였다.

문자란 언어를 글로 적어 시간과 공간을 초월할 수 있게 해주는 기호 체계이다. 한글은 한국어라는 언어를 적는 문자다. 세계에는 수천 개의 언어가 있으나 현재 사용되는 문자는 약 50개 정도밖에 안 된다. 말은 있으나 문자가 없는 언어도 많고, 말은 각기 다르나 동일한 문자를 쓰는 나라도 많기 때문이다.

세계 문자는 그림에서 그림문자로, 다시 단어문자, 음절문자, 음소 문자로 발달해 왔는데, 한글은 음절문자다. 흔히 음소 문자를 지칭하는 '알파벳'이라는 용어는 기원전 3세기경부터 문헌상에 나타나는데, 그것은 그리스 문자의 첫 번째인 '알파'와 두 번째인 '베타'를 조합한 것으로 문자체계를 구성하는 기본글자를 말한다.

한국어의 알파벳인 한글은 문자적 우수성에서 세계 최고다. 그 이유는 다음과 같다. 첫째, 문자를 만든 원리가 창의적이고 과학적이다. 창의적이란 말은 어느 기존의 다른 문자를 모방하거나 변형하여 만든 것이 아니라는 점이요, 과학적이라 함은 글자 하나하나가 아무렇게나 만들어진 것이 아니라 일정한 원리에 따라 만들었다는 의미이다. 즉 모음은 천지인(ㆍ, ㅡ, ㅣ)을 기본자로 하여 획을 더하고 조합해서 만들었으며, 자음은 각 음이 발음할 때의 입 안의 모양을 본떠 만들었다는 뜻이다. 자음도 한 번에 모든 글자를 만든 것이 아니라 기본글자 ㄱ, ㄴ, ㅁ, ㅅ, ㅇ의 다섯 글자를 먼저 만들고 이들 각각에 다시 획을 더하거나, 같은 글자를 하나 더 써서 만들었으니 가르치기 쉽고 배우기 쉽다.

둘째, 가장 적은 수의 알파벳으로 가장 많은 소리를 적을 수 있다.

즉, 한글은 24개의 알파벳으로 약 9,000가지의 소리를 적을 수 있는 반면 다른 문자는 몇백 개의 소리밖에 적지 못한다. 한글은 발음할 때의 입과 혀의 모양을 본떠서 만든 문자이기 때문에 세상의 모든 소리를 완벽하게 표현해내는 세계에서 유일한 문자이다. 영어는 알파벳이 26개지만, 소문자, 대문자, 인쇄체, 필기체 등 4벌을 알아야 하니 100개가 넘고, 일본어는 히라가나, 가타카나 등 100개이며, 중국어는 3만 자가 넘고, 아랍문자는 자음만 28개인데, 그 모양이 복잡하여 식별도 어렵고 쓰기도 어려우며 모음은 (a, i, u) 세 개만 자음에 붙어있어서 모든 소리를 적을 수 없으며, 그리스문자는 24개지만 인쇄체, 필기체가 다르므로 48개가 되고, 하나하나를 무조건 외워야 하므로 배우기 어렵다.

셋째, 세계의 문자 중에서 가장 쉽게 빨리 배울 수 있다.

한글은 자음 다섯 개, 모음 세 개만 배우면, 나머지 24글자를 금방 다 배울 수 있다. 그래서 세계 언어학자들은 한글이 가장 배우기 쉽고 과학적이어서 '아침글자' 또는 '알파벳의 꿈'이라고까지 표현하며 세계 문자 중 으뜸이라는 데 주저하지 않는다.

넷째, 연관 있는 자음은 그 모양에서 금방 알 수 있다.

예를 들면, ㄱ- ㅋ- ㄲ, ㄷ-ㅌ- ㄸ, ㅈ-ㅊ-ㅉ 등, 하나의 기본글자를 두고 하나의 획을 더하면 거센소리, 겹쳐 쓰면 된소리처럼 서로 연관 있는 소리임을 미루어 짐작할 수 있는 데 반해 영어의 g-k, d-t, j-ch는 이런 짐작이 불가능하다. 다섯째, 문자가 단순하고 각 글자의 식별이 쉽고 쓰기도 쉽다.

왜나하면, 한글은 짧은 선과 ㅇ만으로 구성되어 있기 때문이다. 영어, 한자, 일본의 히라가나, 아랍문자 등은 글자 하나하나가 복잡하고, 식별이 어렵다. 여섯째, 한글의 모음은 어떤 경우에도 소리의 변화가 없다.

예를 들어 한글의 '아'는 언제나 '아'로만 발음되지만 영어의 경우 'a'

는 위치에 따라 8가지로 발음이 난다. 또한, 같은 'a'라도 영어를 사용하는 나라별로 발음이 다른 경우도 많다. 그러나 한글은 하나의 글자는 하나의 소리만 갖는다. 그리고 한글에는 영어나 불어에서 볼 수 있는 묵음자도 없다. 일곱째, 한글은 기계화에도 가장 적합하다. 한글은 정보통신(IT) 시대의 준비된 '디지털 문자'라 할 만하다. 현재 세계는 휴대전화에 필요한 모든 기능이 흡수되는 시대다. 카메라, 게임, 금융거래, 신용카드, TV, MP3, 캠코더, 무선인터넷, 정보검색, 전자사전, 지리정보, 쇼핑, 예매, 건강관리, 개인정보 관리, 민원서류 신청, 노래방 기능 등등이 휴대폰 속에 들어왔다. 그리고 홈 네트워크를 집 밖에서 조작하는 리모컨형 휴대전화, 외국어 통역을 해주는 휴대전화도 나오고 있다.

이러한 휴대전화 문자로도 한글이 가장 빠르고 쉽다. KBS에서는 1996년 한글날 특집보도에서 세계언어학자들이 프랑스에 모인 학술회의에서 한글을 세계공통어로 사용하는 문제에 대한 토론이 있었다고 보도했다. 세종대왕은 수백 년 뒤를 내다본 정보통신 선각자였다.

1989년부터 유네스코에서 문맹퇴치에 기여한 개인이나 단체에 주는 상 이름을 '세종대왕문해상'(King Sejong Literacy Prize)이라 정했다. 한글은 문자를 만든 원리, 창제자, 창제연월일을 아는 세계 유일의 문자인데, 이 문자를 창제하신 분이 세종대왕이기 때문이다.

한글은 1446년, 세종 28년 음력 9월에 반포되었다. 그리고 1928년에 10월9일을 '한글날'로 정하였다. 한국은 문자 창제일을 국가기념일로 지정한 세계 유일한 국가인데, 한글처럼 그 역사를 확실하게 아는 문자를 가진 나라는 한국밖에 없기 때문이다.

미국의 어느 언어학자는 "한글은 소리와 글이 서로 체계적인 연계성을 지닌 과학적인 문자”라면서 “한글은 어느 문자에서도 찾을 수 없는 위대한 성취이자 기념비적 사건”이라고 했다. 그는 또 “한글은 세계의 알파벳”이며 “한글은 한국의 높은 문화 수준을 보여주는 상징이기도 하지만 어느 한 나라를 뛰어넘는 중요한 의미가 있다는 점에서 세계의 선물이기도 하다.”라고 말했다.

한글은 모든 백성이 글을 읽고 쓰게 하겠다는 세종대왕의 숭고한 뜻도 담겨있다. 한글의 우수성은 국내뿐 아니라 외국에도 알려져 한글을 배우고자 하는 외국인 수도 엄청나게 불어나고 있다. 또한, 2009년에는 한글이 인도네시아 소수민족인 찌아찌아족의 공식문자가 되었다.

그러므로 우리의 한글은 이 지구상에서 가장 위대한 문자요 인류 최고의 발명품인 것이다. (국어교과서에 실린 글)

현자가 그리워질 때

시절이 하수상하니 현자(賢者)가 그리워진다. 우리 선조 중에는 참으로 훌륭한 분이 많이 계신데도 요즈음 사회에서 잘못된 역사만 너무 드러내어 부풀리고 확대하니 안타까운 일이다. 세종대왕, 이충무공, 이황, 이율곡은 모르는 이가 없지만, 조선 초기 뛰어난 국어학자였던 최세진을 자세히 아는 사람은 그리 많지 않다.

최세진(崔世珍)은 집안이 한미(寒微)하여 그의 가계(家系)와 생애는 기록으로 남아있는 것이 드물어 학계에서도 그의 출생 연도도 1465년으로 추정하고 그의 가계도 당시 사역원(司譯院) 정(正)이었던 최발(崔潑)의 아들로 추정할 뿐이다. 괴산(槐山) 최씨로서 자(字)를 공서(公瑞)라 하고 중종 37년(1542년) 사망할 때에는 중추부(中樞府)의 동지사(同知事, 종2품)에 올라 있었다.

최세진은 역관(譯官)의 집안이었으므로 어려서 사역원에 입학하여 한어(漢語)를 학습하고 그도 역과(易科)에 합격하여 역관(譯官)이 되어 명에서 오는 사신(使臣)의 접대와 명나라에 보내는 외교문서의 작성 등 당시 명(明)과의 외교 관계에서 빼놓을 수 없는 인물이 되었다. 여러 차례 중국을 다녀오면서 그곳의 선진문물을 수입하였으며 스스로도 매우 진취적인 사상을 가졌던 것으로 보인다.

중인계급의 역관임에도 불구하고 재산이 많고 중국의 선진문물을 즐기는 것이 많은 문신과 유생의 시기를 받아 그의 생애 대부분은 문신들의 질시에 시달려야 했으며, 여러 번 탄핵을 받아 벼슬이 떨어지거나 강등되는 수모도 겪어야 했다. 심지어 과거 급제가 취소되었다가 다시 환원되기도 하였다. 주지하는 바와 같이 세종대왕께서 세종 25년(1443)에 훈민정음을 창제하시고 3년 뒤에 반포하셨으나, 사대부들이 그때까지 사용하던 한자를 버리고 곧바로 한글 문자를 사용한 것이 아니었다. 한자를 사용해야만 지식인이고 권위가 있다고 생각했다. 이들에게는 걸출한 학자요, 교육자요, 한글보급의 선구자요, 외교관이요, 한중 통역사인 최세진이라는 인물의 등장이 탐탁하지 않았다.

다행히 그는 중종(中宗)의 총애를 받으면서 신분의 벽을 넘어 중국과의 외교를 전담하고 중국어 교육에 힘쓸 수가 있었다. 이때 중국어 교육을 위한 학습서로 중종 12년(1517)에 『사성통해(四聲通解)』를 저술하였고, 이보다 2~3년 앞서 중국어학습서인 『노걸대(老乞大)』와 『박통사(朴通事)』를 한글로 번역하였다.

그는 중국어교재를 우리말로 번역하면서 표음문자인 한글의 우수성을 깨닫고 이를 중국어 학습서에 적극 이용하였다. 중종 22년에 어린이 중국어 학습서인 『훈몽자회(訓蒙字會)』를 저작하였는데, 여기에 해석을 단 '언문자모'는 한글보급에 결정적 역할을 하였다. 중종 32년(1537년)에 『운회옥편(韻會玉篇)』을 저술하였고 『언해 효경(諺解孝經)』, 『이문집람

(吏文輯覽)』, 『소학편몽(小學便蒙)』도 편찬하였다. 이러한 서적들의 출간은 나중 후학들에게 한자음 연구와 국어사 연구에 큰 도움이 되었으며 한글의 보급이라는 뛰어난 업적으로 높이 평가되고 있다.

그가 훈민정음으로 『노걸대』, 『박통사』를 번역한 방법은 훗날 사역원의 다른 외국어 학습교재에도 그대로 적용되어 모든 역학서가 훈민정음으로 발음을 표기하고 그 뜻을 해석하기에 이른다. 이로 인하여 외국어 학습에 괄목할 발전이 있었고, 사역원의 역학서(譯學書)가 모두 한글로 정비되는 결과를 가져왔다.

최세진은 한글 자모의 순서를 정리하여 정착시켰으며, 자모의 명칭을 정하여 한글을 보급하는 데 크게 기여하였다. 최세진은 우리나라 최초의 국어학자였고, 훌륭한 통/번역가로서 중국과의 외교와 통상에 결정적인 역할을 한 남다른 애국애족자였다. 이런 현자가 있어 오늘날 한국어가 세계 10대 언어에 속하고, 세계 1400여 개 대학에서 한국어를 개설하고, 한류 열풍이 일어나는 데 기초가 닦여졌다.

마침 문화관광부는 1999년에 10월의 문화인물로 최세진을 선정하였다. 늦었지만 매우 다행한 일이 아닐 수 없다. 최세진은 정확한 중국어 회화학습교재 편찬을 위해 스스로 의문 나는 것은 중국에 들어가 직접 확인했으며, 그래도 잘 알지 못하는 것은 "함부로 해석하지 못하니 마땅히 다시 (중국에 가서) 질문해야 할 것이다"라고 하는 대목을 보아도 그가 얼마나 진지하고 학구적인 분인지 알 수 있다. 최세진이 남긴 수많은 저서는 그가 우리나라 한자음과 중국 본토 한자음에 얼마나 조예가 깊었는지 그리고 조국과 한글을 얼마나 사랑했는지 알 수 있다.

우리나라에는 분야별로 최세진 같은 선구자, 진정한 애국자가 많이 있지만, 이런 선각자에 대한 집중적인 조명이나 칭송하는 일이 매우 드물다. 잘못된 역사도 물론 알아야 하지만 자라나는 청소년에게는 위대한 조상의 업적을 많이 알려주고 교육하여 나라의 역사와 조상에 대한 자부심과 긍정적인 사고를 할 수 있도록 이끌어주어야 한다. 또한, 정치지도자의 경우도 공(功)은 공대로 충분히 알려주고 과(過)는 과대로 알려주는 지혜가 필요하지 않을까?

모택동이 중국을 통일한 공이 크지만 '문화혁명'이라는 더 큰 과를 범했다. 그런데도 아직 천안문 광장에는 모택동의 사진이 걸려있고 정치지도자나 교육자는 모택동의 과(過)에 대해 거의 말하지 않는다. 학자들이 조용히 연구하고 기술해 놓을 뿐이다.

지금 우리나라에서는 옳고 그름이 흐려져 있고 애국심은 올림픽 같은 행사에만 나타나니 안타깝다. 공원이나 고속도로에 쓰레기를 함부로 버리거나 버스나 지하철에서 큰 소리로 떠드는 부모를 보고 자란 자녀가 공공질서를 지킬 리 만무하다. 일요일 밤의 도전골든벨에 최종적으로 남은 학생에게 진행자가 "지금 이 순간 누구에게 무슨 말을 하고 싶으냐?"라고 물으니 "환경미화원인 아버지에게 감사하고 존경하며, '사랑한다'라는 말을 하고 싶다."라고 해서 나는 매우 큰 감명을 받은 일이 있다. 런던올림픽 때 남자체조에서 금메달을 딴 양학선 선수가 "비닐하우스에서 사시는 부모님께 집을 마련해드리고 싶다."라고 말해 또 얼마나 많은 국민이 감동했던가? 이들처럼 애국심이 있고 자신의 부모에게 효도하는 젊은이라면 탈선하거나 나쁜 생각을 할 리 없다.

흉악한 범죄를 줄이기 위해서는 우선 엄한 처벌을 해야겠지만, 평소에 국민이 국가사회를 생각하고 가족과 이웃을 사랑하며 미풍양속을 우리

후대에 전해주려는 분위기 조성이 시급하다.

요즘은 폭력적인 인터넷 게임에 빠진 청소년이 너무 많다고 한다. 이들을 자연과 책으로 데리고 나오기 위해서는 무엇보다도 정치, 언론, 기업, 교사, 학부모가 함께 지혜를 모으는 노력이 필요하다. 우리의 자녀들이 고전을 많이 읽고 저 눈부신 아침햇살, 아름다운 꽃, 싱싱한 나무들, 장엄한 저녁놀 같은 자연의 아름다움을 느끼고, 살아있음에 감사하며 가족을 사랑하고, 선생님을 존경하며, 친구들에게 신의가 있고, 나보다 어려운 환경에 있는 사람들에게 도움을 주는 사람다운 사람으로 자라게 하기 위해서는 선각자, 현자에 대한 얘기를 많이 들려주는 것도 하나의 방법이 될 수 있지 않을까?

한글의 세계화

한국어는 세계 6000여 개 언어 중 10위 안에 들어있다는 사실을 아는 국민은 얼마나 될까? 특히 동남아시아에서는 한국어가 5대 언어의 위상을 차지하고 있다. 한국어의 위상이 이렇게 올라온 데는 경제 발전에 힘입은 바 크지만, 한글이라는 문자체계 자체의 우수성도 크게 기여했다. 우리의 문자체계인 한글은 매우 과학적이고, 독창적이며 단순하여 배우기도 쉽고 가르치기도 쉬우며, 기계화에도 완벽한 문자이기 때문이다.

만일 세계의 언어학자들이 모여 새로운 문자체계를 만든다 해도 한글 이상의 문자를 만들지 못할 정도로 한글은 현대 언어학 이론으로도 완벽한 문자체계이다. 뚜렷한 문자 형성의 원리로 체계적으로 만들었다는 점에서 과학적이다. 어느 기존의 문자를 모방하거나 변형시킨 것이 아니고 독자적인 창제 원리에 의해 만들었다는 점에서 완전히 독창적이다. 또한, 문자를 창제하는 데 당시 사상이 반영되었다는 점도 독창적이다. 즉 우리 조상들은 하늘과 땅과 사람을 항상 함께 생각하는 사상이 있었는데, 이를 모음에 그대로 반영한 것이다. 1443년 훈민정음 창제 당시에는 4자모가 더 있었으나 후에 쇠퇴하여 더이상 쓰이지 않게 되어 지금은 24개의 자모를 가지고 모든 표현을 자유자재로 할 수 있다. (만일 'ㅸ'을 그대로 유지했다면 영어의 'f', 'v'를 적는 데 더 편리했을 것이다.)

어쨌든 21세기 인터넷 시대를 맞이하여 우리 한글은 더욱 그 빛을 발하고 있다. 우리나라는 영어교육을 위해 그동안 엄청난 돈과 시간과 정열을 쏟아왔다. 영어를 구사할 수 있는 능력이 그만큼 필요하고 가치 있기 때문이다. 그런데 여기서 영어 공급자의 입장에서 잠시 생각해보면 영어를 세계에 보급함으로써 얻는 국가의 경제적, 정치적, 문화적 이득이 얼마나 클 것일 까는 짐작하고도 남는다. 만일 한국어도 이와 같이 세계적으로 보급되는 언어가 된다면 경제적, 정치적, 문화적으로 얼마나 이득이 클 것인가. 한국어는 비록 조그만 국토마저 분단되어 있는 작은 나라의 국어지만, 짧은 시간에 경제적 성장과 민주화를 이룩한 대표적인 국가, 올림픽과 월드컵 경기를 치른 나라, IT 강국, 주요 자동차 수출국, 영화와 드라마, 그리고 노래 등으로 한류 열풍을 일으키는 나라, 완벽한 문자체계 등의 이유로 한국어를 배우겠다는 세계인이 날로 증가하고 있다. 일례로 중국에서는 지난 10년간 한국어학과를 신설한 대학이 100개가 넘는다. 베트남도 한두 개였는데, 지금은 열 개가 넘는다.

한국어를 세계에 수출하는 것은 제품을 수출하는 이상의 가치가 있다. 한국어의 수출은 문화수출이기 때문에 눈에 보이지 않은 부가가치가 엄청나다. 왜냐하면 한국어를 알게 되면 한국을 관광하고 싶어 하고, 한국제품을 사고 싶어 하며, 한국에 대한 계속된 관심을 가지고 한국을 좋아하게 되므로 친한파를 그만큼 세계에 많이 확보하게 되기 때문이다.

한국어의 세계화는 이미 시작된 지 오래지만 완전한 세계화를 위해서는 아직도 갈 길이 멀다. 세계적으로는 영어, 불어, 독어, 스페인어, 중국어, 아랍어, 일본어, 러시아어 다음 정도의 위상을 확고히 하고, 아시아에서는 영어, 중국어, 일본어 다음의 위상을 확실히 뿌리내리게 하기 위해서는 아직도 해결해야 할 과제가 많다.

첫째는 정부나 정치권에서 한국어의 세계화가 한국의 세계화에 매우 긴요하다는 사실을 인지하고 이 분야에 대한 적극적인 지원이 이루어져야 한다. 둘째는 일반지식인들도 한국어의 세계적인 위상이 이토록 높다는 것을 알고, 한국어를 세계 각국에 보급하는 일이 국위 선양과 국력 신장에 크게 도움이 된다는 것을 확실히 인식하는 것이 필요하다. 그리하여 국제어인 영어는 확실하게 배우되, 한국어는 되도록 많은 외국인과 재외동포에게 가르치는 것이 얼마나 중요한 일인지 알아야 한다.

셋째, 한국은 재외동포가 750만 명이나 되는데 이들을 우리의 "재외가족", "해외 자원"으로 수용하기 위해서는 이들이 모두 현지어에 능통하면서도 한국어를 배우고 보존해야 한다는 것을 모든 국민이 자각해야 한다. 또한, 동포 자신도 현지어와 한국어를 동시에 구사할 수 있는 것이 개인적으로도 훨씬 행복하고 유익하다는 것을 알 필요가 있다.

넷째, 미국, 영국, 캐나다, 네덜란드, 벨기에, 스위스, 스페인, 인도, 중국, 이스라엘, 나이지리아를 포함한 세계 대부분 국가는 다언어·다민족 국가이다. 따라서 어떤 방법으로든 이중·다중 언어교육을 하고 있다는 것을 알아야 한다. David Crystal(1997)에 의하면 세계 인구의 3분의 2의 어린이들이 이중 ·다중언어환경에서 살고 있다고 하고, 심지어 John Edward (2004)는 "세계의 모든 사람이 이중언어인이다."라고 선언하고 있다. 특히 유럽인은 대부분이 다중언어인인데, 유럽에 살면서 만일 어느 특정한 하나의 언어만 구사할 수 있다면 매우 불편하고, 불이익을 받지 않을 수 없다는 것을 상기할 필요가 있다.

다섯째, 어릴 때부터 이중·다중 언어교육을 받은 학생이 하나의 언어로만 교육을 받은 학생보다 단순히 두 개의 언어를 알게 되는 것뿐만 아니라 사고력에 있어서 훨씬 앞선다는 것을 밝혀낸 외국의 많은 연구가 있다. 분명 재외동포 자녀들이 현지어-한국어 이중언어인이 되는 것이 개인적으로나 한국과 거주국 모두에게 유리하다.

여기서 외국인이 정말 한국어를 하나의 외국어로 배울 가치가 있는가를 한번 생각해보자. 나라마다, 개인마다 한국어 학습 목적이 모두 다르다. 크게 보면 순수한 호기심이나 관광을 위한 한국어 학습, 취업을 위한 한국어 학습, 학문적 목적을 위한 학습, 국가정책적 차원의 학습, 민족성을 공고히 하기 위한 학습 등 여러 가지가 있다. 가령 미국의 경우 한국어를 교수학습하는 길이 크게 몇 가지가 있다. 우선 국가 차원에서 미국은 고급 수준의 한국어 능력자를 육성하고 있다. 즉 군사적인 목적에서 DLI(Defence Language Institute)에서는 외국어 학습으로 군 병역을 대신한다. 한국어과에서는 약 200명의 교수가 약 1500~2000명의 미국병사에게 한국어를 집중적으로 교육하고 있다. 한국어 학습으로 이미 졸업한 병사도 3만 명이 넘는다. 또한, 미국 외교부에서도 한국어를 교수하고 있다. 다음은 대학에서의 한국어 교육 프로그램이다. 미국은 현재 약 140개 대학에서 한국어과를 두거나 한국어 강좌를 개설하고 있다. 또한, LA에는 교포나 임시 주재원을 위한 한국학교가 있고 미국 전체에 약 1500개 이상의 주말 한글학교가 있다.

일본은 일본의 한국기업이나 일본기업에 취업하는 데 있어서 한국어

구사능력이 있으면 매우 유리하기 때문에 한국어를 배우는 대학생이 많다. 일본은 현재 335개 대학에 한국어과가 있거나 한국어 강좌를 개설하고 있다. 한국어를 가르치는 중고등학교도 200개가 넘는다. 초등학교에서는 '민족 학급'을 운영하면서 한국어를 가르치고 있다. 물론 한국어를 교습하는 사설학원도 많다.

중국 역시 최근 중국에 진출한 한국기업이 몇 만 개가 되므로 한국기업에 취직하기 위하여 한국어과에 입학하는 학생 수가 나날이 증가하고 있음은 고무적인 일이다. 호주도 한국어가 주요 아시아어로 지정되어 일부 고등학교에서는 외국어로서의 한국어가 교수되고 있고 한국어과를 운영하는 대학도 11개에 이른다. 베트남과 몽골, 대만 역시 한국어 붐이 일고 있다. 이런 모든 현상은 한국어를 하나의 외국어로 배울 가치가 있다고 여기고 있기 때문일 것이다.

우리는 한국의 정체성을 확립해주는 지표 중의 지표인 한글에 대한 무한한 긍지와 자부심을 가져야 한다. 또한, 우리의 한글을 세계 방방곡곡에 전파하고 후손들에게 물려줄 의무와 사명감도 가져야 한다. 우리나라를 세계화할 수 있는 가장 확실한 길도 바로 한글을 세계화하는 것이라는 확고한 신념도 필요하다. 안으로는 한국어를 갈고 다듬어 바르고 고운 우리말을 사랑함과 동시에 영어도 착실히 배우고, 밖으로는 한국어를 구사하는 재외동포와 외국인을 많이 가질 때 우리나라의 국가 경쟁력도 그만큼 높아질 것이며 국민들의 한국어에 대한 자긍심을 바탕으로 국어사랑과 나라사랑 정신도 한층 높아질 것이다.

한글과 민족 문화

국가적으로 사용하는 자국어 문자의 창제자, 창제 연월일, 그리고 창제원리를 자세히 알고 있는 경우는 세계에서 한글뿐이다. 왕이 직접 뜻을 세우고 신하들에게 명하고 사업을 주도한 경우는 더더욱 세종대왕뿐이다. 정말 가만히 생각해보면 세종대왕께 감사하고 우러러 받들고, 전 세계에 자랑하고 싶은 마음을 누를 길 없다. 한국이 고유의 문자를 가졌다는 사실은 우리나라의 위상을 높여주고 국민을 결속시켜주며 문화를 창달하는 데 얼마나 기여한다는 것은 아무리 강조해도 지나치지 않다. 아직도 우리가 우리의 문자인 한글을 가지지 못하고 있다고 생각해보라. 그 결과는 상상할 수도 없이 비참하다.

북한도 우리와 같은 한글을 사용하고 있으므로 몇십 년이 지나도 근본적인 민족문화의 동질성을 유지하는 것이다. 이 얼마나 다행스럽고 고마운 일인가. 언어를 공유한다는 것은 많은 경우에 민족성과 문화공유를 하는 것이 거의 보장된다. 그러므로 그동안 정치이념이나 경제제도가 판이하게 달라진 남북한이지만, 언어적 동질성을 유지하고 있으므로 우리의 혈통과 함께 하나의 민족으로 인정하는 데 주저할 수 없으며, 통일의 당위성을 주장하는 데 부족함이 없다.

물론 지난 70년 동안 남북한의 이질화는 정치, 경제, 사회, 사상적인 요인이 주도해왔지만 이런 모든 요인은 후천적으로 생겨난 것이므로 얼마든지 바꾸고 회복할 수 있다. 아직 지속되고 있는 남북한의 동질성은 언어와 혈연관계 덕분이 아닌가 한다. 언어와 혈연관계는 거의 선천적인 것이고 의식주 같은 민족문화도 기본적으로는 동질성을 유지하고 있다. 이런 동질성은 어떤 외부적인 장애가 있다 해도 극복할 수 있는 원동력이 되었을 것이다. 인구 7천5백만이 모두 하나로 결속되고 우리의 높은 교육수준 및 과학기술, 수준 높은 문화예술, 남다른 애족정신, 선천적인 우수한 두뇌와 근면성, 그리고 진취성을 하나로 결집한다면 얼마나 위대한 힘을 발휘할 수 있을지 짐작하고도 남는다.

일찍이 백성들을 사랑하시고 문화 창달에 남다른 관심을 가지셨던 세종대왕의 거룩하고 탁월하신 식견과 진정한 리더십과 애족 정신은 우리 자손들의 삶의 표상이 되기에 충분하며, 영원한 한민족의 영웅으로 받들어 모시는 것이 너무도 당연하다. 그런데도 불구하고 한글을 과소평가하거나, 고의로든 무지해서든, 우리글·우리말의 품격을 떨어뜨리고 훼손하는 사람이 있다는 것은 안타깝고 슬픈 일이다. 학문을 위해서, 세계적인 교류를 위해서 외국어는 물론 배워야 하지만 대학 입시나 기업의 입사 시험에서 국어 비중을 낮춘다든가, 간판과 상호에 외국어를 남용하거나 국어를 오용하는 것은 문화국민으로서 부끄러운 일이다. 바른말, 고운말, 우리의 고유어를 찾아 사용하는 것도 우리 시대 후손들이 해야 할 일이다.

몇 년 전 파리에서의 일이다. 어떤 교수집에 저녁초대를 받아 그 집 내외와 우리 내외 그리고 그 집 아들 고등학생 이렇게 다섯이서 저녁을 먹으며 이런저런 이야기를 하는데, 그 고등학생이 유창한 영어로 계속 우리에게 질문을 했다. 현 대통령의 인기가 어떠냐는 정치적인 문제부터, 경제, 사회, 문화에 이르기까지 끝도 없이 질문해댔다. 한국 같으면 부모들이 '손님들 저녁 드시는 데 왜 이렇게 귀찮게 하니?'라며 나무라기도 하련만 두 시간 동안 저녁을 먹으며 대화하는 그들의 관습 탓인지 아무 말도 없이 재미있다는 듯 보고만 있는 게 아닌가? 심지어 부모들이 보충 질문까지 했다. 처음엔 열심히 설명해 주었지만 나중에는 피곤하기도 하고, 우리도 모르는 질문을 해대니 땀이 다 났다.

저녁은 이미 다 식고 식욕도 떨어졌는데 그 아들은 계속해서 질문을 하고 있었다. 그 질문 중에 아직도 기억나는 것은 '구미공단'에서 얼마나 많은 사람이 일을 하고 있냐고 묻는 것이 아닌가? 하도 기가 막혀서 어떻게 프랑스 고등학생이 한국의 구미공단까지를 다 아느냐고 물었더니 자기네 학교 (파리의 유수한 엘리트 학교)에서는 "21세기에는 동양이 세계를 지배할 것이다. 특히 중국, 일본, 한국을 주시하라"라고 하면서 이 세 나라에 대한 학습을 철저히 시키기 때문이란다. 정말 감탄을 넘어 어떤 두려움까지 느끼도록 정신이 번쩍 들기도 하고, "이럴 때 한국은 어떻게 하고 있는가?"라는 자책감이 들기도 하였다. 그리고 내가 "그렇다면 한국어를 배울 생각은 없느냐?"라고 물었더니 "지금은 대학입시 준비로 바빠서 안 되지만, 나중에 기회가 있으면 배우고 싶다."라고 했다. 이 학생과의 대화에서 많은 걸 느낀 셈이다.

이제 우리는 국내적으로는 더욱 한글을 가꾸고 밖으로는 우리의 한글을 세계적으로 널리 보급하여 민족문화를 고양할 때다.

요컨대 한글의 세계화는 우리 시대에 주어진 사명이다. 따라서 좀 더 효율적인 한국어 보급을 위하여 국어학자나 국어교육자, 정책입안자들이 모두 힘과 지혜를 모아 한국어의 순화, 한국어의 세계화, 세종대왕 기념사업의 활성화 방안 등도 적극적으로 모색해야 한다. 국어사랑이 곧 나라사랑임을 다시 한번 상기하면서 우리의 말과 글이 세상에 더욱 활짝 피어나 한민족의 문화가 한껏 선양되기를 두 손 모아 빌어본다.

남북한의 언어통일을 위하여

해방 이후 남북은 많은 면에서 이질화되었다. 정치, 경제, 사회, 문화 문제는 차치하고도 완전히 하나였던 한국어가 남북의 분단으로 이질화된 것은 참으로 안타깝다. 1945년 광복 이전까지 함께 쓰던 서울 중심의 '표준한국어'와, 소위 '문화어'라고 하는 평양 중심의 표준어 자체의 차이, 맞춤법과 국어사전의 자모 순서의 차이, 문법의 차이, 동일한 단어에 대한 사전 풀이의 차이, 그리고 서로가 이해할 수 없는 새로운 단어의 사용 등 기본적이고 중요한 차이가 많이 발생하였다. 물론 근본적인 면에서 보면 남북한은 같은 언어를 사용하고 있다. 참으로 다행하고 감사한 일이다. 그러나 안타깝게도 지난 70년 동안 언어도 일정부분 이질화되었다.

이제 통일을 구체적으로 생각해야 하는 이 시점에서 언어통일 문제는 지리적, 정치적, 경제적 통일에 앞서 해결되어야 할 가장 시급하고도 본질적인 문제이다. 남북한 언어의 분화는 남북한 간의 진정한 화해와 민족 동질성 회복에 큰 장애가 될 뿐 아니라, 해외동포들의 모국어 교육이나 외국인에 대한 한국어 교육에 있어서도 지장을 초래해 왔다. 언어는 법이나 제도로 하루아침에 바뀌기 어려운 면이 있으므로 적극적인 논의와 통일을 위한 노력이 하루속히 이루어져야 한다.

북한의 언어정책은 그들의 유물론적인 언어도구관에 입각하여 수립됐다. 언어도구관은 기본적으로 맑스-레닌주의의 언어 인식에 기초한 것으로 언어는 '사상 교환의 중요한 수단'이자, '혁명과 건설의 강력한 무기'로 보고 있다. 이러한 언어관은 1964년과 1966년에 두 차례에 걸쳐 김일성이 문자개혁, 한자어 문제, 외래어 문제 등 8개 항에 이르는 어문정책 전반에 걸친 교시를 내렸고 『조선말 규범집』의 공포로 언어정책이 구체화되었는데, 이것은 남북한 언어를 이질화시키는 기폭제가 되었다. 즉, 북한은 말다듬기, 철자법 개정, 내용과 체제를 달리하는 사전 편찬, 사상 교육을 위한 어휘 제조 등을 실시하고 소위 평양어를 근간으로 하는 언어를 '문화어'로 지칭하여 남북한은 '한국어'라는 한국민족의 고유어가 꽤 많이 이질화되었다.

그뿐만 아니라 북한에서는 한자 사용을 금하고 서양의 외래어를 통제하다 보니 심각한 어휘 부족을 느끼게 되었다. 따라서 무리한 방법으로 고유어를 발굴, 제조, 사용하여 어색하고 생소한 말들이 많이 생겨났다. 반면 남한은 언어를 이념적 도구로 사용하지 않았고 한자, 한자어를 그대로 쓰고 서양의 외래어를 자연스럽게 수용하여 여과 없이 사용함으로써 결과적으로 어휘 면에서도 외래어가 많이 생겨 이질화가 일어나게 되었다.

다음으로 북한은 언어규범의 이질화를 촉진시켰다. 표준어, 철자법, 띄어쓰기, 표준발음, 한글자모의 이름과 순서 등이 모두 남한과 다르다. 특히 한글 자모의 순서는 남북한의 국어사전의 순서를 이질화시켜 놓았다. 그밖에 북한에서는 두음법칙을 인정하지 않고 '이해'를 '리해'로, '여자'를 '녀자'로 표기하고 사잇소리를 인정하지 않음으로 동음이의어를 많이 허용하게 되어 언어의 혼란을 가져오기도 한다. 사잇소리를 표기하는 남한과 사잇소리 표기를 하지 않는 북한사람들 사이에서 '냇가', '내가'를 똑같이 '내가'로 씀으로써 의사소통의 장애가 일어나기도 하였다. 또한, 문법에서도 남한에서는 조사와 어미를 구별하는데 북한에서는 하지 않는다.

북한에서는 남한에서 사용하지 않는 조어법을 많이 쓰고 있다. 따라서 생소한 파생어, 합성어가 눈에 많이 띈다. '차례지다, 총화짓다, 우줄주줄, 미구하나, 일떠나시다, 높뛰다, 가렴잡세, 거조굴침스럽다' 등이 그 예다. 더욱 심각한 것은 어휘 의미의 이질화 현상이다. 북한은 이념과 관계된 단어, 종교에 대한 단어, 정치 체제나 김씨 가족의 우상화와 관계되는 것은 철저하게 왜곡시켜 놓은 것을 볼 수 있다. 예를 들면 '교회당'의 경우 남한에서는 '기독교의 제례, 예배, 미사, 회합 등을 하는 건물'을 의미하는 데 반해 북에서는 '예수교에서 여러 가지 종교적 의식을 하고 사람들에게 예수교를 믿도록 선전하기 위하여 지은 건물, 종교의 탈을 쓰고 인민들의 정치적 각성과 계급의식을 무디게 하며, 착취계급에 굴종하도록 하는 반동적 독소를 퍼뜨리는 거점의 하나'로 풀이된다. '방조자'란 단어도 남한에서는 '나쁜 일을 거들어 도와주는 사람'으로, 북한에서는 '좋은 일을 거들어 주는 사람'으로 서로 반대의 의미를 지닌다.

1966년부터 시작된 말다듬기 운동도 남북한의 언어를 이질화시키는 한 요인이 되었다. 다듬은 말은 '가감법→더덜기, 타원형→길고 둥근형'

과 같이 성공한 경우도 있으나, '내부공지→본사이짬, 오훼박근→부리팔살, 응결청성→엉궈맑히기' 등과 같이 다듬기 전이나 후나 생소하긴 마찬가지인 경우도 많다. 이밖에 외래어 표기법, 문화어에 포함된 비어, 거친말, 최근 북한에서 유행되는 언어 등 언어의 이질성을 보여주는 예는 많이 있다. 위의 예는 남쪽 입장에서 지적한 것이고 북한 측에서 보면 남한어에도 생소한 말들이 많이 있다. 특히 서양의 외래어를 많이 사용하는 남한어는 북한에서는 매우 생소할 것이다. 일상용어에서 '키, 티슈, 노크, 스트레스, 아르바이트, 세일, 디스카운트' 등도 북한사람은 못 알아듣는다. 따라서 우선은 양국의 국어학자들이 각자의 자리에서 이질화된 말, 생소한 말, 뜻이 다른 말, 다른 관용어 등을 찾고, 그다음은 국어통일위원회 같은 기구를 구성하고 그 밑에 언어규범, 일상어휘, 전문학술용어, 정치 법률용어, 고유명사, 언어교육문제 등의 분과위원회를 만들어서 분과별로 통일을 위한 작업을 하면 좋을 것 같다.

일시에 모든 분야의 통일을 이루기는 어려울지라도 우선 합의하기 쉬운 것부터, 그리고 시급히 통일이 필요한 사항부터 단계적으로 해결해 나가면 의외로 쉽게 언어통일을 이룰 수도 있다. 언어통일 중에서도 맞춤법, 자모의 명칭과 순서, 외래어 표기, 그리고 문법 등 언어규범에 관한 통일만은 당장이라도 이뤄지는 것이 바람직하다. 왜냐하면, 언어규범 자체에는 아무런 정치적, 이념적 내용도 없으며, 민족의 통일이 가시적으로 가장 잘 드러나고 2세 교육이나 해외교포, 외국인들에게도 동일한 한국어를 가르칠 수 있기 때문이다. 특히 한국의 국제적인 위상이 높아지면서 한국어에 관한 관심이나 학습의욕이 전 세계적으로 높아지고 있으므로 범민족적 표준 한국어 제정, 통일된 발음사전, 표준문법, 표준철자법, 표준한국어사전, 기초어휘 선정 작업 등은 시급히 해결하여 한국어의 국제화와 효과적인 한국어 교육이 이뤄지도록 남북학자들이 함께 힘과 지혜를 모아야 할 때다. 이러한 노력들은 우리 세대에게 주어진 신성한 의무요 사명이다. 남북한 국민이 진정한 행복을 맛보려면 통일이 되어 함께 웃을 수 있어야 한다. 이러한 날을 하루빨리 맞이하기 위해서는 각 분야에서 비정치적이고 비이념적인 분야의 통일부터 하나씩 이루어 진정한 통일의 기초를 다져야 한다. '통일', 이것은 우리 세대에게 주어진 신성한 의무요 민족의 간절한 소망이다.

인간의 질서와 언어의 질서

대부분의 언어학자는 언어의 질서와 인간의 질서를 전혀 별개로 생각하고 독립적으로 다루는 경향이 있다. 그러한 시각과 연구 방법들은 그 나름대로 충분한 이유도 있고 가치도 있으며, 각 분야에 대한 깊이를 더해주는 결과도 가져온다. 그러나 언어가 '인간을 가장 인간답게 해주는 표지(標識)'임에 틀림없다면 언어와 인간 자체는 이미 불가분한 관계를 맺고 있음이 분명하다. 즉, 인간과 다른 동물들과 구별하는 주요 기준은 '언어'가 있느냐 없느냐로 구분할 수 있기 때문이다. 그러므로 학문을 하는 기본적인 태도에 있어서도 언어와 인간을 총체적으로 이해하고 다루려는 노력이 필요하다. 즉, 언어학은 좀 더 시야를 넓혀 언어와 인간 자체를 동시에 관찰하는 태도가 필요하고, 다른 인문사회과학에서는 언어의 질서(문법)가 보여주는 간결하고도 명시적인 규칙성 속에서 어떤 통찰력을 얻을 수도 있지 않을까 한다.

학문이란 우리의 일상생활과 동떨어져 있는 고답적인 것도 아니요, 반드시 어렵고 복잡하고 추상적인 것도 아닐 수 있다는 것을 알 필요가 있다. 언어와 인간사회에서 발견되는 개체성과 집단성, 역할수행과 화이부동성(和而不同性), 규칙성과 제약성 등 몇 가지의 공통되는 현상을 구체적이고 쉬운 예를 통하여 확인할 수 있다.

사람은 누구나 천부적이고 숙명적으로 고유의 개체성을 가지고 태어난다. 우선 누구의 아들, 딸, 동생, 형 등과 같은 가족 안에서의 위치와 얼굴모양, 키, 음성, 재능, 적성 등등 남과 구별되는 각기의 개성을 가지고 태어나 자라면서 크고 작은 집단을 이루고 산다. 가정이나 직장과 같이 비교적 고정적이고 일상생활과 밀착된 집단에서부터 일상생활과는 거리가 먼 …모임, …會, … 서클 등이 그것이다. 이러한 집단은 그 구성원들이 독립적으로 아무렇게나 나열되어 있는 것이 아니고 한 사람, 한 사람이 유기적으로 맺어져서 하나의 구성체 또는 구조물을 이루게 된다.

이와 같은 인간의 개체성과 집단성을 언어에서도 그대로 찾아볼 수 있다. 단어 하나하나는 이미 숙명적으로 명사, 동사와 같은 하나의 품사로 태어난다. 그러나 이들 단어 하나하나가 독립적으로 사용되는 것이 아니고 단어들이 유기적으로 결합하여 다시 '문장'이라는 구성체 또는 구조를 이루게 된다. 즉 문장을 구성하는 재료인 단어들을 그냥 무질서하게 나열해 놓으면 문장이 되는 게 아니고 일정한 규칙에 의해 질서 있게 짜 맞추어야만 뜻이 통하는 문장이 된다. 인간의 집단도 마찬가지가 아닌가? 가정은 물론이고 운동선수들의 한 팀이나, 오케스트라와 오페라단, 합창단, 학교나 회사나 정부기관도 한 사람 한 사람이 개체로서 고유한 일을 하면서도 그 구성원들과의 상하좌우 유기적인 관계로 이루어져 그 집단이 가지는 어떤 총체적인 기능을 하는 것이다.

언어나 인간에 있어서 한 개체가 가지는 역할에서도 재미있는 현상을 발견할 수 있다. 동일한 하나의 단어라도 어떤 문장에 쓰이냐에 따라 그 기능이 완전히 달라진다. 예를 들어 '집'이라는 단어의 경우 '집이 크다'라고 할 때는 주어가 되고 '나는 집을 샀다'라고 할 때는 목적어가 되며 '집의 위치가 좋다'고 할 때는 '위치'를 꾸며주는 하나의 수식어가 된다. 따라서 단어 하나하나가 맡은 소임을 충실히 해야만 그 문장이 온전하게 된다. 반면에 이 역할을 제대로 수행하지 않으면 그 단어 자체만 문제되는 것이 아니라 그 단어가 속한 문장 전체를 비문으로 만든다.

'집을 크다' 같은 것이 그 예다. 즉 이 문장이 비문이 된 것은 '집'이 주어 역할을 해야 하는데, 목적어 역할을 했기 때문이다. 이처럼 각자가 맡은 기능을 제대로 하지 않고, 남의 역할을 하면 정문(正文)을 만들지 못하게 된다. 인간도 마찬가지가 아닐까? 각기 천부적인 개성을 가졌지만 후천적으로 주어지는 다양한 역할이 있다. 아들, 딸의 역할에서부터 형, 동생, 아버지, 어머니, 학생, 직장에서 주어지는 역할, 그리고 친구, 선배, 후배, 동료, 이웃, 어떤 단체에서의 역할 등 실로 다양하다. 이 외에도 종교를 가진 사람은 신도로서의 역할, 정치가는 정치가로서의 역할, 심지어 외국에 나가거나 외국인을 만났을 때는 한국을 대표하는 한국인의 역할까지도 해야 한다. 위의 '집을 크다'에서 '집'의 경우처럼 자기의 역할을 제대로 못 하거나 과도하게 확장하여 남의 역할까지 하는 사람은 결국 자기 자신은 물론 그가 속한 집단에 커다란 잘못을 하게 되는 것이다.

자기에게 맡겨진 임무를 수행하되 또한, '화이부동(和而不同)' 하는 원리도 이해할 필요가 있다. '화이부동'은 '화합하되 같아지지 않는다'는 의미이다. 예를 들어 국어의 발음규칙에 '자음동화'라는 규칙이 있다.

'나비'나 '모자'처럼 자음+모음+자음+모음의 순서와 같은 음절구조로 되어 있다면 발음상 아무런 문제가 없다. 즉, 음가대로 쉽게 발음이 된다. 그런데 자음+자음과 같이 되어있을 경우 자음탈락, 모음첨가, 또는 자음대치 중 하나의 음운규칙이 적용하게 된다. '먹는다'의 경우 '먹'의 'ㄱ'이 'ㄴ' 앞에서 'ㅇ'으로 대치하게 되어 '멍는다'가 되는데 이 규칙을 잘 관찰하면 재미있는 현상이 발견된다. 즉 구강음(口腔音)이 비음(鼻音) 앞에서 비음의 영향을 받아 비음으로 동화되는 규칙인데, 그냥 동일하게 되는 것이 아니고 'ㄱ'음이 원래 가지고 있는 '연구개음'이라는 정체성은 그대로 지키면서 '구강음'을 '비음'으로 바꿔준다. '받는다→반는다. 입는다→임는다'의 경우도 같은 원리로 설명할 수 있다.

말하자면 발음규칙상의 '和而不同性'이라고 할만하다. 우리 인간도 마찬가지가 아닐까? 우리가 어디에 살건 자기의 개성과 주체성을 지키면서 그 환경에 조화롭게 적응하며 사는 게 아닐까? '나'는 결코 '너'가 될 수 없으며 '너' 또한, 결코 '나'가 될 수 없다. 다만 '너와 내가 더불어 화합하며 산다.'라고 보아야 한다.

언어의 질서 곧 문법은 규칙의 집합으로 볼 수 있다. 이 규칙들은 대체로 첨가, 삭제, 대치 등의 유형으로 나눌 수 있다. 언어의 발음 면을 연구하는 음운론이나 문장의 구조를 연구하는 통사론이나 마찬가지이다.

인간사회도 마찬가지가 아닐까? 어떤 일을 하는 데 있어서 순조롭게 잘 될 때는 그대로 진행하면 되겠으나, 잘 안 될 땐 어떤 것을 빼거나 보태거나 바꿈으로써 해결한다는 말이다. 예산이 모자랄 때 어떤 항목의 예산을 빼거나, 융자를 받거나, 일의 경중이나 완급에 따라 항목 간의 예산을 재조정하여 해결할 수 있을 것이다. 대학입학시험을 앞둔 수험생이 점수가 모자랄 경우 재수를 하든지(첨가), 대학을 포기하든지(생략), 지원대학이나 학과를 바꾸어(대치) 지원하지 않겠는가?

문제해결 방법으로서 첨가, 삭제, 대치 규칙 중에서 가장 적절한 규칙을 적용하여 해결함은 틀림없다. 이러한 규칙을 적용하는 데 있어 분명히 해 둘 것은 제약성 또는 규칙 적용의 조건이다. 가령 국어에는 다른 언어와는 달리 문장에서 주어를 생략할 수 있는 규칙이 있다. 즉 ‘ (너는)어디가?’, ‘ (나는)도서관에’, ‘ (너는)몇 시까지 있을 거야?’, ‘(나는)아홉 시까지’, ‘(우리)그럼 그때 만나!’, ‘응, (나는) 알았어’와 같이 주어를 생략하고도 자연스럽게 대화가 이루어진다. 그러나 이 규칙을 적용함에는 제약이 따른다. 즉, ‘화자와 청자가 서로 알고 있는 주어일 때’라는 조건이 있다. 따라서 1인칭과 2인칭만이 생략될 수 있고 처음으로 등장하는 3인칭은 생략할 수 없는 것 같은 경우이다.

‘철수는 언제 온대?’에서 ‘철수’는 생략할 수 없다.

그뿐만 아니다. 어느 언어에서나 진문(眞文)인 문장들은 얼마든지 접속할 수 있는 접속문 규칙이 있다. 따라서 ‘진달래는 보라색이다’와 ‘개나리는 노란색이다’라는 두 문장을 ‘진달래는 보라색이고 개나리는 노란색이다’라는 접속문으로 만들 수가 있다.

여기에도 조건이 있다. 어떤 면에서든지 관계있는 문장만이 접속될 수 있다. 예를 들어 ‘진달래는 보라색이다’, ‘한글은 세종대왕이 창제하셨다’는 각각 진문(眞文)이지만 ‘진달래는 보라색이고 한글은 세종대왕이 창제하셨다’는 접속문은 의미상 비문이 된다. 유유상종(類類相從)이라 할까, 인간사회에서도 결국 관계있는 사람들끼리 집단을 이룬다고 보아야 한다. 우리 인간사회에서도 마찬가지로 어떤 규칙을 적용하는 데 있어서 많은 제약이 따른다. 사랑하는 남녀가 결혼할 수 있는 대규칙이 있지만 여기서도 유부남과 처녀, 유부녀와 총각 등은 결혼할 수 없다는 제약이 따르고, 어떤 기관의 장(長)이 경제권과 인사권을 가질 수 있는 규칙이 있어도 숱한 제약이 따를 것이다. 만일 이러한 제약과 조건을 무시한다면 결국은 자신도, 그 기관도 망할 것이다.

우리는 언어와 인간사회에서 수없이 많은 공통점을 발견할 수 있다. 이러한 사실은 지금까지의 학문의 세분, 분석 위주의 학문과 교육에서 종합학문, 종합력을 강화하는 방향으로 전환할 필요성을 일깨우고 있다. 이것은 일상생활에서도 좁은 한 쪽만 보아서는 안 되고 전체를 보아야 할 때도 많다는 것을 알려주고 있다. 요컨대 미시적으로 보아야 할 때는 미시적으로, 거시적으로도 보아야 할 때는 거시적으로 보는 식견이 필요하다.

이중언어교육과 한자교육

요즈음의 젊은 세대들은 한자(漢字) 학습이나 한자 사용을 싫어한다. 우선 한자는 배우기가 어렵다고 생각하기 때문일 것이다. 그들은 한자를 몰라도 생활에 불편이 없고, 또한, 한자는 우리의 문자도 아닌데 왜 배워야 하느냐고 생각할 수도 있다. 이러한 그들의 생각이나 행동에도 충분히 일리가 있고, 수긍할 수 있는 면도 있다. 그러나 다시 곰곰이 생각해보자. 지금은 그 어느 때보다도 치열한 국제경쟁 시대이다. 모든 일이 다 그렇지만 경쟁에서 이기기 위해서는 우선 실력이 있어야 한다. 적어도 상대방이 아는 것은 나도 알고 있어야 할뿐만 아니라 상대방이 모르는 것을 나는 조금이라도 더 알아야 하고, 한 발 먼저, 한 단계 위에서 생각할 수 있는 능력이 있어야 한다.

어떤 장소에서건 우선 외국사람을 만나면 우리는 영어로 대화할 수밖에 없다. 따라서 영어를 배우지 않으면 안 된다. 초등학교 3학년부터 대학까지 영어를 필수과목으로 정하여 의무적으로 배우는 이유다. 그러나 영어로 대화가 안 되는 동양 사람하고는 한자로 필담이라도 해야 의사소통할 수 있다. 아마도 중동에서는 아랍어를 알아야 하는 것과 같을 것이다.

일본어를 전혀 모르는 내가 1991년에 경험한 일이다. 오사카에서 택시를 탔는데, 서로가 전혀 의사소통이 되지 않았다. 외국인과는 영어로밖에 말할 수 없는 나와, 영어라고는 한마디도 모르는 일본택시기사와 의사소통이 안 되는 상황이었다. 할 수 없이 내가 한자로 목적지를 써 주었더니 만면에 웃음을 띠고 '하이, 하이'를 연발하며, 내가 원하는 곳에 데려다 주었고, 결국 필담으로 몇 가지 중요 정보도 얻게 되었다. 비슷한 경험은 중국, 대만, 홍콩 등지에서도 한 바 있다.

그러므로 동양에 속해 있는 우리나라 사람들은 일단 한자를 알고 있는 것이 유리하고 편리하다. '아는 것이 힘'이라는 차원에서도 한자는 알 필요가 있다. 특히 대학교육을 받기 위해서는 한자 교육이 필수적이다. 대부분의 법학서적이나 경제서적이나 역사책을 보면 한자가 매우 많다. 국어과목을 제대로 공부하기 위해서도 한자 지식은 필수적이다. 요즈음의 대학생 중에는 전공과목의 교재에 나오는 한자를 몰라 학업에 지장을 느끼는 경우가 많다. 이러한 학생들은 상당한 시간을 옥편 찾는 데 할애하거나, 자포자기하여 대학생활을 망치는 경우까지 생긴다. 심지어 자기의 주소, 조부모님을 비롯한 가족들의 이름조차도 한자로 못 쓰는 학생까지 있다. 진작 어릴 때부터 부담 없이 한자를 배워 두었더라면 얼마나 좋았을까 하고 안타까워하는 것은 학생, 학부모, 교수 모두가 같을 것이다.

전 세계 대부분의 나라는 그들의 자녀들에게 이중·다중언어교육을 실시하고 있다. 민족의 정체성을 지키기 위하여 국어를 교육하고, 국제적인 경쟁과 외국인과의 원만한 의사소통을 위해 제2, 제3 언어를 교육한다. 특히 인도, 스위스, 이스라엘, 캐나다, 필리핀, 말레이시아, 나이지리아, 룩셈부르크, 벨기에, 파라과이 등등 다민족, 다언어 국가에서는 대내외적으로 원활한 의사소통을 위해 아예 두 가지 이상의 언어를 공용어로 하고 있다. 미국, 중국, 영국, 스페인, 러시아, 인도네시아, 호주, 케냐, 모로코, 태국, 네덜란드를 비롯한 수많은 국가에서는 그 나라의 소수민족이나 이민족들의 언어와 문화를 인정해주어 학교교육을 통해 토착어와 국가어, 또는 제1언어와 제2언어를 배우고 활용할 수 있는 이중·다중언어교육을 실시하고 있다. 유럽의 국제학교들에서는 주지하는 바와 같이 초등학교부터 고등학교까지 4개의 언어까지 구사할 수 있는 교육을 하고 있다.

이러한 국제적인 추세를 고려해보면 우리나라가 해야 할 일은 자명해진다. 한자는 몇 천 년 동안 우리의 문자 수단이었으므로 너무나 소중한 우리의 문화유산들이 한자로 되어있고 우리 국어 어휘의 7할이 한자어로 되어있다. 그러므로 고전을 읽기 위해서도 한자를 읽어야 하고, 국제경쟁에서 낙후되지 않기 위해서도 동양의 국제문자라고 할 수 있는 한자는 교육하고 학습하는 것이 현명하다. 어릴 때부터 조금씩 재미있게 다 같이 배우면 못 배울 것이 무엇인가? 조금 뒤떨어지는 학생은 어쩔 수 없다 하더라도, 쉽게 잘 습득하는 어린이까지 제도적으로 학교에서 한자를 배울 수 없다면 이들이 자라 성인이 되고. 국제경쟁에서 뒤처지게 되었을 때 조상들에 대해 얼마나 원망할 것인가?

설사 철없을 때 한자는 어려워서 못 배우겠다고 떼를 쓰더라도 교육적인 소신으로 가르쳐 놓는 것이 진정으로 자손을 위하는 길이고, 국가를 위하는 길이 아닐까? 한자는 한국사람에게 있어 어느 문자보다도 배우기 쉬운 문자라고 할 수 있다. 왜냐하면, 일단 한자를 쉽게 배울 수 있는 환경이 조성되어 있기 때문이다. 우선 신문을 비롯해 많은 주위의 인쇄물에서 한자를 대할 수 있고, 집안에 한두 명쯤은 한자를 아는 사람이 있으며, 지리적으로 가장 가까운 나라, 14억의 인구를 가진 이웃나라 중국의 문자이고 일본에 가도 한자를 많이 사용하는 것을 볼 수 있기 때문이다.

해외동포나 외국인들이 한국어를 조금만 깊이 공부하게 되면 결국 한자에 관한 관심을 두게 된다. 이때 우리는 한자는 잘 모르고, 가르칠 수도 없다고 하면 그들은 바로 중국어나 일본어로 고개를 돌릴 것이다. 그러므로 국내에서 국어를 교육하는 교육자나, 외국인들에게 한국어를 가르치는 교육자나 한자에 대한 충분한 지식을 갖는 것은 필수적이다.

우리 속담에 '가장 늦었다고 생각하는 때가 가장 빠른 때다.'라는 말이 있다. 지난 몇백 년 동안 한자교육이냐 한글전용화냐의 논란으로 우리는 많은 시간을 허비했다. 그 시간에 우리는 한자라도 더 한자를 더 배우는 것이 현명하다. 한글전용을 하되, 한자는 아는 것이 최선이다. 한국에서 한자의 위상을 어떻게 규정하든 그것은 논외로 하고라도, 무조건 "아는 것은 힘이다." 한국인에게 있어 한자를 아는 것은 너무도 큰 힘이며, 이 힘은 국민이 조금만 합심하고 노력하면 얼마든지 소유할 수 있는 힘이다. 더는 이런 힘을 버리는 우를 범하지 말자.

'아까이대이'와 '와보랑께박물관'

'사투리'는 '방언'의 고유어이다. 그러나 어감은 좀 다르다. '방언'이라고 할 때는 가치중립적으로 '지역의 언어'라는 의미가 있지만 '사투리'라고 하면 '표준어와 다른 비규범적언어'라는 어감을 갖는다. 순수언어학적으로만 보면 서울언어도 일종의 방언이다. 즉 '서울 지역의 언어'라는 의미가 되기 때문이다. 규범적으로 보면 '현재 서울을 중심으로 교양있는 사람들이 쓰는 언어'로 규정되어있기 때문에 규범적으로 보면 서울지역 언어는 표준어고 다른 지역의 언어는 모두 방언이 된다. 충청도 방언, 전라도 방언, 경상도 방언, 제주도 방언이 뚜렷이 구별되고 같은 남한에 살아도 북한 출신들의 억양은 그대로 남아있다. 방언의 특징은 발음, 문법, 어휘, 의미구조에 모두 나타나는데, 우선 두드러진 것이 발음이기 때문에 방언 연구자들은 주로 방언의 음운구조를 많이 연구했다. 그러나 어휘나 문장의 쓰임이나 의미 차이가 훨씬 재미있고 연구할 내용도 많은데, 이 분야에 관한 연구는 부진하다. 학문적으로 방언 연구는 국어발달사를 규명하는 데 도움을 준다. 사투리 사용은 권장할 일도 아니지만 그렇다고 완전히 배척할 일도 아니라고 본다. 교육적인 차원에서나 공적인 차원에서는 당연히 표준어를 써야 한다. 의사소통을 위해서도 그렇고 하나의 공동체적 일체감을 위해서도 그렇다. 학교교육에서나 일반 공적인 문건이나 말에서는 반드시 표준어를 사용해야 하는 이유다. 그러나 비공식적인 사적 모임에서는 오히려 같은 고향의 사투리를 씀으로써 친근감과 소속감을 느낀다. 또한, 사투리 중에는 언어학적으로 보더라도 매우 재미있고 또 살려 써서, 부족한 표준어의 어휘를 늘일 수 있는 것들도 있다. 예를 들어 경북 북부지역에서 쓰는 "아까이대이"라는 말은 아이가 어른한테, 어른이 어른한테, 어른이 어린이한테 두루 쓸 수 있는 매우 재미있는 말 중 하나이다. 표준어의 '아깝다', '수고한다', '안쓰럽다', '네가 병나지 않을까 염려된다', '나는 너의 노고를 높이 평가하고 감사하며, 너를 사랑한다'의 의미를 모두 가진 함축적인 단어다. 가족이나 친지 중 누가 열심히 힘든 일을 하고 있거나 시험공부를 하고 있을 때 위로하고 격려하기 위해 '아까이대이'라고 말해준다. 따라서 이 말의 뜻을 정확하게 아는 사람들 사이에서는 이 말 한 마디만 들으면 기분이 좋아지고, 매우 큰 위안도 되고 힘도 솟아난다.

또한, 제주도에는 '아니 짇은 굴묵에 네나랴'라는 속담이 있다. 이 말은 '아니 땐 굴뚝에 연기 나랴'의 의미다. 적어도 제주도 사람들이 모인 비공식자리라면 위와 같은 제주도 방언을 쓰면 훨씬 친근하고 향수를 느낄 것이다. 그런가 하면 충북 옥천에서는 '아, 너무 힘들어' 하는 뜻을 '어~겁나게 대근햐'라고 한다. 타지방 사람이 들으면 그 의미를 몰라 어리둥절하거나 답답하겠지만, 같은 옥천 사람이라면 반갑고 또 뭐라 위로하거나 도와주고 싶은 마음이 생긴다. 단번에 옥천사람인 것을 알게 되어 정서적으로도 통하게 되며 금방 말벗이 될 수 있다.

전라남도 강진군 병영면 도룡리에는 '와보랑께박물관'이 있다. 우리나라 최초 사투리 전시장이고 4,000여 점의 민속생활용품을 전시하고 있다. 매우 재치있는 이름의 이 박물관은 같은 지역 사람들에게는 친밀감과 정체성과 자부심을 느끼게 해줄 것이요, 타지방사람에게는 전라도 사투리 한마디라도 가르쳐주는 효과와 함께 호기심을 불러일으킬 것으로 예상된다. 이 박물관을 소개하는 사이트를 들어가 보면 이렇게 안내하고 있다.

> '와보랑께 박물관'은 민속품, 생활용품 등 4000여 점과 전라도 사투리를 전시하고 있으며, 이 고장의 작은 문화공간으로서 언제나 누구나 아무 부담없이 구경하시고 쉬어가실 수 있습니다. 이곳은 어느 누구의 지원이나 간섭도 받지 않습니다. 보고, 쉬고, 즐기고, 먹고, 야영과 민박도 가능합니다. 박물관 주위 도보로 2km 정도를 가면 제당터-고분묘군-고인돌군-해암서당-처녀굴 산책코스도 있지요. 와보랑께요. 재밌당께요.

사투리는 공적으로는 쓰지 말아야 할 말이지만 비공식적으로는 적절하게 사용함으로써 매우 효과적이다. 마치 외국에 가서 생소한 음식과 빵만 먹고, 영어만 하다가 한국 식당 간판을 보게 되면 반가워서 들어가 하얀 쌀밥에 된장찌개와 불고기와 김치를 한국말로 주문해서 먹을 때의 그 반갑고 편안한 느낌을 받는 것과 같은 이치이다.

한글과 디지털

한글과 디지털은 전혀 다른 세계인 것 같지만 알고 보면 천생연분이라 해도 부족함이 없다. 왜냐하면, 한글의 문자체계는 매우 간단명료한 창제 원리로 구성되어 있고, 알파벳 수도 적으며, 모든 생각과 감정을 나타내기에 완벽한 문자이고, 이 문자는 디지털 기술과 만나 상호 시너지 효과를 가져오게 되었기 때문이다. 한글은 단 3개의 모음과 5개의 자음을 조합하고, 가획하고 병서하여 모든 글자를 만들 수 있을 뿐만 아니라, 하나의 음절이 하나의 글자를 구성하고 있어서 발음과 글자가 완전일치하는 언어다. 음소문자에 비해 지면에서 차지하는 공간이 훨씬 적으며, 어느 언어보다 읽기도 쉽고 정확하게 발음할 수 있다. 더욱 중요한 것은 한글은 기계화에도 더없이 좋은 과학적인 문자체계라는 것이다. 휴대전화로 쉽게 문자를 보낼 수 있는 것도 한글의 이러한 과학적인 창제 원리 덕분이다.

디지털은 영상, 음성, 데이터 등의 정보를 디지털 신호(정보를 0과 1로 표현)의 형태로 변환하여 이를 전송하는 기술이다. 디지털 신호는 압축

기법을 이용하여 대용량의 정보를 손쉽게 전달할 수 있어 여러 개의 일반 프로그램이나 고화질 프로그램도 전송할 수 있다. 또한, 전송과정에서 발생하는 잡음 및 왜곡의 영향을 거의 받지 않으며, 자료가 손상되더라도 이를 완벽하게 복원할 수 있는 장점이 있다. 디지털의 이러한 장점을 살려 조상들이 남긴 한글 자료를 디지털화해 놓는다면 기존의 종이책이 가질 수 있는 소실, 훼손의 위험으로부터 완전히 벗어날 수 있다.

이에 한국어세계화재단에서는 디지털 한글 박물관을 구축하여 운영하고 있는데, 이것은 조상들이 남긴 훌륭한 한글자료를 영구히 완벽하게 자손들에게 물려줄 수 있다는 착안에서 시작한 사업이다. 2001년부터 2007년까지 7년에 걸쳐 엄청난 양의 한글자료를 후손들에게 원전의 훼손 없이 영구히 물려줄 수 있도록 디지털화하고 해제 및 설명을 붙여 분야별로 박물관을 구축하였다. 박물관은 역사관, 교육관, 조형예술관, 학술정보관, 생활관, 미래관 등 여섯 개의 방으로 꾸며져 있고 지난 2006년 10월에는 한글보물전 특별 전시도 한 바 있다. 한글은 과학이고, 예술이며, 정보이고, 아이디어이며, 뛰어난 디자인이다. 한글의 이 모든 것을 디지털한글박물관에서 보여주고 있다. 모든 일이 디지털기술을 바탕으로 사이버상에서 이루어진 것이다.

한국에 하나밖에 없는 이 디지털한글박물관은 21세기에 적합한 역사적 사업으로 평가된다. 종이로 된 지금까지의 문헌은 그동안 많은 전쟁을 거치며, 수없이 소실되고 시간이 지남에 따라 많이 훼손되었으나, 전국에 흩어진 희귀본을 찾아 사진을 찍어 사이버상에서 원문을 보여주고, 현대어로 번역도 하고, 필요한 해제와 설명을 붙여 자손만대에 길이 전할 수 있게 되었으며, 해외에서 한국학을 하거나 옛 한글 자료가 있어야 하는 사람들도 세계 어디에서나 사이버상에서 모든 자료를 쉽게 볼 수 있게 되었기 때문이다. 이 디지털박물관은 2014년에 개관한 국립한글박물관에서 운용하고 있다. 한국이 이룩한 첨단 과학기술인 디지털 기술은 방송을 비롯한 모든 분야에서 요긴하게 사용되지만 이처럼 우리 한글을 현 상태로 영원히 자손에게 물려주는 데 사용된 것은 그야말로 한글과 디지털의 결합으로 이루어진 것이어서 디지털 기술의 소중함을 더욱 절실히 느끼게 된다. 이처럼 한글과 디지털 기술은 상생하고 있다. 전 세계 흩어져 있는 750만 한국동포들도 사이버상으로는 내국인과 얼마든지 대화하고 교류할 수 있으며 거래도 할 수 있다. 한국은 IT 산업이 세계 제1위로서 21세기 첨단 산업을 주도하고 있다. 우선 언어적인 면에서 보면 음성은 시간적 공간적 제약이 있었다. 지금은 디지털 기술로 사이버에 저장, 가공, 신속한 전달이 모두 가능하므로 시간과 공간의 제약을 뛰어넘었으며, 심지어 인터넷 기술과 접목하여 원거리에서 화상전화도 가능하게 되었다. 앞으로도 로봇, 의료장비, 음성리모컨, 지문인식기계, 인공지능 등의 발명 내지 발전도 IT산업의 인프라를 기본으로 한 4차 산업혁명시대에 국력 신장과 국위 선양에 상당한 기여를 할 것으로 보인다.

IT 산업의 발달로 국가경쟁력과 위상이 높아지면서 한국어를 학습하고자 하는 세계인이 계속 증가하고 있다. 한국어 강좌를 개설한 대학도 계속 증가하는 추세이다. 한국어 사설학원도 전 세계에 부지기수로 생겨나고 있다. 이러한 한국어와 한국문화의 국외 수출은 국력 신장에 힘입은 바도 있지만, 역으로 IT 산업의 발달에 힘입은 측면도 분명히 있다고 보아야 할 것이다. 즉, 한국의 우수한 전기 전자제품이나 드라마, 영화, 노래 등을 좋아하게 되면서 한국어를 배우고자 하는 의욕이 증폭하였다.

특히 디지털 기술의 축적으로 한국어 교육에 필요한 교재, 사전 등 자료를 신속, 정확하게 온라인상에서 받을 수 있고, 교사 연수 프로그램도 동영상으로 얼마든지 다운받을 수 있으며, 사이버상에서 교수들의 강의를 들을 수도 있어서 외국에서의 한국어 교수학습에 많은 도움을 주고 있는 것도 한국어의 해외보급에 매우 긍정적인 영향을 끼친다.

한국은 문화적으로도 최대의 전성기를 맞이하였다. 소위 한류가 드라마, 가요, 영화, 애니메이션, 인터넷게임 등에서 아시아를 넘어 전 세계로 확산 중에 있으며, 반도체, 조선, 자동차, 전기 전자, 휴대폰 등의 약진도 두드러진다. 이들 한류 상품 중에서도 특히 인터넷게임 분야가 세계 제1위를 차지하고 있는데, 이것은 바로 디지털의 힘이다. 디지털의 앞선 기술과 한글의 상호 결합은 앞으로도 드라마, 애니메이션, 영화, 게임 등 부가가치가 높은 문화 상품의 국외 수출 증대로 이어져 국가 경쟁력이 제고되고 한국의 문화영토 확장이 계속될 것으로 전망된다. 비록 국가의 규모 면에서는 소국이지만 경제발전과 함께 문화면에서는 이제 한국이 강대국으로 우뚝 섰다. 반갑고도 자랑스러운 일이다.

위대한 발명품 한글

'와우!, 오, 예'를 외치며 얼굴 가득 웃음을 안고 방금 받은 자신의 한글 명함을 신기한 듯 자꾸 들여다보며 '라이트 자인(leight sein, 쉽다)', '스파이스 하벤(spays haben, 재미있다)'이라고 중얼거리며 쏟아져 나오는 독일인들…. 도대체 무슨 일이 일어난 것일까?

몇 해 전 독일에서 열린 프랑크푸르트 도서전의 한국관에서 실제로 있었던 일이다. 당시 독일에 살고 있던 한 동포 학자가 도서전에 참석한 독일 사람들을 상대로 40분간 즉석 한글 강좌를 열고 10분 안에 자기 이름을 한글로 쓰는 행사를 진행했다. 태어나서 처음 본 한글을 배우러 행사장을 찾은 사람들이 줄을 이었는데, 상품으로 준비한 300장의 티셔츠가 금세 동이 났다. 예상보다 많은 사람이 왔고 상을 탄 사람도 많았기 때문이다. 나흘간 이곳을 다녀간 약 400여 명의 사람 가운데 자기 이름을 정확하게 쓴 사람이 50% 정도, 비슷하게 쓴 사람이 20% 정도였고, 나머지는 많이 틀리긴 했으나 그래도 어느 정도 비슷하게 썼다고 한다.

이 소식을 듣고 기자가 이 행사를 주관한 학자를 찾아가 한글을 어떻게 가르쳤냐고 물었다.

"한글은 로마자와 달리 자음자와 모음자를 모아 음절(音節) 단위로 묶어서 글자를 쓴다는 것을 설명했지요. 그리고 한글의 각 자음자와 모음자의 발음 값을 알려 주고 나서 '각'이나 '난'과 같이 음절 만들기의 예를 몇 가지 보여주었어요. 마지막으로 'Anna Hegel'을 '안나 헤겔'이라고 쓰고, 'Tom Beckers'를 '톰 베커스'라고 쓴 예를 보여주었지요. 그런 다음, 자음자가 쓰인 종이와 모음자가 쓰인 종이, 백지 명함을 주고 자기 이름을 독일어와 한글로 즉석에서 써 보게 하였습니다."

이 학자는 이런 방식으로 40분간 가르쳤더니 많은 독일인이 10분 안에 자기 이름을 한글로 써내더라고 하면서, 어느 정도 자신감을 가지고 행사를 시작하긴 했지만 외국인이 이렇게 빨리 한글을 익힐 줄은 몰랐다며 놀라움을 나타냈다. 한글을 처음 보는 외국인이 이토록 쉽게 한글을 쓸 수 있는 이유는 무엇일까? 그 비밀은 바로 한글 그 자체에 있다. 지구상에서 한글만큼 과학적이고, 독창적이며, 배우기 쉬운 문자는 없다.

세종대왕이 1443년 음력 12월에 창제하시고 1446년 음력 9월에 반포하신 한글은 당시의 사상과 지식이 녹아 있는 위대한 발명품이다. 한글의 모음자는 하늘, 땅, 사람을 뜻하는 천지인(天地人)의 둥글고 평평하고 사람이 선 모양을 본떠서 각각 '•, ㅡ, ㅣ'의 기본 글자를 만들고 이 기본 글자를 합쳐서 나머지 모음자를 만들었다. 한글 자음자는 발음 기관의 모양을 본떠서 'ㄱ, ㄴ, ㅁ, ㅅ, ㅇ'의 기본 글자를 만들었다. 예를 들어 ㄱ은 혀의 끝이 목구멍을 막으면서 소리가 나는 모양을 본뜨고, ㅇ은 목구멍의 모양을 본떠서 만든 것이다. 이러한 기본 글자에 획을 더하거나, 같은 글자를 하나 더 쓰는 방법으로 나머지 자음자를 만들었다. 예를 들어 ㄱ에 획을 더 하면 ㅋ이 되고 같은 글자를 하나 더 쓰면 ㄲ이 되는 것이다. ㄴ에 획을 더하면 ㄷ이 되고 ㅁ에 획을 더 하면 ㅂ이 된다. ㅅ에 획을 더하면 ㅈ이 되고 또 ㅈ에 획을 더하면 ㅊ이 되고, ㅈ을 하나 더 쓰면 ㅉ이 된다. 여기서 다시 모음과 자음을 합하여 하나의 글자를 이루어 '가, 나, 다' 등과 같이 되는 것이다. 또한, 가에 ㄱ을 더하면 '각'이 되고 가에 ㅁ을 더하면 '감'이 된다. 모음으로서의 •은 나중에 ㅇ으로 바꿔서 쓰게 되었고 단어의 첫소리에 자음이 올 때는 쓰지 않는다. 세종대왕은 이런 방법으로 모음자 열한 자와 자음자 열일곱 자, 모두 스물여덟 자를 만들었는데, 오늘날에는 이 가운데 모음자 열 자와 자음자 열네 자 총 24자만 쓰고 있다.

이처럼 동양 사상의 핵심을 이루는 하늘[•], 땅[ㅡ], 사람[ㅣ]의 모양과 발음기관의 모양을 본떠서(상형의 원리) 기본글자를 만든 다음, 그것에 획을 더하거나(가획의 원리) 같은 글자를 하나 더 써서(병서의 원리) 새로운 문자를 만들었다. 모음은 '아, 으, 이'가 기본글자다. '아'에 획을 더하면 '야'도 되고 '애'도 된다. '애'에 다시 획을 더하면 '얘'가 된다. '으'에 획을 더 하면 '우'도 되고 '오'도 된다. '우'에 획을 더하면 '유'도 되고, '위'도 된다.

특히, 자음의 경우 같은 위치에서 발음되면서 그 세기의 정도가 다른 글자는 'ㄷ-ㄸ-ㅌ'처럼 같은 글자를 하나 더 쓰거나 획을 더하였기 때문에 이 세 자음은 그 모양만으로도 서로 연관 있는 음이라는 걸 미루어 짐작할 수 있다. 한글은 발음의 원리를 글자 모양에 반영한 과학적인 문자이다. 또한, 한글은 기존의 어떤 문자를 모방하거나 변형(變形)한 것이 아니고 독자적인 문자이다.

이러한 특성 때문에 한글은 세계에서 가장 독창적이고 배우기 쉬운 문자로 꼽힌다. 국제적으로 널리 쓰이는 로마자를 배우려면 글자 하나하나를 무조건 외워야 한다. 이렇게 익혀야 하는 글자가 소문자, 대문자, 인쇄체, 필기체를 모두 합쳐 백 자가 넘는다. 글자 수가 엄청나게 많은 한자(漢字)나, 히라가나와 가타카나를 합쳐 백 자나 되는 일본 가나의 경우, 규칙에 따라 만들어진 문자가 아니므로 전부를 무조건 외워야 한다. 또한, 이들 문자 모두 한글에 비해 쓰기가 훨씬 어렵다. 반면 한글은 모음자 세 자와 자음자 다섯 자의 기본글자만 익히면 다른 글자도 쉽게 익힐 수 있으므로 문자를 배우는 데 드는 시간이 현저히 줄어든다. 우리나라가 문맹이 거의 없는 것도 이러한 한글의 특성 덕분이다.

세종대왕이 처음 한글을 만드셨던 당시 한글의 본래 이름은 '훈민정음(訓民正音)'이었다. 이는 '백성들을 가르쳐서 소리를 바르게 적을 수 있도록 하는 문자'라는 의미였다. 훈민정음의 창제에는 소수의 지배층만 누리던 문자 생활을 모든 백성이 다 평등하게 누릴 수 있도록 하겠다는 세종대왕의 깊은 뜻이 담겨 있다. 글을 모르는 서러움이나 불이익이 얼마나 클 것인지 생각해보면 세종대왕이 얼마나 위대하고 한글이 얼마나 고마운지 새삼 느끼게 된다. 이처럼 한글은 세계의 문자 중 창제의 취지가 위대한 문자로서 그 의미와 가치가 크다.

유네스코에서도 세종대왕의 숭고한 뜻과 한글의 우수성을 인정하여 1989년에 '세종대왕문해상(King Sejong Literacy Prize)'을 제정하고, 1990년부터 해마다 문맹 퇴치에 공이 큰 개인이나 단체를 뽑아 상을 주고 있다. 세종대왕이 만든 '훈민정음'의 제자 원리를 집현전 학자들이 해설해 놓은 책 『훈민정음해례본』이 국보 70호로 지정되었고, 1997년

10월에 유네스코 세계 기록유산에 등록되어 그 과학성과 우수성을 공식적으로 인정받았다. 오늘날 우리가 휴대전화로 아주 간단히 문자를 보낼 수 있고 인터넷 강국으로 발전할 수 있었던 것도 한글 덕분이다. 자음자와 모음자를 결합하여 하나의 음절을 만들고 무한한 소리를 표현한다는 점에서 한글은 컴퓨터와 휴대전화 등에 매우 적합한 문자이다.

21세기 지식 정보화 시대에는 우리나라와 같은 IT 강국이 결국 국제 경쟁력을 갖게 된다는 사실을 생각할 때, 한글의 우수성에 대한 자부심과 한국인으로서의 자긍심을 가지게 된다. 이러한 자부심과 자긍심은 한글을 소중히 여기고 우리말을 바르고 아름답게 사용해야겠다는 국민적 노력으로 이어져야 한다. 언어는 그 사용자의 인격을 나타낸다고 한다. 그러므로 한글을 바르게 사용하는 태도와 습관을 지녀야 한다. 한글을 오염시키는 일은 국민의 도리에도 어긋나고 인격적으로도 부끄러운 일이다. 요즈음 다양한 매체가 사용되면서 한글의 오용과 이상한 외래어 사용, '김샘', '초딩', '중딩'과 같이 품위 없는 한글 축약 등으로 고귀한 한글이 신음하고 있다. 나라 사랑과 올바른 문자사용은 우리가 실천해야 할 첫 번째 덕목이다. (국어교과서에 실린 글)

이주민에 대한 한국어 교육

한국 내에서 소수집단인 외국인노동자, 결혼이주여성, 다문화가정 자녀 등 세 집단에 대한 한국어 교육의 필요성과 이들에 대한 정책 방안 마련이 시급하다. 이 세 집단에 대한 정책은 법무부, 외교부, 산자부, 행정자치부, 여성부, 문화관광부, 교육인적자원부, 노동부, 기획예산처 등에 광범위하게 걸쳐있는데 이런 점이 오히려 올바른 정책 수립에 어려움을 준다. 현재 한국에서 취업하여 살고 있는 이주노동자는 약 120만 명이고, 한국인 남자와 결혼하여 한국 내에서 사는 이주여성은 약 30만 명이며 자녀들까지 모두 합하면 국내에 거주하는 외국인은 200만 명이 넘는다. 이들 중 상당수는 한국어를 구사하지 못하여 불편과 불이익을 받아서 매우 힘들고 고통스러운 삶을 살고 있다. 특히 직장이 없이 농촌에서 사는 여성의 경우는 인권의 사각지대에 놓인 경우가 많다. 더구나 이들 자녀에 대해서는 제대로 된 정책으로 하루빨리 체계적으로 문제를 해결하지 않는 한 1, 20년 뒤에 치러야 할 사회적 비용이 엄청날 것이다. 이 사회적 비용이란 단순히 재정적 비용만을 말하는 것이 아니다. 재정적으로 해결할 수 없는 정신적인 문제가 더 크다. 즉, 우리나라에서 자란 외국계 어린이들의 심리적 장애, 현실적 장애, 그 부모들의 좌절감과 상실감, 한국에서 살다 간 외국인들의 한국에 대해 갖는 나쁜 이미지 등 매우 많다. 더 나아가 국제사회로부터의 한국에 대한 이미지 실추나 비난, 외교문제로까지 비화될 가능성 등등, 돈으로 계산할 수 없는 문제를 야기할 수 있다. 그러므로 이들에 대한 체계적인 한국어문화 교육은 더 늦기 전에 활성화해야 한다. 이 세 집단의 한국어 능력 부족으로 말미암아 일어날 수 있는 문제들은 여러 가지이다.

우선 노동자의 경우 한국어(말·글 모두)능력이 매우 낮을 경우는 산업재해로 이어지는 경우가 많다. 예를 들면 미시오, 당기시오, 멈추시오, 누르시오, 밟으시오, 불을 켜시오, 전원을 끄시오, 손대지 마시오, 위를 잡아당기시오, 비상구, 시간 외 근무, 당직 등을 못 알아듣거나 '예, 아니요'를 잘못 대답하여 생기는 오해나 일의 비능률성, 더 나아가서는 손이 잘리고 다리가 부러지고 불이 나는 등등 노동현장에서 실제 일어나고 있는 일들이다. 심지어 목숨을 잃는 경우도 일어난다.

현재 법적으로는 노동자들이 최소한의 한국어 교육을 받고, 한국어 시험을 보고 들어오게 되어있지만, 단기간의 교육으로 얻은 한국어 실력은 시험이 끝나고 한국에 들어올 때까지 짧게는 6개월, 길게는 일 년 이상 걸리는 동안 거의 다 잊어버리고 들어오게 되는 실정이다. 생소한 외국어는 계속해서 학습하고 사용하지 않으면 잊어버리기 마련이다. 또한, 공장 밖에서 일어나는 의사소통의 장애로 인하여 겪는 어려움을 여기 다 열거할 수 없다. 근본적으로 이들의 삶의 질을 개선하고 한국에 대한 좋은 이미지를 가지고 본국에 돌아간다면 예상되는 긍정적 효과는 자녀에게 한국어 교육을 시키고 한국제품을 구매하고 가족이 한국으로 관광 오며, 친한파가 되는 등 매우 많다. 이런 긍적적인 효과를 얻으려면 기업, 정부, 일반 국민도 그들에 대한 이해와 따뜻한 배려가 절실히 요구된다.

국제결혼 이주여성의 경우는 더욱 심각하다. 우선 이들은 최소한의 한국어 교육도 못 받고 결혼하는 경우가 허다한데, 이들은 무엇보다도 부부간의 대화가 원활하지 않아 불화로 이어지는 경우가 많다. 한국인 남편은 아내와 의사소통이 안 되어 너무 답답하니까 구타를 하는 경우가 많다는 보고도 있다. 더구나 시댁 가족과의 의사소통 단절로 더욱 비인격적인 대우를 받고 이웃도 마찬가지니까 대인 기피증이나, 우울증에 시달리고 도망치다가 잡혀 더 큰 곤욕을 치르기도 한다.

더 나아가 자녀가 생겼을 경우 어머니가 자녀에게 한국어를 들려주지 못하므로 자신의 모국어로 우선 말할 수밖에 없고 아무래도 어머니와 함께 있는 시간이 많으므로 아기는 어머니의 모국어를 먼저 배운다. 그러니 한국말을 하는 아버지와 정상적인 의사소통이 안 되어 결국 아버지가 소외감을 느끼면서 가정불화로 이어지게 된다. 이렇게 자란 어린이가 학교에 갔을 때 일반 한국 어린이보다 한국어 능력이 현저하게 떨어지므로 친구들로부터 놀림이나 따돌림을 받게 되고, 교사도 교육의 어려움을 느끼게 될 뿐 아니라, 학생 자신도 학교를 꺼리게 되는 악순환이 생기는 것이다. 현재 이러한 혼혈 아동의 수는 30만 명 이상이라는 비공식 통계가 있고, 이들 중 반 이상이 학령기 아동이지만 실질적으로 학교를 다니는 수는 훨씬 적다고 한다. 이러한 세 집단에 대한 한국어 교육은 현재 여러 부처에서 비체계적으로, 산발적으로 이루어지고 있는데, 교육 예산을 통합하여 지방 정부와 협조체제를 만들어 체계적인 교육 정책을 수립

해야 한다. 이런 세 집단에 대한 교육은 반드시 일방적으로 수혜의 차원으로 하기보다는 이들의 정체성을 인정하고, 존중하는 태도에서 출발해야 한다. 즉, 노동자의 경우는 그들의 국가들과 문화 교류를 한다는 차원에서 접근하고 이들이 한국에 사는 동안 직장 안이나 밖에서 안전하고 편안한 삶을 살 수 있도록 하는 데 초점을 두어야 한다. 그래야 이들이 본국에 돌아가서 친한파가 된다. 이주여성과 그들의 자녀문제는 그들이 우리의 국민이라는 차원에서 접근해야 한다.

한국도 이론적, 정책적, 교육방법론적으로 이들 다문화 한국인에 대한 복지 차원에서 한국어 교육을 내실 있게 하는 등 선진국의 면모를 갖추어야 한다. 여기에 한국인의 '따뜻한 인정'을 베푼다면 효과는 훨씬 커질 것이다.

언어의 사회성

나는 십수 년 전에 멕시코에 갈 일이 있었다. 미국과는 모든 면에서 아주 밀접한 나라니까 영어가 통하겠지 막연히 생각하고 큰 걱정하지 않고 갔다. 그러나 현실은 달랐다. 교수들과 고급호텔을 제외하고는 영어로 의사소통이 되는 곳이 없었다. 내가 알고 있는 한국어와 영어는 무용지물이었다. 미리 스페인어를 조금이라도 공부하지 않고 온 것을 후회해 봐야 소용이 없었다. 그때의 참담함은 아직도 기억이 생생하다. 자신이 살고 있는 사회에서 같은 언어를 사용하고 의사소통을 할 수 있다는 것이 얼마나 행복하고 감사한 일인지 뼈저리게 느끼는 순간이었다.

사람은 사회적 동물이라고 했던가? 이것은 사람은 혼자 살 수 없고 사람들과 어울려서 살지 않으면 안 된다는 것을 시사하고 있다. 사회생활의 대부분은 언어로 한다. 그러므로 언어가 없이는 사회생활이 거의 불가능하다. 이것은 곧 우리가 "언어"로써 의사소통을 하고 언어가 우리를 하나의 공동체로 묶어준다는 것을 뜻한다. 어떤 천재가 새로운 말을 만들어 쓴다고 해도 그것이 누구와도 통하지 않는다면 우리는 그것을 언어라고 하지 않는다. 즉, 사회성이 결여되었기 때문에 진정한 의미의 언어가 될 수 없다.

만일 한국사람들에게 한국어가 없다면 정치, 경제, 사회, 문화 등 모든 활동이 거의 불가능해진다. 언어란 기호(음성과 문자)와 의미가 자의적(恣意的)으로 결합된 하나의 사회적 약속이다. 그러므로 한국인으로 태어나 한국에서 자란 사람은 한국어를 배우게 되고, 한국어로 의사소통을 하면서 사회생활을 한다. 만일 같은 사람이라도 미국에서 태어나 자란다면 영어를 배우고 영어로 의사소통을 하게 될 것이다. 이것은 곧 사회가 언어공동체라는 것을 말한다.

한국은 한국어라는 단일 언어공동체이므로 언어에 대한 갈등이나 문제가 거의 없다. 이 세계에는 한 국가에 여러 개의 언어가 있어서 사회적 갈등을 겪는 나라가 더 많다. 두 개 이상의 언어를 공용어로 사용하는 나라도 매우 많다. 이런 사실은 모두 언어의 사회적 중요성을 말해준다.

이스라엘은 수천 년간 나라를 잃고 세계 각지에 흩어져 살면서 갖은 고난을 겪다가 1948년 현 이스라엘 땅을 수복하여 국가를 재건하였다. 그런데 국민이 전 세계에 흩어져 있었으므로 모두 다른 언어를 사용하고 있었다. 서로 같은 유대인이되, 언어가 통하지 않으니 결속이 되지 않았다. 따라서 이스라엘 정부는 건국 후 모든 것에 우선하여 민족어인 히브리어를 부활시키는 데 전력을 다하였다. 그 결과 오늘날 히브리어는 이스라엘의 국어로 확고하게 자리를 잡았고 국민은 결속하였으며, 나라는 부강하게 되었다. 이처럼 한 사회나 국가를 하나로 결속시키기 위해서는 공통된 언어가 반드시 있어야 한다.

우리나라가 단일언어국가라는 것이 여간 행운이 아니다. 북한과도 동일한 언어를 사용하는 같은 민족이므로 통일의 당위성이 있다. 중국이 14억이나 되는 인구를 가지고 55개 민족이 함께 살지만 "중국어"어라는 공통어, 특히 공통문자가 있으므로 국민 사이에 의사소통이 되고 국가가 운영된다. 재중 동포들은 비록 중국에서 살더라도 한국인으로서의 정체성을 잃지 않기 위해 중국어와 한국어를 다 배워서 중국어가 필요할 때는 중국어로, 한국어가 필요할 때는 한국어로 할 수 있는 이중언어인이기 때문에 아주 편리하고 유용하다. 현재 한국에 와서 일하는 재중동포가 매우 많은 것도 이들이 한국어-중국어 이중언어인이기 때문이다.

우리는 일제강점기에 일본의 조선어 말살정책에 의하여 우리의 모국어를 잃을 뻔하였던 뼈아픈 경험이 있다. 언어를 잃으면 민족성과 고유문화도 모두 잃는다. 만주는 나라가 멸망하면서 만주어도 사라졌다. 그러나 캐나다 퀘백주의 경우는 자기들의 고유언어인 프랑스어를 지켰기 때문에 자치권도 얻었고, 그 2세들이 프랑스어와 영어 두 가지를 모두 잘하는 이중언어인이 되어 사회적으로 더 유용하고 유능한 존재가 되었다.

1990년 구소련이 와해되기 직전에 나는 우리 동포가 많이 사는 타시켄트와 알마아타에서 세미나를 한 적이 있다. 생전부지의 동포들이지만 한국어로 의사소통이 된다는 이유 하나만으로 우리는 금방 친해질 수 있었고, 저녁식사 후에 다함께 어깨동무를 하고 아리랑을 불렀던 소중한 추억이 있다. 그들이 그 어려운 여건에서도 부모로부터 조금씩 배운 한국어를 더듬거리며 하는 모습은 아직도 진한 감동으로 남아있다. 소련사람의 눈을 피해 이불 속에서 한국말을 배웠다는 얘기를 들었을 때는 감동하다 못해 숙연해지기까지 했다. 비록 타국에서 살게 되었지만 '한국인'이라는 민족성을 보존하기 위해 조상들의 언어를 지켜온 그들의 민족애가 참으로 눈물겨웠다. 요컨대 사회는 언어공동체이며 모든 사람은 적어도 하나 이상의 언어공동체에 속해 있다. 언어공동체는 그 구성원에게 소속감과 자신의 정체성을 확실하게 해준다. 이러한 소속감과 사회구성원으로서의 정체성은 그 개인에게 정서적 안정감을 느끼게 하고 자신이 속한 공동체에 대하여 애정을 갖게 하며 삶의 의욕과 자신감을 갖게 한다. 그러므로 언어의 사회적 중요성은 아무리 강조해도 지나치지 않다.

(국어교과서에 실린 글)

한국어의 세계적 위상

세계에는 수천 개의 언어가 사용되고 있다. 언어는 그 언어를 사용하는 사람이 있는 한 사라지지 않는다. 그러나 설사 언어가 사라진다고 해도 그것은 독자적인 문자체계를 갖지 못한 군소언어일 것이며, 최대 95퍼센트가 사라진다고 해도 300개는 영원히 살아남을 것이다. 그렇다면 한국어의 세계적 위상은 어떠한가? 중국어 14억, 힌두어 10억, 영어 5억(인도 포함 시 18억), 스페인어 5억, 아랍어 3억, 인도네시아어 2억 7천, 러시아어 1억5천, 일본어 1억 2천, 독일어 8천, 한국어 7천5백만(남북)명이 사용하는 언어로 세계 10대 언어에 속한다고 할 수 있다.

한국어의 세계화란 세계의 사람들이 한국어가 형성 배경으로나 문자체계에 있어서 완전히 독립, 독창적인 것임을 인식하고, 사용 인구를 보거나 우리의 유구한 역사와 독자적인 문화 그리고 국력으로 볼 때 적어도 제2 또는 제3 언어로 배울 가치가 충분히 있고 배울 필요도 있는 당당한 하나의 외국어로서 인정받는 것이다. 여기에 더해 많은 세계인이 관심을 두고 세계의 유수한 대학에서 한국어 교육이 하나의 학문으로 교육되고 연구되는 상태를 말한다.

외국어로서의 한국어 교육은 이론적 바탕 위에 다양한 커리큘럼 개발, 실러버스 개발, 그에 따른 다양한 교재 개발, 사전 편찬, 난이도에 따른 독서목록, 권위 있는 표준평가 등이 이루어졌고, 유능한 한국어 교사도 많이 배출되고 있다. 한국어 교육도 세계적으로 다른 분야와 마찬가지로 깊고 넓게 활발히 연구되고 있으므로 한국어의 세계화는 이미 상당히 진전되었다고 할 만하다.

1997년부터 외국어로서의 한국어능력시험(TOPIK)을 매년 실시하고 있는데, 현재까지 이 시험에 응시한 연인원이 150만 명이 넘는다. 2016년엔 25만 명, 2017년, 2018년에도 각각 30만 명이 넘었으니 고무적인 일이다. 이 시험의 필요성을 가장 먼저 제기하였고, 첫 시험문제 출제를 주관했던 나로서는 참으로 감회가 새롭다. 첫 시험에서는 2000여 명이 이 시험을 보았으니 100배 이상 증가한 셈이다.

또한, 미국의 대학수능시험(SAT 2)에 1997년부터 한국어도 포함되었다. (중, 불, 독, 아랍어, 스페인어, 이탈리아어, 라틴어, 현대히브리어, 일어, 한국어) 응시자 수로는 한국어가 네 번째로 많다.

국제특허 협력조약(P.C.T Patent Cooperation Treaty)의 공식 언어에도 한국어가 포함되었다. 기존의 영어, 중국어, 아랍어, 스페인어, 불어, 독어, 노어에 2007년부터 포르투갈어와 한국어가 포함되었다. 이것은 높아진 한국어의 위상을 보여주는 상징성도 있지만, 실제로 한국어로 국제특허에 출원할 수 있다는 것은 참으로 경이로운 일이 아닐 수 없다. 참고로 매년 한국의 국제특허 출원 건수는 세계 제4위이다.

삼성전자와 LG전자가 미국에서 특허등록 10대 기업에 나란히 이름을 올렸다. 반면에 일본기업들은 근 10년 동안 6곳에서 1곳으로 급격하게 감소하였다. 미국 지식재산권협회인 IPO가 발표한 2018년 미국 특허등록 상위 300대 기업과 기관 명단에서 삼성전자는 미국의 IBM에 이어 2위에 올랐는데, 2007년 이후 12년째이다. 삼성전자의 2018년 특허등록 건수는 5836건으로 2017년보다 소폭 증가했다. IBM은 등록 건수가 9088건으로 압도적으로 1위다. 인텔이 2728건으로 3위이고 이어서 구글의 모기업인 알파벳이 2597건으로 4위, 그리고 LG전자가 2473건으로 5위이다.

이밖에 한국기업으로는 삼성디스플레이가 소니에 한 계단 앞선 17위, 현대차 22위, SK하이닉스 45위, LG디스플레이, LG화학, LG이노텍 등이 50~100위 권 내에 들었다. 이 모두가 한국의 국력과 국제적 위상을 잘 보여주는 것으로 흐뭇한 일이다.

한국어는 현재 전 세계 1400개 대학, 1200개의 초중고교, 60개국 180여 개의 세종학당과 2000여 개의 한글학교 등을 포함하여 총 4800여 개 외국 기관에서 교육되고 있다.

또한, 세계적으로 선풍을 일으키는 한류에 힘입어 한국어 노래, 드라마, 영화, 음식, 한복, 한글디자인 등과 함께 한국어 학습 붐이 일어나고 있다. 중국을 비롯하여 181개국 16만 명의 학생들이 한국 대학에서 공부하고 있다. 이들은 국내 수학 후 자기 나라에 돌아가서 지도자가 되겠다는 꿈을 꾸며 청춘을 불사르고 있다. 그들은 각자 자기 나라의 희망이기도 하지만, 우리에게도 미래의 자산임에 틀림이 없다. 대부분 그 나라 사회지도자가 될 친한파 인재들이기 때문이다.

이 모든 걸 종합해 보면 한국어의 세계적 위상이 10위 이내임은 틀림

없는 사실이다. 한국어는 바야흐로 중흥기에 진입했다고 할 수 있다. 이 얼마나 신나는 일인가? 1989년 U.C Berkeley에서 연구년을 보내고 있을 때 미주한국일보에서 인터뷰하러 온 적이 있었다. 여러 이야기 끝에 "박 교수님의 앞으로의 소망이 무엇입니까?" 하는 질문을 받고 "한국어가 세계화되는 것입니다."라고 대답했던 기억이 난다. 그때만 해도 한국어가 이렇게까지 세계화되지는 않은 때였다. 한국어의 세계화는 기대 이상으로 빨리 그리고 폭넓게 이루어졌다. 그러나 여기서 만족할 수는 없다. 경제적으로 조금만 더 성장하고, 한류 등 조금만 더 문화를 고양한다면 6~8위가 될 수도 있을 것이다.

한국어가 이처럼 세계화되어 항상 세계의 주요 언어에 포함되고 한국어로 쓴 책이나 문학작품들이 외국어로 번역되며, 주요 국제행사나 주요 관광안내서에 한글이 포함되면 그만큼 국위를 선양하고 국력을 신장하게 된다. 나는 1980년대 후반 유럽여행에서 8개 언어로 된 관광안내서에 한글이 포함된 것을 보고 매우 감동한 적이 있다.

이제 우리는 한국과 한국어에 대한 긍지와 함께 우리 국민 한 사람, 한 사람이 한국어와 한국문화의 전도사라는 인식을 가질 필요가 있다. 그리고 조금만 더 노력하여 노벨문학상과 노벨의학상 같은 걸 받을 수 있다면 한국어는 더욱 비상(飛上)할 수 있을 것이다.

한국어여! 그대 이름에 영광 있으라!

한국어여! 그대 양어깨에 날개 달고 훨훨 날거라!